LES GRAVURES MUSICALES

DANS

L'ILLUSTRATION

1843–1899

LA VIE MUSICALE EN FRANCE AU DIX-NEUVIÈME SIÈCLE : ÉTUDES ET DOCUMENTS

Collection publiée sous la direction de
H. Robert Cohen
Yves Gérard

En préparation

CENT ANS DE MISE EN SCÈNE LYRIQUE EN FRANCE (*ca* 1830-1930)
Catalogue descriptif des livrets de mise en scène, des libretti annotés et des partitions annotées dans la Bibliothèque de l'Association de la Régie Théâtrale (Paris)
Par H. Robert Cohen et Marie-Odile Gigou *(sous presse)*

VINGT-SIX LIVRETS DE MISE EN SCÈNE LYRIQUE DATANT DES CRÉATIONS PARISIENNES (Auber, Bellini, Donizetti, Gounod, Halévy, Meyerbeer, Rossini, Thomas, Verdi et Weber)
Réimpression. Livrets scéniques de la Bibliothèque de l'Association de la Régie Théâtrale, choisis et présentés par H. Robert Cohen avec une préface de Marie-Odile Gigou *(sous presse)*

LE CONCERT SYMPHONIQUE À PARIS DE 1861 À 1914 : PASDELOUP, COLONNE, LAMOUREUX
Par Élisabeth Bernard

LES TABLES DE LA *REVUE ET GAZETTE MUSICALE DE PARIS*
Réimpression. Avec une introduction de Yves Gérard et une préface de H. Robert Cohen

LA CRITIQUE MUSICALE D'HECTOR BERLIOZ (10 volumes de texte; 2 volumes d'appareil critique)
Édition réalisée par un groupe de chercheurs de l'université Laval, de l'University of British Columbia et du Conservatoire National Supérieur de Musique de Paris, sous la direction de H. Robert Cohen et de Yves Gérard. Publiée sous les auspices de l'Association Nationale Hector Berlioz (France) dans le cadre de l'Édition du Centenaire

DICTIONNAIRE DES THÉÂTRES LYRIQUES À PARIS AU XIXe SIÈCLE
Par Nicole Wild

JOSEPH D'ORTIGUE : ÉCRITS SUR LA MUSIQUE ET LES MUSICIENS DE SON TEMPS (1830-1866)
Textes choisis et annotés par Sylvia L'Écuyer Lacroix

LA MUSIQUE À PARIS DANS LES ANNÉES MIL HUIT CENT TRENTE
Communications présentées au Congrès international sur la musique à Paris dans les années mil huit cent trente (Smith College, avril 1982) organisé sous les auspices du National Endowment for the Humanities (États-Unis)
Publié sous la direction de Peter Bloom

Distribution exclusive
États-Unis : Pendragon Press, 162 West 13th Street, New York, N.Y. 10011
Europe : Frits Knuf B.V., Rodeheldenstraat 13, 4116 BA Buren (Gld.), Nederland

LES GRAVURES MUSICALES
DANS
L'ILLUSTRATION

1843–1899

Tome premier : 1843–1863

H. ROBERT COHEN
avec la collaboration de
Sylvia L'Écuyer Lacroix et Jacques Léveillé

Préface de Barry S. Brook

Publié sous les auspices du
Répertoire international d'iconographie musicale (RIdIM)

LES PRESSES DE L'UNIVERSITÉ LAVAL
Québec, 1983

Des subventions du Service universitaire à la recherche,
Ministère de l'Éducation, Québec, ont facilité la recherche
nécessaire à la réalisation de cet ouvrage.

Publié grâce à une subvention de
la Fédération canadienne des études humaines, dont les fonds proviennent
du Conseil de recherches en sciences humaines du Canada.

Des reproductions photographiques des gravures de *l'Illustration* peuvent se commander aux	Photographic reproductions of *l'Illustration*'s engravings may be ordered from

Éditions de l'Illustration,
Baschet et Cie,
13, rue Saint-Georges,
75009 Paris (France)

 IMPRIMÉ AU CANADA
DÉPÔT LÉGAL (QUÉBEC), 2e TRIMESTRE 1983
I.S.B.N. 2-7637-6833-4

À LA MÉMOIRE DE

RITA BENTON

(1918–1980)

Preface

If, as the saying goes, one picture is worth a thousand words, this publication must be worth well over three million—and more, much more!—because of the meticulous way each dessinateur, *engraver, photographer, and cryptic set of initials has been identified; because of the extraordinary bibliographic/iconographic controls developed for the Catalogue, its Appendices, and its computer engendered Index; and most important, because in this publication the whole exceeds by far the sum of its over 3 350 individual parts.*

We are presented with a panorama of the musical life of France—Paris in particular—during the second half of the nineteenth century. This remarkable chronicle visually depicts that musical life in the broadest of brush strokes as well as in the minutest of detail, in realistic precision as well as in imaginative fantasy, biting satire and witty caricature.

The difficulties of cataloguing and indexing so vast and variegated a terrain will be apparent from a perusal of the Introduction. And while most readers need only consult pages LXVII to LXIX and LXXV to LXXX to gain an understanding of the general organization and structure of the volumes, the specialist will profit enormously from a full understanding of its contents. The bibliographic control of the visual images reproduced in this publication, made possible by powerful indexing procedures, is a brilliant demonstration of the triumph of logical organization over extreme complexity. The music historian, the art historian, the student of French culture and civilization will find what they seek with little difficulty. Browsers will be richly rewarded.

Musical iconography is a relatively young discipline. What Professor Cohen and his colleagues have achieved with this undertaking is a model for both an effective method of presenting a very substantial body of visual material and for an in-depth technique of indexing such materials, one that can be used with profit by all levels of interested readers.

The appearance of these volumes gives special pleasure to this writer, who, as initiator of the Répertoire International d'Iconographie Musicale (RIdIM—''a most maniacal project''), has long mulled over the seemingly insurmountable problems of gathering, cataloguing, indexing, reproducing, and disseminating upwards of three million visual images that will be of significance to our understanding of the history and sociology of music. The approach developed for L'Illustration *is a major step in the right direction.*

The compilers of these volumes are to be congratulated for the successful completion of their herculean labors, as are the Presses de l'Université Laval, who supported the venture throughout an extended period of gestation and experimentation and brought it to published fruition.

Barry S. BROOK

Président, Commission Internationale Mixte
Répertoire International d'Iconographie Musicale

Préface

SI, COMME L'AFFIRME LE DICTON, une image vaut mille mots, cet ouvrage doit en valoir trois millions — et combien plus ! D'autant que la minutie avec laquelle y sont identifiés, un à un, les dessinateurs, graveurs, photographes et groupes d'initiales énigmatiques, et les extraordinaires contrôles bibliographiques et iconographiques mis au point pour son Catalogue, ses Appendices, et son Index produit par ordinateur, tout donne à l'ensemble de cet ouvrage, et c'est ce qui compte le plus, une richesse qui dépasse de beaucoup la somme des quelque 3 350 documents qui le constituent.

Panorama de la vie musicale en France — à Paris en particulier — durant la seconde moitié du dix-neuvième siècle, cette chronique remarquable en dépeint par l'image les plus grandes fresques comme les moindres détails, tantôt avec la précision du réalisme, tantôt avec la fantaisie de l'imagination, une satire mordante ou des caricatures spirituelles.

En parcourant l'introduction, on saisira les difficultés rencontrées pour cataloguer et indexer un corpus si vaste et varié. Et tandis qu'il suffira à la plupart des lecteurs de consulter les pages XXIX à XXXI et XXXIX à XLIV pour voir l'organisation générale et la structure des volumes, le spécialiste retirera beaucoup, quant à lui, d'une étude approfondie de l'introduction. Le contrôle bibliographique des images reproduites dans cet ouvrage, rendu possible par de puissants procédés d'indexation, démontre avec brio le triomphe de l'organisation logique sur la complexité la plus ardue. L'historien de la musique comme celui de l'art, l'ami de la culture et de la civilisation françaises y trouveront sans difficulté ce qu'ils recherchent. Les bouquineurs, eux, seront comblés.

L'iconographie musicale est une discipline relativement jeune. Ce que le professeur Cohen et ses collègues ont réussi avec cet ouvrage est un modèle : une méthode de présentation efficace d'un très ample corpus iconographique et une technique raffinée permettant l'indexation d'éléments visuels, technique dont pourra faire son profit tout lecteur intéressé.

La parution de ces volumes procure un plaisir particulier au soussigné qui, en qualité d'initiateur du Répertoire International d'Iconographie Musicale (RIdIM — « projet des plus démentiels »), a longtemps médité sur les problèmes apparemment insolubles que constituent la compilation, le catalogage, l'indexation, la reproduction et la diffusion de plus de trois millions d'images qui contribueront grandement à notre compréhension de l'histoire et de la sociologie de la musique. La méthode conçue pour l'Illustration *représente un progrès sensible dans cette direction.*

Il faut féliciter les auteurs de cet ouvrage qui ont su mener à bien ces travaux herculéens, ainsi que les Presses de l'université Laval qui, après avoir soutenu l'entreprise pendant une longue période de gestation et d'expérimentation, ont su lui donner la forme d'un plaisir de lire.

Barry S. Brook
Président, Commission Internationale Mixte
Répertoire International d'Iconographie Musicale

Table générale des matières

General Contents

Remerciements

On peut comparer le travail collectif qui a permis la réalisation de cet ouvrage à un grand spectacle de théâtre où la présence d'un petit nombre sur scène dépend en grande partie de ceux qui restent dans les coulisses. Il me fait donc grand plaisir d'attirer l'attention sur les collaborateurs hors scène et d'évoquer avec reconnaissance la contribution de chacun.

Yves Gérard et Barry S. Brook ont examiné le Catalogue et l'Index, à diverses reprises, et fait de précieuses suggestions. Pour l'assistance et les encouragements qu'ils nous ont prodigués, je leur dois un témoignage tout particulier de gratitude.

Gérard Brochu, du Centre de traitement de l'information de l'université Laval, a mis au point le programme informatique utilisé pour l'indexation des gravures et a collaboré régulièrement à la réalisation de cette partie de l'ouvrage. Claudette Paradis a contrôlé l'entrée des éléments indexés dans l'ordinateur. Jean Horvath et Pierre Cayez ont photographié les 3 360 gravures; Jacques Michel et Michel Bourassa les ont reproduites sur microfiches afin d'en faciliter l'indexation. Ces importants travaux photographiques furent effectués sous la direction habile et sympathique de Gérard Roger, alors directeur de la section photographique du Service de l'audio-visuel de l'université Laval. Louis Faucher nous a prêté ses talents de graphiste pour la présentation du Catalogue et le sigle de la collection que ce volume inaugure. Nous leur adressons les remerciements que leur mérite une aide aussi précieuse.

Claude Beaudry, conseiller à la documentation musicale à l'université Laval, n'a rien ménagé pour nous assister dans notre travail, et cela d'innombrables manières. Nous lui exprimons toute notre gratitude. Le directeur de la Bibliothèque municipale de Montréal, Jacques Panneton, nous a aimablement permis d'emprunter à long terme plusieurs volumes de *l'Illustration* non disponibles à l'université Laval.

Mes principaux assistants, Sylvia L'Écuyer Lacroix et Jacques Léveillé — qui préparent tous deux un doctorat en musicologie à l'université Laval — méritent plus que des éloges : leur dévouement à la réalisation de cet ouvrage a été indéfectible, et je me rappellerai toujours les liens forgés au cours des années. Sylvia L'Écuyer Lacroix, qui a été associée à cette entreprise depuis son commencement en 1974, a endossé diverses responsabilités et s'est consacrée à l'indexation des gravures. Jacques Léveillé a étudié soigneusement chaque gravure de *l'Illustration*, en relevant celles qui présentaient un intérêt musical mineur et dont fait état le Supplément du tome III.

Je ne saurais oublier Hélène Garceau, également candidate au doctorat en musicologie à l'université Laval, qui a vérifié minutieusement toutes les références dans les Appendices et l'Index, et Sylvie Gagnon qui a effectué une seconde vérification de ces pages et redactylographié la version du Catalogue, déjà transcrite une première fois par Micheline Dion Cantin : leur bonne humeur à toutes trois a souvent égayé de longues heures de travail.

Claude Frémont, directeur des Presses de l'université Laval, et Lucien Zérounian, directeur des éditions, nous ont fait profiter de leur longue expérience et nous ont toujours encouragé, même lorsque des retards prolongés entraînaient un remaniement du programme de l'édition. Roch-André Rompré, adjoint au directeur des éditions des Presses, a surveillé — parfois littéralement à la loupe et sous tous les aspects — la production de cet ouvrage, nous faisant plus d'une suggestion à chaque étape du travail : il ne fut pas seulement notre surveillant d'édition, mais aussi un collaborateur dont l'assistance inlassable fut à la fois exemplaire et rassurante.

Nous avons également bénéficié des services de Robert Leprohon, directeur des relations publiques et de la publicité aux Presses, et de Robert Kessler, directeur de Pendragon Press (New York), qui ont travaillé assidûment et avec enthousiasme pour assurer la diffusion de cet ouvrage.

Enfin, je remercie vivement mon épouse, Doris Pyée-Cohen, de son aide de tous les instants et de ses précieux encouragements, malgré mes fuites continuelles au siècle passé.

H. Robert COHEN

Acknowledgements

THE COLLABORATIVE efforts involved in producing this work may be compared to an elaborate theatre piece in which the presence of a few on stage is in large part dependant upon the efforts of many in the wings. It is a great pleasure, therefore, to direct attention to those standing off stage, and to record gratefully the important contribution of each.

Yves Gérard and Barry S. Brook examined the Catalogue and Index at various stages and made many valuable suggestions. For their assistance and encouragement I owe them a special debt of gratitude.

Gérard Brochu, of Université Laval's Centre de Traitement de l'Information, developed the computer program employed for indexing the engravings and worked regularly with us as we implemented and revised this section of our work. Claudette Paradis supervised the entry of indexing elements into the computer. Jean Horvath and Pierre Cayez photographed the 3 360 engravings; Jacques Michel and Michel Bourassa reproduced them on microfiches which facilitated the indexing. These substantial photographic tasks were carried out under the skillful and sympathetic direction of Gérard Roger, at that time Director of the photographic section of the Audio-Visual Service of Université Laval. Louis Faucher worked with us to develop the graphic design of the Catalogue and the sigla for the publication series that this volume introduces. For their invaluable assistance, a very personal word of thanks goes to each.

Claude Beaudry, music librarian at Université Laval, did everything in his power to assist us in our work, and did so in ways too numerous to mention. We gratefully acknowledge his support. The Director of the Municipal Library of Montréal, Jacques Panneton, kindly permitted us to borrow on a long-term basis several volumes of *L'Illustration* not available at Université Laval.

My principal assistants, Sylvia L'Écuyer Lacroix and Jacques Léveillé—both doctoral candidates in musicology at Université Laval—merit more than praise. Their devotion to the realization of this project has been untiring, and the bond built up over the years is something that I shall always remember fondly. Sylvia L'Écuyer Lacroix, who has been involved with this undertaking since its inception in 1974, shouldered various responsibilities and worked extensively on indexing the engravings. Jacques Léveillé carefully examined each engraving in *L'Illustration* noting those of minor musical interest in order to prepare the *Supplément* in volume III.

I wish to thank Hélène Garceau, also a doctoral candidate in musicology at Université Laval, for her elaborate verification of all references in the Appendices and the Index, and Sylvie Gagnon for a second verification of these pages and for typing the second draft of the Catalogue. The first draft was typed by Micheline Dion Cantin. The good cheer of Mlle Garceau, Mlle Gagnon and Mme Cantin helped us through many long hours.

Claude Frémont, Director of Les Presses de l'Université Laval, and Lucien Zérounian, Editor, both allowed us to profit regularly from their extensive experience in publishing. And both consistently encouraged us in our work, even when inordinate delays obliged us to rewrite production schedules. Roch-André Rompré, Associate Editor, surveyed and painstakingly reviewed—in some cases literally under the magnifying glass—every aspect of the production of these volumes, making valuable suggestions at each step along the way. He functioned not only as our copy editor but also as an extremely important and much valued collaborator whose untiring concern was both exemplary and reassuring.

Appreciation must be expressed as well for the efforts of Robert Leprohon, Director of Public Relations and Advertising at Les Presses, and Robert Kessler, Managing Editor of Pendragon Press (New York) who have worked diligently and with an encouraging enthusiasm in order to assure the distribution of these volumes.

Finally, I wish to thank my wife, Doris Pyée-Cohen, for her assistance in so many ways and for her precious encouragement, in spite of my continuous flights to the past century.

H. Robert COHEN

Introduction

Au début des années 1840, la mise au point d'une méthode permettant à plusieurs graveurs de travailler simultanément sur une même illustration et de diminuer ainsi, de façon sensible, le temps requis pour la préparation des bois gravés destinés à l'imprimeur[1], amena directement l'apparition d'hebdomadaires illustrés dont le premier, fondé en 1842, fut *The Illustrated London News*[2]. S'inspirant de la présentation de ce périodique anglais fort populaire, le premier numéro de *l'Illustration* sortit le 4 mars 1843[3]. Dans un format de grand in-quarto mesurant 39,5 cm × 29,4 cm, les textes de ce « journal universel » furent, jusque vers la fin du siècle, abondamment illustrés de gravures sur bois dont la dimension variait de 1,7 cm × 4 cm, à 32 cm × 48 cm pour une gravure couvrant une double page[4]. Reconnue depuis longtemps pour la qualité de ses gravures[5], *l'Illustration* est généralement considérée comme « la réussite technique de la presse illustrée[6] ».

La préface du numéro du 1er septembre 1843 présente le but du journal. *L'Illustration* sera véritablement « un vaste annuaire où seront racontés et figurés, à leurs dates, tous les faits que l'histoire contemporaine enregistre dans ses annales... *L'Illustration* sera, en un mot, un miroir fidèle où viendra se réfléchir, dans toute son activité merveilleuse et son agi-

---

[1] Pour une étude des aspects mécaniques de la reproduction des gravures sur bois dans la presse illustrée au XIXe siècle, voir Mason Jackson, *The Pictorial Press, its Origins and Progress* (Londres, Hurst et Blackett, 1885), pp. 315-325.

[2] Le professeur Joel Kaplan, de l'Université de Colombie britannique, prépare actuellement — sous les auspices des Centres internationaux de recherche sur la presse musicale (Vancouver et Parme) — un catalogue et un index de l'iconographie musicale dans *The Illustrated London News*. Le professeur Christoph Helmut Mahling, de l'Université Johannes Gutenberg (Mayence), a entrepris un travail semblable sur le *Leipziger Illustrierte Zeitung*.

[3] Le journal fut fondé par V. Paulin, Adolphe-Laurent Joanne et Édouard Charton. De 1860 à 1886, il fut dirigé par A. Marc et, de 1886 à 1903, par son fils Lucien. Par la suite, René Baschet dirigea le journal pendant plus de quarante ans, jusqu'à la suppression de sa publication en août 1944.

[4] On trouve une représentation de l'atelier de gravure du journal en 1844 dans Claude Bellanger, *Histoire générale de la presse française*, 3 vol. (Paris, Presses Universitaires de France, 1962), II, p. 305. Selon Pierre Gusman, les blocs de bois gravés originaux de *l'Illustration* furent détruits : « ils alimentèrent le foyer des chaudières de l'imprimerie. Seuls quelques bois de Lepère furent épargnés. » (*La Revue d'art ancien et moderne*, 233 (février 1921), 111.)

[5] « *L'Illustration*... obtint, surtout par le soin donné aux gravures, un succès mérité. » (William Duckett, édit., *Dictionnaire de la conversation et de la lecture*, Paris, Firmin-Didot, 1883, suppl. IV, p. 315.)

[6] Bellanger, *op. cit.*, II, p. 300.

tation si variée, la vie de la société au dix-neuvième siècle[7]. » En ce qui concerne la vie musicale de l'époque, le premier hebdomadaire illustré français a, en grande partie, atteint ce but.

La préface du tout premier numéro de *l'Illustration* avait déjà souligné l'attention qui allait être accordée aux arts en général et au théâtre en particulier.

> Toutes les nouvelles de la politique, de la guerre, de l'industrie, des mœurs, du théâtre, des beaux-arts, de la mode dans le costume et dans l'ameublement, sont de notre ressort...
>
> Arrivons tout de suite au théâtre : ici notre affaire, au lieu d'analyser simplement les pièces, est de les peindre. Costumes des acteurs, groupes et décorations dans les scènes principales, ballets, danseuses, tout ce qui appartient à cet art où la jouissance des yeux tient une si grande place; Français, Opéras, Cirque-Olympique, petits théâtres, tout et de toutes parts viendra se réfléchir dans nos comptes-rendus, et nous tâcherons de les illustrer si bien, que les théâtres, s'il se peut, soient forcés de nous faire reproche de nous mettre en concurrence avec eux, en donnant d'après eux à nos lecteurs de vrais *spectacles dans un fauteuil*[8].

Reflétant l'importance que la musique occupa dans la société française au dix-neuvième siècle, et dans la vie culturelle parisienne en particulier, *l'Illustration* publia, entre 1843 et 1899, plus de 3 350 gravures d'intérêt musical qui offraient une véritable histoire visuelle des activités musicales de l'époque[9]. Dessins architecturaux, vues intérieures et extérieures de salles de concert et de maisons d'opéra; mises en scène, décors, dessins de costumes pour les opéras et les ballets; représentations de compagnies théâtrales et portraits de compositeurs, d'exécutants, de chefs d'orchestre et de critiques; instruments et fabricants d'instruments; cérémonies, expositions, festivals, foires, soirées de galas et concerts dans les salles, les salons et en plein air — ne constituent que quelques-uns des sujets représentés et, dans certains cas, caricaturés.

Toutefois, si la documentation visuelle est fort vaste, elle n'est pas nécessairement exhaustive ni entièrement représentative, car les sujets des gravures étaient sélectionnés pour leur valeur d'actualité et pour leur impact visuel — le fait qu'ils puissent fournir une illustration éloquente et pittoresque. C'est pour cette raison que nous trouvons de nombreuses représentations de scènes lyriques, tandis que celles de concerts symphoniques, qui ne tendent guère à se distinguer les unes des autres, sont plus rares.

---

[7] « Préface », *l'Illustration*, I, 26 (1er septembre 1843), non paginé.

[8] « Notre but », préface, *l'Illustration*, I, 1 (4 mars 1843), p. 1.

[9] Ce travail se concentre exclusivement sur le dix-neuvième siècle pour deux raisons. Tout d'abord, parce que le magazine d'actualités illustré au dix-neuvième siècle constitue une rare source, riche en iconographie musicale. Ultérieurement, au fur et à mesure que l'on développe de nouvelles techniques facilitant la publication d'illustrations photographiques, le magazine d'actualités figure parmi les nombreuses sources de ce genre. Ensuite, parce que ce projet fut l'un parmi plusieurs, entrepris par des spécialistes avec l'intention de mettre au point une méthode de catalogage et d'indexation des écrits sur la musique et de l'iconographie musicale dans la presse du dix-neuvième siècle. (Voir H. Robert Cohen, « Les gravures musicales dans *l'Illustration* de 1843 à 1899 : une expérience dans le traitement de sources iconographiques », *Revue de musicologie*, LXII (1976), 125-131, plus 16 illustrations hors texte; et « Musical Iconography in the Nineteenth-Century Illustrated Press : A Method for Cataloguing and Indexing », *Report of the Twelfth Congress of the International Musicological Society, Berkeley 1977* (Kassel, Bärenreiter Verlag, 1982), pp. 838-843.) La création récente du *Répertoire international de la presse musicale du dix-neuvième siècle (RIPMxix)* est, en partie, le résultat de ces efforts. (Voir H. Robert Cohen, Marcello Conati et Elvidio Surian, « Les Centres internationaux de recherche sur la presse musicale (CIRPM) — *Le Répertoire international de la presse musicale du dix-neuvième siècle (RIPMxix)* », *Fontes Artis Musicae*, XVIII (janvier-juin 1981), 105-106.)

On a depuis longtemps reconnu l'excellence de *l'Illustration* : « Il est le plus beau et le plus grand des périodiques illustrés, tant en France qu'à l'étranger[10] »; « sa lecture constituait une sorte de consécration sociale[11] »; « *L'Illustration*, cette belle et importante publication qui a obtenu un si grand succès... et formé une nombreuse école d'habiles dessinateurs et graveurs en ce genre[12] »; « [*L'Illustration*] fut pendant plus d'un siècle le magazine illustré français de qualité[13]... » En outre, l'importance de son répertoire iconographique fut reconnue voici plus de cent ans : dans un article consacré au journal dans le *Grand Dictionnaire universel du XIXe siècle* de Larousse, on affirmait que retracer les événements courants par la plume et par le crayon était « une idée heureuse », car « le dessin est ainsi devenu un instrument de conservation historique[14] ».

Mais avec quelle fidélité les gravures du journal représentent-elles tout ce qu'elles illustrent, dans quelle mesure sont-elles un instrument de « conservation historique » ? Il faut garder à l'esprit que *l'Illustration* était un journal hebdomadaire se situant, pour établir un parallèle avec la presse de nos jours, entre *l'Express* ou *Time Magazine* et *Paris-Match* ou *Life Magazine*. Et la fonction principale de *l'Illustration*, tout comme celle de ses équivalents actuels, était de décrire les nouvelles par l'image et par le texte. Cela ne signifie cependant pas que chaque élément musical était figuré avec exactitude. La représentation d'un clarinettiste — dans un coin obscur d'une petite gravure illustrant les diverses activités d'un festival de village — jouant de son instrument, la main droite placée au-dessus de sa main gauche, ne nous permet pas de « découvrir » une curieuse pratique contemporaine, ni de conclure que la majorité des gravures de *l'Illustration* sont inexactes. Il existe certes de telles anomalies, mais il faut les considérer dans le contexte général où elles se trouvent. Lorsque les éléments musicaux d'une gravure sont d'une importance vraiment mineure, leur reproduction fidèle n'est pas toujours assurée. Toutefois, lorsqu'un aspect de la vie musicale de l'époque constitue l'objet principal ou un élément important d'une gravure, il semble qu'il fût de règle de représenter ces éléments avec exactitude. Par exemple, des instruments de musique et des bâtiments conservés de nos jours nous permettent de vérifier la fidélité de leur reproduction, et des photographies d'admirer le soin avec lequel les portraits étaient tracés. En outre, des recherches récentes sur la mise en scène des opéras du dix-neuvième siècle[15] nous ont révélé que même les menus détails des décors, des costumes et des positions des

---

[10] *Nomenclature des journaux et revues en langue française paraissant dans le monde entier* (Paris, Argus de la Presse, 1926-1927), p. 119. En ce qui concerne la documentation démontrant le succès continu du journal, voir les tableaux de tirages comparatifs dans Pierre ALBERT, Gilles FEYEL et Jean-François PICARD, *Documents pour l'histoire de la presse nationale aux XIXe et XXe siècles*, édition revue et corrigée, Collection Documentation (Paris, Centre national de la recherche scientifique, 1979).

[11] BELLANGER, *op. cit.*, III, p. 387.

[12] Ambroise Firmin DIDOT, *Essai typographique et bibliographique sur l'histoire de la gravure sur bois* (Paris, Firmin Didot frères et fils, 1863), col. 283. Bertall, Cham, Janet Lange, Marcelin, Édouard Renard, Henri Valentin et Jules Worms sont quelques-uns des célèbres dessinateurs qui travaillèrent pour *l'Illustration*.

[13] *La France, les États-Unis et leurs presses* (Paris, Éditions du Centre national d'art et de culture Georges Pompidou, 1976), p. 111.

[14] Pierre LAROUSSE, *Grand Dictionnaire universel du XIXe siècle* (Paris, 1866-1876), *s. v.* « L'Illustration ».

[15] Voir H. Robert COHEN, « On the Reconstruction of the Visual Elements of French Grand Opera : Unexplored Sources in Parisian Collections », *Report of the Twelfth Congress of the International Musicological Society, Berkeley 1977*, *op. cit.*, pp. 463-480. On peut obtenir d'autres preuves de l'attention que le journal portait à la reproduction fidèle, en faisant une comparaison systématique des dessins de costumes par Paul Lormier (Bibliothèque de l'Opéra, D16 (8 à 16)) et leur reproduction dans *l'Illustration*.

personnages sur la scène étaient reproduits fidèlement dans *l'Illustration* — fait d'ailleurs reconnu par les contemporains du journal[16].

Les gravures de *l'Illustration* constituent indubitablement une ressource importante pour l'historien de la musique. Toutefois, comme celles des nombreux autres magazines illustrés du dix-neuvième siècle, elles sont restées en grande partie inexplorées. Le problème complexe que pose le contrôle bibliographique de ressources documentaires aussi vastes a certes contribué à les faire négliger. Et c'est ce problème que notre entreprise a essayé de résoudre, tout en révélant un immense trésor iconographique : les gravures musicales dans *l'Illustration*.

Notre but est de présenter ici un Catalogue exhaustif de toutes les gravures ayant trait aux activités musicales, publiées dans *l'Illustration* au dix-neuvième siècle, et de le compléter par un Appareil critique approprié. Les critères de sélection des gravures peuvent se formuler simplement comme il suit : nous avons tenu compte de tous les éléments visuels se rapportant à la vie musicale — que ce soit une petite représentation d'un instrument de musique dans le coin d'une peinture, un élément de la décoration intérieure d'une salle de concert, un tambour dans une scène de bataille, l'extérieur d'une usine d'instruments de musique, une annonce de piano, une mise en scène grandiose ou un portrait de Berlioz[17]. La grande majorité des gravures sont reproduites dans le Catalogue, mais un petit nombre d'entre elles, de moindre intérêt, ne le sont pas. Elles sont cependant répertoriées dans le Supplément (voir les explications plus loin) dont elles constituent la matière exclusive.

[16] Louis PALIANTI (1809-1875), auteur de plus de 200 livrets de mise en scène pour des œuvres montées surtout à l'Opéra-Comique et à l'Opéra, renvoie, le cas échéant, ses lecteurs au journal. Sa transcription de la mise en scène originale de *Dom Sébastien* de Donizetti contient (p. 58) la remarque suivante à propos du finale de l'Acte III : « Le journal *l'Illustration*, rue de Seine 33, donne, dans son numéro 39, du samedi 25 novembre 1842, à la page 201, une magnifique gravure sur bois [voir le tome I, **39D**, du présent Catalogue] qui reproduit très exactement l'ensemble de la décoration, la position des personnages et des masses pendant ce finale, et les divers costumes des artistes, des chœurs, des comparses, etc., etc. » Pour des remarques similaires, voir le livret de mise en scène de Palianti pour *Marco Spada* d'Auber, p. 16. (On trouve une copie des deux volumes à la Bibliothèque de l'Association de la Régie Théâtrale (Paris).) Les critiques musicaux citaient, eux aussi, des gravures du journal. Joseph D'ORTIGUE, par exemple, dans son feuilleton du *Journal des débats* en date du 10 juillet 1864 — qui traite en partie des « clavecins d'Anvers » — renvoie à la présentation dans *l'Illustration* d'un clavecin de Ruckers (voir le tome I, **785B**, du présent Catalogue).

[17] On tient compte des représentations de danses et de danseurs lorsqu'il y a un élément musical évident ou manifestement sous-jacent : par exemple, les scènes de ballets, les gravures de danseurs renommés, les illustrations de figures et de mouvements de danse, et toutes représentations de danses dans lesquelles des instruments sont présents.

Cet ouvrage comporte deux parties : un Catalogue illustré (tomes I et II), et un Appareil critique (tome III) comprenant l'Index analytique, quatre Appendices et un Supplément. Des remarques préliminaires concernant chaque partie permettront au lecteur de se familiariser avec l'organisation de l'ouvrage et, par conséquent, de tirer profit des richesses de son contenu.

Gravure 36A*

12

36A – 37A

4 5

13

Volume II 1843

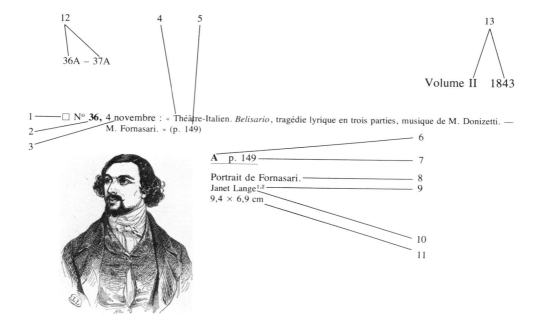

1 — □ Nº **36,** 4 novembre : « Théâtre-Italien. *Belisario*, tragédie lyrique en trois parties, musique de M. Donizetti. — M. Fornasari. » (p. 149)
2
3

6

A p. 149 — 7

Portrait de Fornasari. — 8
Janet Lange[1,2] — 9
9,4 × 6,9 cm

10
11

1. Symbole pour un article.
2. Numéro de livraison.
3. Jour et mois de publication.
4. Titre de l'article.
5. Première page de l'article.
6. Lettre attribuée à la gravure.
7. Page où apparaît la gravure.
8. Légende.
9. Renvois à l'Appendice III.
10. Dessinateur.
11. Dimensions.
12. Code des première et dernière gravures de la page.
13. Numéro de volume et année.

* Code de la gravure = numéro de livraison (2) et lettre attribuée (6).

Le Catalogue illustré

(Tomes I et II)

PRINCIPES GÉNÉRAUX D'ORGANISATION

Chaque page du Catalogue chronologique donne, au haut de sa marge intérieure, le numéro du volume et l'année de *l'Illustration* (voir page en regard). La plupart des pages reproduisent trois gravures[1], chacune d'elles accompagnée de références bibliographiques divisées en deux catégories. La première catégorie renvoie à l'article dans lequel apparaît la gravure tandis que la seconde a trait à la gravure elle-même. Chaque article[2] est introduit, dans la marge de gauche, par le symbole □. Celui-ci est suivi de l'indication, en caractère gras, du numéro de la livraison dans laquelle l'article a été publié[3]. (Les livraisons hebdomadaires de *l'Illustration* portent des numéros consécutifs, le n° 1 est celui du 4 mars 1843, et le n° 2966, celui du 30 décembre 1899.) Ensuite, apparaissent le jour et le mois de la publication, le titre de l'article comprenant la gravure et, entre parenthèses, la page où cet article commence. Lorsqu'on cite plus d'un article d'un même numéro, le symbole □ utilisé pour un nouvel article est suivi, pour le second article et les suivants, d'un trait horizontal, du titre de l'article et, entre parenthèses, de la page à laquelle l'article commence. Le trait horizontal prolongé qui suit le symbole annonçant un nouvel article (□ ————) indique que le numéro de la livraison et la date sont identiques à ceux de la dernière entrée complète. Si le titre d'un article apparaît sur une page du Catalogue et qu'une ou plusieurs illustrations de cet article apparaissent sur la page suivante, le numéro de la livraison en caractère gras et la date sont répétés en haut de la page contenant les illustrations reportées. De cette manière, toutes les références bibliographiques essentielles apparaissent sur chaque page.

---

[1] Chaque changement d'année ou de volume entraîne un changement de page dans le Catalogue. Pour cette raison, les pages précédant celles sur lesquelles de nouvelles années ou de nouveaux volumes commencent peuvent contenir moins de trois reproductions.

[2] Comme ce Catalogue se concentre sur l'iconographie musicale et n'ambitionne aucunement de rendre compte de la critique musicale parue dans *l'Illustration*, les noms des auteurs d'articles contenant des gravures cataloguées ne sont pas indiqués. Toutefois, les titres des articles contenant des gravures cataloguées sont notés comme des éléments de référence bibliographique essentiels.

[3] Les livraisons ne contiennent pas toutes des gravures d'intérêt musical. De ce fait, leurs numéros n'apparaissent pas nécessairement d'une manière consécutive dans le Catalogue.

Les renseignements bibliographiques concernant l'article sont suivis de la reproduction des gravures tirées de l'article[4]. Chaque reproduction est accompagnée des renseignements suivants : une lettre en caractère gras dont nous parlerons ci-dessous; la page où la gravure apparaît — ces deux éléments sont soulignés d'un filet et légèrement détachés de la légende; la légende de la gravure et/ou une description ajoutée entre crochets par l'éditeur; des renseignements concernant les signatures apposées sur la gravure; les dimensions de celle-ci. Enfin, des références à la première et à la dernière gravure de chaque page du Catalogue apparaissent dans les marges supérieures extérieures.

Les lettres en caractère gras et la référence aux signatures sur la gravure nécessitent de plus amples explications. Afin d'identifier chaque gravure, il est nécessaire d'avoir un code. Utilisé également pour l'indexation (voir ci-dessous), notre code combine le numéro de la livraison dans laquelle une gravure apparaît — le numéro, en caractère gras, suit le symbole □ d'un nouvel article — et une lettre en caractère gras attribuée alphabétiquement à chaque gravure offrant un intérêt musical, publiée dans un numéro donné, et reproduite dans le Catalogue[5]. C'est ainsi que la seconde gravure **(B)** traitant de la musique dans le numéro trois (N° **3**) de *l'Illustration* est identifiée par **3B**; **36A** indique donc la première gravure présentant un intérêt musical dans le numéro **36**.

On trouve fréquemment sur les gravures la signature ou les initiales soit des dessinateurs, soit des graveurs, parfois des uns et des autres. Un grand nombre d'entre eux ont pu être identifiés, mais pas tous[6]. Le Catalogue ne relève que les noms des dessinateurs, et ces noms apparaissent sous la légende. Toutes les autres signatures, notamment celles des graveurs et celles que nous n'avons pu identifier — qui appartiennent à des graveurs ou à des dessinateurs — ont été numérotées d'après leur ordre d'apparition dans *l'Illustration*. Ce numéro apparaît dans le Catalogue en indice supérieur, soit immédiatement après le nom du dessinateur (Mars^{27}), soit après un trait horizontal remplaçant le nom du dessinateur (____^{14}), et il renvoie le lecteur à l'Appendice III (voir page LVIII)[7].

Les règles qui suivent contrôlent les entrées du Catalogue concernant les dessinateurs, les chiffres supérieurs renvoyant à l'Appendice III et l'utilisation du trait horizontal :

(1) lorsqu'il n'y a pas de signature sur une gravure, et que le dessinateur n'est pas identifié dans le titre de l'article, nous avons omis la ligne réservée à ce renseignement (voir **3C**);

[4] Un espace ne dépassant pas 6 × 9 cm est réservé pour chaque gravure.

[5] Dans les cas où plus de vingt-six gravures cataloguées apparaissent dans un seul numéro, les vingt-septième et suivantes reçoivent une double lettre : **Z** est donc suivi de **AA**, **BB**, **CC**, etc.

[6] Pour l'identification des signatures et des initiales, notre source principale a été la suivante : E. BÉNÉZIT, *Dictionnaire critique et documentaire des peintres, sculpteurs, dessinateurs et graveurs de tous les temps et de tous les pays*... Nouvelle édition entièrement refondue, revue et corrigée sous la direction des héritiers de E. Bénézit, 10 vol. (Paris, Librairie Gründ, 1976).

[7] Des abréviations apparaissent de temps à autre sur les gravures, à la suite des signatures et des initiales. Répertoriées ci-dessous, elles indiquent le rôle des signataires et sont reproduites après leur nom dans le Catalogue ou dans l'Appendice III :

— del *(delineare)*	— pinx^{t} *(pingere)*
— inv *(invenire)*	— pinxit *(pingere)*
— ph *(phalerare)*	— sc *(sculpere)*

(2) lorsqu'une signature a été identifiée sur la gravure comme celle du dessinateur, son nom, suivi, le cas échéant, des numéros de référence en indice supérieur pour les autres signatures trouvées sur la gravure, apparaît sous la légende (voir **3A**);

(3) quand aucune signature n'a été identifiée sur la gravure comme celle du dessinateur, un trait horizontal, qui remplace le nom du dessinateur, est suivi des chiffres supérieurs de référence aux signatures qui sont traitées dans l'Appendice III (voir **5B**);

(4) quand le dessinateur est identifié dans la légende, et qu'il n'y a pas de signature sur la gravure même — à l'exception possible de la sienne — le nom du dessinateur n'est pas répété sous la légende (voir **71A**) et l'espace réservé à cette information est omis (ceci afin d'éviter la répétition successive du nom à la fin de la légende où il apparaît fréquemment, et sur la ligne suivante réservée au nom du dessinateur);

(5) lorsque le dessinateur est identifié dans la légende d'une gravure et qu'il y a d'autres signatures que la sienne sur la gravure, le nom du dessinateur est remplacé par un trait horizontal (afin d'éviter la répétition mentionnée ci-dessus) suivi des numéros supérieurs de référence aux autres signatures traitées dans l'Appendice III (voir **152A**);

(6) lorsque le dessinateur n'est identifié que dans le titre de l'article, son nom est répété sous la légende ou les légendes appropriées (voir **38B** et suivants);

(7) lorsqu'il y a sur les gravures des signatures illisibles, il en est fait mention dans le Catalogue (voir **56A**).

NORMES ÉDITORIALES

I. TITRES DES ARTICLES

I.1 Certaines rubriques régulières, telles que « Nos gravures », présentent des articles divisés en sections distinctes, dont chacune est autonome et possède son titre propre. Il arrive souvent, toutefois, qu'une seule section d'un article contienne une ou plusieurs gravures offrant un intérêt musical. Lorsqu'une gravure apparaît dans la première partie d'un article multipartite, l'entrée de l'article suit le modèle suivant :

□ N° **2500,** 24 janvier : « Nos gravures. Mme la baronne Legoux... » (p. 88)

Si la gravure offrant un intérêt musical apparaît dans la dernière partie d'un article multipartite, la référence à l'article est notée de la manière suivante :

☐ N° **2193,** 7 mars : « Nos gravures... *Messalina.* » (p. 155)

Lorsque seule une partie interne d'un article contient une ou plusieurs gravures d'intérêt musical, l'entrée du Catalogue reflète également ce fait :

☐ N° **2118,** 29 septembre : « Nos gravures (p. 207)... Louis Viardot... » (p. 208)

À remarquer, dans le dernier exemple, qu'on a indiqué deux numéros de pages, parce que la page où commence l'article « Nos gravures » diffère de celle où débute la section désignée.

I.2 Lorsque deux sections d'un article multipartite contiennent de l'iconographie musicale, nous sommes obligés de traiter chacune de façon quasi indépendante et donc de les faire toutes deux précéder du signe ☐ d'un nouvel article — afin de permettre au titre de la section où s'insère la gravure dans le journal d'introduire également la gravure dans le Catalogue. Par exemple, « Inauguration du nouvel Opéra » et « La salle du nouvel Opéra » sont des sections autonomes d'un même article, « Nos gravures ». Elles sont cataloguées de la manière suivante :

☐ N° **1664,** 16 janvier : « Nos gravures... Inauguration du nouvel Opéra, le cortége du lord-maire... » (p. 47)

☐ ________ « Nos gravures [suite]. La salle du nouvel Opéra... » (p. 47)

Dans ce dernier exemple, le mot suite apparaît entre crochets, indiquant que cette entrée fait partie de l'article multipartite qui précède, en dépit de la présence du signe ☐ indiquant un nouvel article. Il n'y a donc aucune raison d'utiliser des points de suspension avant « La salle du nouvel Opéra », seconde section citée de l'article « Nos gravures ». Les points de suspension après « La salle du nouvel Opéra » indiquent que cette section est suivie d'au moins une autre. Le procédé n'est pas simple, mais il reflète la réalité des articles quasi indépendants à l'intérieur d'une entité plus grande.

I.3 Lorsque deux articles traitent la même gravure, ils sont tous deux notés selon leur ordre d'apparition et séparés par un point-virgule.

☐ N° **2186,** 17 janvier : « Nos gravures. *Tabarin*... » (p. 39); « Les Théâtres. Opéra : *Tabarin*, opéra en deux actes, paroles de M. Paul Ferrier, musique de M. Émile Pessard. » (p. 50)

I.4 Les commentaires de présentation tels que caricatures, publicité, gravure non reliée à un article, apparaissent entre crochets, avant l'indication de la page où l'article commence.

☐ N° **1667,** 6 février : « Revue comique du mois, par Bertall. » [caricatures] (p. 101)

I.5 Lorsqu'un article apparaît dans une livraison et la gravure dans une autre, le numéro de référence déterminant la place de la gravure dans le Catalogue est celui de la livraison dans laquelle elle apparaît. Le numéro de la livraison dans laquelle l'article apparaît se trouve entre parenthèses, avec le numéro de la page, après le titre de l'article.

□ N° **56,** 23 mars : « Courrier de Paris. » (N° 55, p. 39)

I.6 Les numéros de pages sont placés entre crochets lorsque la page où l'article commence n'est pas numérotée mais est néanmoins comptée dans le foliotage du journal.

I.7 Les rares erreurs typographiques rencontrées dans les titres des articles sont corrigées sans commentaire.

I.8 Pour les règles relatives à la pagination des Annonces, Suppléments et Hors-texte, voir III ci-dessous.

II. LÉGENDES

II.1 Les légendes accompagnant les gravures dans le Catalogue sont normalement celles qui paraissent dans le journal. Toutefois, lorsqu'il n'y a pas de légende dans le journal, ou lorsque la légende ne décrit pas suffisamment le contenu de la gravure et que le titre de l'article ne donne pas de renseignements suffisants, on a ajouté soit un commentaire éditorial descriptif, soit un texte (autre que la légende) extrait du journal à cette fin. Dans ces deux cas, les éléments descriptifs, ne constituant pas la légende originale d'une gravure, sont placés entre crochets.

II.2 Si le sujet décrit dans une gravure n'est pas clairement identifié dans sa légende, mais l'est dans le titre de l'article, aucun renseignement supplémentaire n'est ajouté à la légende. Il faut donc, dans ces cas, lire la légende en relation avec le titre de l'article. Par exemple, si un titre d'opéra apparaît dans le titre d'un article (et se rapporte au contenu de la gravure), le titre de l'opéra n'est pas ajouté à la légende originale de la gravure.

II.3 Quand une seule légende générale sert à décrire plusieurs gravures — une légende collective se prolonge souvent sous plusieurs illustrations — elle est répétée, entre crochets, pour chaque gravure à laquelle elle se rapporte. Si une gravure possède en plus une légende individuelle, la légende générale la précède.

II.4 Lorsqu'une légende placée sous une gravure rassemble la description des éléments visuels de plusieurs autres gravures, on inscrit pour chacune, entre crochets, soit la section de légende qui la concerne, soit la légende entière.

II.5 Le tiret est employé dans *l'Illustration* pour les légendes contenant des dialogues. Le Catalogue reprend cette pratique.

II.6 Les rares erreurs typographiques dans les légendes sont corrigées sans commentaire.

II.7 Les numéros des pages sont placés entre crochets lorsque la page où une gravure apparaît n'est pas numérotée mais est néanmoins comptée dans le foliotage du journal.

II.8 Pour les règles relatives à la pagination des Annonces, Suppléments et Hors-texte, voir ci-dessous.

III. ANNONCES — SUPPLÉMENTS — HORS-TEXTE

Description

III.1 Tandis que la plupart des gravures sont insérées dans le journal lui-même, certaines apparaissent dans les Suppléments du journal, d'autres dans les Annonces, et d'autres encore sous forme d'illustrations hors texte.

III.2 La section des Annonces est réservée aux pages extérieures de certains numéros. Le mot Annonces apparaît irrégulièrement sur ces pages qui, lorsqu'elles sont paginées, le sont indépendamment du reste de la livraison. Considérée dans une autre perspective, la page de couverture est, parfois aussi, la première page de la section des Annonces. La couverture peut être suivie par les autres pages d'Annonces, celles de la livraison elle-même (avec pagination indépendante), et les dernières pages d'Annonces, la page finale se confondant avec le dos de la couverture. Il arrive souvent que les pages de couverture soient colorées.

III.3 Généralement imprimés sur papier couché, les Suppléments contiennent de 4 à 30 pages et apparaissent irrégulièrement, mais ils sont plus fréquents après 1880. Ils ne sont pas paginés ni calculés dans la pagination du journal et sont inscrits dans le Catalogue en tant que Supplément non paginé.

III.4 Les illustrations hors texte, fréquemment sur papier couché, ne sont pas paginées dans le journal, ni comptées dans sa pagination. Dans le Catalogue, elles ne contiennent donc pas de références aux numéros des pages, et sont simplement décrites comme des Hors-texte.

Références aux articles contenant des gravures dans les Annonces, Suppléments et Hors-texte

III.5 Lorsqu'un article contenant une gravure cataloguée apparaît dans une section des Annonces, un Supplément ou un Hors-texte, ce renseignement est noté immédiatement après le titre de l'article. Tout comme le numéro de la page où l'article commence, le nom de la section dans laquelle il apparaît est aussi placé entre parenthèses.

☐ N° **2861,** 25 décembre : « La renaissance de la harpe. » (Annonces p. 5)

III.6 Si le mot Annonces n'était pas imprimé sur la page de la section des Annonces où l'article apparaît, le mot Annonces serait placé entre crochets, comme il suit :

☐ N° **2861,** 25 décembre : « La renaissance de la harpe. » [Annonces] (p. 5)

III.7 Si le numéro de la page de la section des Annonces n'apparaissait pas sur la page où l'article commence, il serait inscrit entre crochets dans le Catalogue. C'est le cas de l'exemple suivant, où seul le mot Annonces était imprimé sur la page du journal.

□ N° **2861,** 25 décembre : « La renaissance de la harpe. » (Annonces) [p. 5]

Comme la majorité des Annonces sont paginées, nous avons, dans les rares cas où elles ne le sont pas, continué de citer les numéros des pages entre crochets (les comptant selon le système de pagination adopté par le journal).

III.8 Lorsque ni le mot Annonces ni le numéro de la page n'apparaissent dans le journal, ces deux éléments sont notés entre crochets.

□ N° **2861,** 25 décembre : « La renaissance de la harpe ». [Annonces p. 5]

III.9 Les indications Supplément et Hors-texte sont traitées de la même manière que les références aux Annonces dans le Catalogue.

Références aux gravures dans les Annonces, Suppléments et Hors-texte

III.10 Dans le Catalogue, comme il a été dit plus haut (page XXX), une lettre en caractère gras identifiant chaque gravure et le numéro de la page où cette gravure fut publiée sont soulignés d'un filet et imprimés au-dessus de la légende. Si le mot Annonces apparaît sur la page où la gravure a été publiée, Annonces est placé entre la lettre en caractère gras et le numéro de la page.

E Annonces p. 2

III.11 Si le mot Annonces n'apparaît pas sur la page où la gravure a été publiée, Annonces est traité comme dans le cas précédent, mais on le trouve entre crochets.

E [Annonces] p. 2

III.12 Si le numéro de la page de la section des Annonces n'apparaît pas sur la page où la gravure a été publiée, il est placé entre crochets dans le Catalogue.

E Annonces [p. 2]

III.13 Lorsque ni le mot Annonces ni le numéro de la page n'apparaissent dans le journal, ces deux éléments sont placés entre crochets.

E [Annonces p. 2]

III.14 Les indications Supplément et Hors-texte sont traitées de la même manière que les références aux Annonces.

IV. PUBLICITÉ

IV.1 Dans le cas d'une gravure publicitaire, l'espace réservé normalement à un titre d'article est remplacé par le mot publicité entre crochets.

IV.2 La légende d'une gravure est alors remplacée par une citation extraite du texte publicitaire indiquant le sujet d'intérêt musical.

□ N° **2352,** 24 mars : [publicité] (p. 227)

A p. 227

Pianista Thibouville...

V. ORTHOGRAPHE DES NOMS PROPRES ET DES TITRES D'ŒUVRES

V.1 Dans le Catalogue, l'orthographe des noms propres correspond à celle qui figure dans le journal, quoique l'orthographe ne fût pas uniforme, au XIXe siècle, même dans le cadre d'un seul périodique. Le lecteur ne sera donc pas surpris de trouver diverses variantes orthographiques pour, notamment, Liszt, Mendelssohn et Saint-Pétersbourg. (Dans l'Index, les noms propres sont orthographiés selon les normes suivies de nos jours (voir page XLV).)

V.2 Plusieurs titres ont, systématiquement, une orthographe non standard. Par exemple, *Der Freischütz* et *Tannhäuser* sont écrits sans tréma. Comme ces orthographes ne constituent pas des erreurs typographiques et sont conformes aux conventions du journal, elles ont été reproduites sans changement dans le Catalogue. L'Index utilise toutefois l'orthographe conventionnelle.

VI. MAJUSCULES ET ITALIQUES

VI.1 Afin de conserver la « saveur » de la source originale, nous avons reproduit les majuscules qui figurent dans le journal, à quelques exceptions près.

VI.2 Lorsqu'une légende de gravure est imprimée entièrement ou partiellement en capitales (majuscules) grandes ou petites, ou en italiques, nous avons été obligés — afin d'éviter une présentation graphique bizarre et prêtant à confusion — d'adopter les principes modernes des majuscules en français, la source même n'offrant pas d'uniformité. Toutefois, dans les cas où un mot ou une phrase sont mis en relief par des lettres majuscules, celles-ci sont remplacées par des italiques.

VI.3 Dans le Catalogue, les titres d'œuvres sont imprimés en italiques, quel que soit le traitement (majuscules, guillemets ou italiques) qu'ils reçoivent dans *l'Illustration*.

VII. ALIGNEMENT DU TEXTE

VII.1 Les titres des articles et les légendes ne sont généralement pas alignés de la même manière qu'ils se présentent dans *l'Illustration*. Toutefois, lorsque c'était possible, les légendes contenant des poèmes et des textes rimés ont été alignées dans le Catalogue comme elles le sont dans le journal.

L'Appareil critique*

(Tome III)

* L'introduction à l'Appareil critique (Index, Appendices et Supplément) se retrouve également au début du tome III.

PREMIÈRE PARTIE

L'Index

REMARQUES PRÉLIMINAIRES

L'Index a été conçu pour permettre l'accès rapide à une information spécifique, et pour éviter les longues listes de références sans précisions sur leur nature ou leur contenu spécifique[1]. L'Index traite les éléments iconographiques des gravures, les légendes qui les accompagnent et les titres des articles dans lesquels les gravures apparaissent, lorsque ces titres contiennent des éléments pertinents qui ne se trouvent ni dans les gravures ni dans leurs légendes. Il comprend à la fois les entrées directes et les mots-sujets regroupant des éléments similaires. Les types d'entrées, les mots-sujets et les renvois sont gouvernés par des principes consignés dans un « thésaurus » conçu spécialement pour l'indexation de l'iconographie musicale dans *l'Illustration* et, par extension, dans la presse du dix-neuvième siècle en général. L'indexation a été réalisée à l'aide d'un programme informatique, également conçu pour ce travail, tout comme le fut la structure de l'Index à plusieurs niveaux. Le thésaurus, le programme informatique et les détails concernant la structure de l'Index — sujets intéressant surtout les spécialistes — seront traités à fond dans un ouvrage indé-

[1] Deux autres sources offrent une manière utile, quoique fort limitée, d'explorer le journal : les tables qui paraissent irrégulièrement et sous des formes variées dans *l'Illustration*, et le volume intitulé *l'Illustration, Index des noms de personnes, Index des noms géographiques, 1843-1932* (Bobigny, Seine, les Presses de l'Illustration, 1934). En ce qui concerne l'iconographie musicale, ces deux sources sont nettement dépassées par la présente publication.

pendant[2]. Ce qui suit comprend donc (1) une explication du code de référence de l'Index identifiant les gravures et leurs légendes reproduites dans le Catalogue; (2) une explication du code de référence identifiant les titres des articles dans lesquels les gravures apparaissent; (3) une description de la structure de l'Index; et (4) un guide pour les entrées de l'Index.

CODE D'IDENTIFICATION DES GRAVURES ET DES LÉGENDES

Comme nous l'avons expliqué précédemment, le code d'identification des gravures rassemble le numéro de la livraison de *l'Illustration* dans laquelle une gravure apparaît, et une lettre attribuée alphabétiquement à chaque gravure publiée dans un même numéro et reproduite dans le Catalogue. 3**B** représente donc la seconde gravure, traitant de la musique, reproduite dans le Catalogue d'après le numéro 3 de *l'Illustration*, et 14**A**, la première gravure d'intérêt musical reproduite dans le Catalogue d'après le numéro 14. *Dans l'Index, la combinaison d'un nombre et d'une lettre renvoie à la fois à une gravure et à sa légende.*

CODE RELATIF AUX TITRES DES ARTICLES

Tandis que les numéros des tirages sont combinés avec des lettres pour identifier des gravures, ces mêmes numéros sont combinés avec des chiffres en indice supérieur pour identifier les articles. C'est ainsi que 3^1 renvoie au premier article cité dans le Catalogue extrait du numéro 3 de *l'Illustration*. 394^2 représente donc le second article cité dans le Catalogue extrait du numéro 394. Bien que nous n'ayons pas numéroté les titres des articles dans le Catalogue — afin d'éviter de charger inutilement le graphisme des volumes — le lecteur cherchant la référence à l'article 36^3, par exemple, n'a qu'à se reporter au N° **36** du Catalogue et compter les symboles des nouveaux articles (□) jusqu'à ce qu'il arrive au troisième.

Afin de faciliter l'accès au Catalogue après consultation de l'Index, les codes de la première et de la dernière gravure de chaque page ont été reproduits dans les marges extérieures supérieures des tomes I et II.

LA STRUCTURE DE L'INDEX

Les principales entrées de l'Index sont présentées par ordre alphabétique et en caractère gras. Des références au Catalogue peuvent suivre directement une entrée principale — voir les deux exemples ci-dessous — mais cela n'arrive que rarement.

Aigle noir, chevaliers de l' : 2553**A**
enregistreur musical Rivoire : 2790**B**,2790**C**

[2] Cet ouvrage sera publié sous les auspices du *Répertoire international de la presse musicale du dix-neuvième siècle (RIPMxix)* en collaboration avec les Centres internationaux de recherche sur la presse musicale.

Généralement, de nombreux éléments se rapportent à un seul sujet ou mot-sujet, et ces éléments sont évidemment répertoriés par ordre alphabétique sous l'entrée principale appropriée, comme dans l'exemple qui suit :

portraits
Alajino, Mlle : 449**A**
Alboni, Marietta : 250**A**
Anconi : 237**A**
Angri, Elena : 356**G**
Armstrong, Charles : 2542**A**
Artot, Désirée : 784**A**

Cependant, étant donné la complexité générale du matériel, les éléments se rapportant à une entrée principale peuvent nécessiter eux-mêmes une définition plus précise. Il existe pour ces cas un niveau supplémentaire d'indexation. Ce niveau supplémentaire permet, par exemple, un inventaire des illustrations de l'usine de pianos de Pleyel, Wolff et Cie (voir ci-dessous). Plutôt que de présenter une simple liste des références suivant la dernière entrée (*i. e.* usine de pianos : 1414**A-E**), l'Index définit le contenu spécifique de chacune de ces références.

Pleyel, Wolff et Cie
clavier transpositeur : 1648**B**,1852**A**
piano
  publicité, modèle n° 8 : 2883**A**
usine de pianos
  atelier des caissiers-monteurs : 1414**D**
  forge et serrurerie : 1414**C**
  machine à vapeur : 1414**B**
  scierie : 1414**E**
  vue générale : 1414**A**

Au fur et à mesure que l'indexation progressait, il apparut que le fait d'isoler un élément important parmi les nombreux éléments se rapportant à un seul mot-sujet offrait, dans la plupart des cas, une structure plus nette et plus facile à comprendre pour le lecteur. C'est pourquoi les entrées énumérées sous une entrée principale sont fréquemment divisées en deux groupes, le premier traitant divers éléments (présentés alphabétiquement), et le second traitant un seul élément (dont les constituantes sont aussi présentées alphabétiquement). Et, comme ci-dessus, les entrées à l'intérieur de chaque division peuvent posséder un niveau d'indexation supplémentaire selon leurs exigences. (La division des matériaux connexes en deux groupes et l'utilisation du niveau d'indexation supplémentaire dépendent de principes établis au cours de la préparation de l'Index, et codifiés dans le thésaurus.) Quoique, dans la plupart des cas, l'élément traité dans la seconde division soit identifiable de façon évidente, des renseignements concernant la répartition des éléments relatifs à des mots-sujets spécifiques sont présentés ci-dessous. Heureusement, le résultat en est bien moins complexe que la description.

L'entrée **Meyerbeer** ici reproduite illustre l'application de cette méthode. La première division, décalée de six espaces, traite de tous les sujets, sauf les opéras de Meyerbeer, qui sont traités exclusivement dans la seconde division, décalée de deux espaces.

Entrée principale — **Meyerbeer, Giacomo**

Division 1:

caricatures : 237**C**
  à Berlin : 319**B**
  avec Auber : 1011**C**
  avec Duponchel et Roqueplan : 319**C**, 319**F**
  avec *le Prophète* et *l'Africaine* : 319**A**
  répétition du *Prophète* : 319**J**
funérailles à Berlin : 1109**A**
hommages funèbres à la gare du Nord : 1107**B**
portrait : 321**A**
  d'après photo de Numa Blanc : 1107**A**
signature : 321**A**

Division 2:

Africaine, l'
  caricatures : 319**A**,1116**C**,1154**A**,1160**G**,1163**A**
  mise en scène : 1158**A-E**
Étoile du nord, l'
  caricatures : 619**M**,619**O**,650**F**,672**F**,727**U**, 727**V**,727**X**
  costumes : 574**A**,637**A**
  mise en scène : 574**B**
Huguenots, les
  caricatures : 619**A-F**,727**Q**,1116**B**,1160**G**
  mise en scène : 77**A**,77**B**
Pardon de Ploërmel, le
  caricature : 888**A**
  mise en scène : 841**B**,841**C**
Prophète, le
  caricatures : 237**C**,319**A-M**,359**D**,1160**G**,1740**A**
  décor (trône) : 2015**A**
  mise en scène : 322**A**,349**A**
Robert-le-Diable
  caricatures : 237**O**,1160**G**

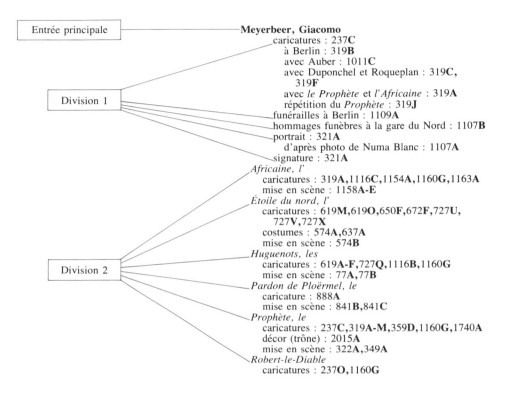

Enfin, comme cet Index énumère les composantes des gravures, le lecteur peut, dans certains cas, déterminer rapidement la variété des sujets représentés dans une seule gravure à partir de l'Index même.

Halévy, Fromental
portrait : 4**D**
  d'après photo de L. Cremière et Cie : 996**A**
tombeau au cimetière Montmartre : 1101**B**
Charles VI
  caricature : 237**P**
  costumes : 3**C-E**
  mise en scène : 3**A**, [3**B**]
  orchestre : [3**B**]
  public : [3**B**]
  salle : [3**B**]

composantes individuelles d'une seule gravure

GUIDE POUR LES ENTRÉES

I. PRINCIPES GÉNÉRAUX

I.1 Les éléments indexés se limitent généralement au contenu des gravures, aux légendes et aux titres des articles. Nous avons toutefois ajouté, dans la mesure du possible, les prénoms ou les initiales des individus identifiés par leur seul nom de famille. Lorsque les recherches n'ont révélé ni les uns ni les autres, nous avons inscrit, selon les cas, Mlle ou Mme, mais afin d'éviter la confusion entourant la signification de M., les noms de famille des hommes dont on ne sait pas le prénom paraissent seuls. M. ne représente donc pas Monsieur, mais plutôt la première lettre d'un prénom masculin, comme Marcel ou Maurice.

I.2 Dans l'Index, l'orthographe des noms propres est conforme à l'usage actuel (contrairement au principe appliqué dans le Catalogue). Lorsque aucun usage moderne n'a été établi, nous avons adopté l'orthographe retenue par FÉTIS dans sa *Bibliographie universelle des musiciens* (2e édition, Paris, 1866-1870).

I.3 Les règles relatives aux noms à particules sont celles que décrit le *Cumulative Author-Subject Index I-V (1967-1971)*, p. XIV, du *RILM* : « Les noms comportant des préfixes séparés sont entrés d'après l'*article* préfixé ou d'après l'*article/préposition* contractés. Une préposition détachée apparaît à la fin du nom. » *(Notre traduction.)*

Chesnel de la Charbouclais, de
du Locle, Camille
La Grange, Anna de
Le Roux, H.

I.4 On a accordé certaines priorités aux espaces, aux signes orthographiques, à la ponctuation et aux chiffres arabes en établissant l'ordre alphabétique dans l'Index.

Un espace a priorité sur tous les autres caractères.

opéra espagnol
Opéra-Comique

Un signe orthographique (trait d'union, apostrophe, etc.) a priorité sur tous les caractères sauf l'espace.

Simon
Simon-Girard, Mlle
Simon, Jean-Henri

Un signe de ponctuation a priorité sur toutes les lettres de l'alphabet.

Henri, prince des Pays-Bas
Henriot

Les chiffres arabes (et par conséquent les dates) suivent la lettre z.

I.5 Les principes gouvernant l'utilisation des majuscules sont ceux que formulent Adolphe V. THOMAS, *Dictionnaire des difficultés de la langue française* (Paris, Larousse, c. 1971), et Madeleine SAUVÉ, « De l'emploi de la majuscule », *Observations grammaticales et terminologiques* (fiche n° 31, avril 1975, distribuée par l'Université de Montréal). L'application systématique des règles présentées dans ces ouvrages aboutit par exemple au traitement suivant des majuscules. Même si ces exemples paraissent étranges, ils sont exacts :

Richard-Cœur-de-Lion	Théâtre de Tours
Robinson Crusoé	théâtre des Arts (Rouen)
roi l'a dit, Le	théâtre des Variétés (Bordeaux)
Roman d'Elvire, le	Théâtre international (Vienne)

I.6 Lorsque les noms de villes, de provinces et de régions ne sont pas répertoriés dans *le Petit Robert 2* (Paris, S. E. P. R. E. T., 1974), des renseignements supplémentaires, entre parenthèses, suivent chaque entrée. Par exemple **Bude (Budapest), Lambessa** (Algérie), **Nola** (Italie).

II. INDIVIDUS ET GROUPES

II.1 Le tableau I présente la répartiton des renseignements à l'intérieur des entrées principales. Il est important de remarquer que, sous l'en-tête « Entrée principale » ci-après et dans les tableaux qui suivent, apparaissent deux catégories d'entrées distinctes : (1) les termes collectifs qui n'existent généralement pas dans l'Index — tels que compositeurs, librettistes et chanteurs — et qui sont employés ici pour représenter des entrées directes à l'intérieur d'un groupe donné (*e. g.*, « compositeurs » pour **Berlioz, Gounod, Wagner**...); et (2) les entrées véritables de l'Index, telles que les mots-sujets **caricatures, mise en scène, public**. Seules les entrées véritables apparaissent ici en caractère gras sous « Entrée principale ».

II.2 Les personnages historiques, mythologiques et allégoriques sont indexés, les personnages lyriques ne le sont pas. Toutefois, les entrées principales pour chaque chanteur comportent la liste des œuvres dans lesquelles l'exécutant est représenté.

Tableau I

ENTRÉE PRINCIPALE	DIVISION I	DIVISION II
individus auteurs d'œuvres dramatiques chorégraphes compositeurs décorateurs librettistes traducteurs	entrées générales	titres d'œuvres créées
individus acteurs danseurs chanteurs	entrées générales	titres d'œuvres dans lesquelles l'exécutant est représenté
groupes ensembles vocaux et instrumentaux (voir VI ci-dessous) **public**	entrées générales	nom du théâtre, de la salle ou de l'endroit dans lequel le groupe d'individus, ou l'ensemble instrumental, est représenté
musiciens ambulants **musiciens de foire**	entrées générales	endroit ou lieu géographique dans lequel les musiciens sont représentés

II.3 Les entrées collectives — *v. g.* **almées, Arabes, barytons, bayadères, bohémiens, claqueurs, ménétriers, musiciens ambulants, musiciens de foire, musulmans, *prima donna*, sirènes, sopranos, souffleurs, ténors, troubadours, tsiganes,** et **turcos** — sont réservées à des individus non identifiés. C'est ainsi que le nom du célèbre ténor Duprez ne figure pas sous l'inscription **ténors**.

II.4 Il n'y a pas d'entrée collective pour les chefs d'orchestre. Le lecteur devra consulter les entrées regroupant des ensembles où des chefs d'orchestre pourraient être représentés (*e. g.*, **orchestres, fanfares**).

II.5 Les personnages caricaturés et non identifiés dans le journal demeurent, pour la plupart, non identifiés dans l'Index.

II.6 Les photographes, les dessinateurs, les graveurs et les signataires non identifiés sur des gravures sont traités dans les Appendices; ils ne figurent donc pas dans l'Index.

II.7 Sous la rubrique **portraits** ne se trouvent que les noms des individus représentés. Toutefois, sous l'entrée principale consacrée à chacune de ces personnes, on trouve le mot portrait et le nom de son auteur, ou une indication de la source originale qui l'a inspiré. Par exemple :

Berlioz, Hector
portrait :64**D**
d'après photo de Nadar : 1360**A**

III. ŒUVRES MUSICALES ET BALLETS

III.1 Les œuvres musicales sont regroupées et traitées sous les noms de leurs compositeurs respectifs. Leurs titres figurent également comme entrées principales dans l'Index avec, pour chacune, un renvoi au compositeur.

III.2 Si plus d'un compositeur a collaboré à une œuvre, l'entrée directe au titre renvoie le lecteur au compositeur généralement tenu comme le plus important, ou à celui qui est mentionné en premier dans le journal.

Lady Henriette, *voir* Burgmüller

Cependant, sous l'entrée directe du nom du compositeur, on trouve non seulement le nom de l'œuvre, mais aussi celui des collaborateurs.

Burgmüller, Frédéric
Lady Henriette (avec von Flotow et Deldevez)
mise en scène : 53**A**

III.3 Si une œuvre possède deux titres, chacun d'eux fait l'objet d'une entrée principale dans l'Index; toutefois, le deuxième titre contient un renvoi au compositeur de l'œuvre, suivi du titre principal de celle-ci.

Servante de Greenwich, la
voir Burgmüller : *Lady Henriette*

III.4 Les titres de compositions (le plus souvent des opéras) qui, à l'origine, sont dans une autre langue que le français figurent et sont traités dans leur traduction française, comme le fait d'ordinaire le journal lui-même. Cependant, les titres originaux apparaissent également en entrées principales, chacun d'eux avec un renvoi au compositeur, suivi du titre français sous lequel les éléments pertinents sont indexés.

Zauberflöte, Die, *voir* Mozart :
la Flûte enchantée

III.5 Les titres des ballets sont entrés dans l'Index à la fois sous le nom du compositeur et sous le mot-sujet **ballet**. Dans la division II de cette dernière entrée, on trouve une liste de ces titres, suivis de renvois à leurs compositeurs respectifs. Une entrée opéras qui aurait énuméré toutes les œuvres de ce genre n'a pas été retenue par économie de l'espace que ce regroupement aurait nécessité.

IV. MISE EN SCÈNE

IV.1 Le tableau II représente la répartition des renseignements à l'intérieur des entrées principales.

Tableau II

Entrée principale	Division I	Division II
costumes **décors** **mise en scène**	entrées générales	titres d'œuvres

IV.2 L'entrée **costumes** est réservée, dans le cas des œuvres scéniques, aux illustrations représentant exclusivement les exécutants en costumes.

IV.3 L'entrée **décors** est réservée, dans le cas des œuvres scéniques, aux gravures représentant exclusivement la décoration scénique.

IV.4 L'entrée **mise en scène** est réservée, dans le cas des œuvres scéniques, aux descriptions des exécutants en costumes, sur une scène comportant des décors. Un renvoi, au début de cette entrée, dirige le lecteur vers les entrées principales **costumes** et **décors**.

IV.5 Comme les costumes représentés dans des mises en scène entières ne sont pas cités dans l'entrée **costumes**, et comme les décors représentés dans des mises en scène complètes ne sont pas cités dans l'entrée **décors**, un renvoi, au début de chacune d'elles, dirige le lecteur à l'entrée **mise en scène**.

V. INSTRUMENTS DE MUSIQUE

V.1 Les instruments sont indexés individuellement : (1) lorsqu'ils figurent seuls, (2) lorsqu'ils figurent dans des ensembles non occidentaux, et (3) lorsqu'ils occupent une position importante dans des ensembles occidentaux, en raison de leur fonction de soliste ou du petit nombre d'instruments représentés. Les ensembles occidentaux comprennent ceux dans lesquels le compositeur détermine le choix et le nombre des instruments et ceux dans lesquels le compositeur (au sens traditionnel du terme) ne les détermine pas, comme c'est généralement le cas pour des événements musicaux d'une veine plus populaire.

V.2 Les instruments n'occupant pas une place importante dans les représentations d'ensembles occidentaux ne sont pas indexés individuellement. Aucune mention n'est faite de ces instruments ni sous le nom de l'instrument, ni sous celui de l'ensemble dans lequel ils sont représentés. Si une indexation de ce genre eût offert des avantages manifestes, elle aurait par contre augmenté démesurément la taille de l'Index. Par conséquent, le lecteur intéressé, par exemple, à toutes les représentations de violons doit examiner les références énumérées non seulement sous l'entrée **violon**, mais aussi sous les entrées qui regroupent des représentations d'ensembles (voir VI ci-dessous) où il est probable que paraissent des violons.

V.3 Les références aux instruments indexés se font uniquement sous leurs entrées individuelles, et non pas sous les entrées des ensembles dont ils font partie (voir VI.3 pour une explication de ce principe).

V.4 Les entrées générales de chaque instrument indiquent le contexte (*e. g.*, bals, défilés) dans lequel il apparaît.

V.5 Le tableau III présente la répartition des renseignements à l'intérieur des entrées principales. Remarquer que les renseignements suivant le signe + ci-dessous (et dans les tableaux qui suivent) apparaissent dans l'Index, décalés de deux espaces, immédiatement sous l'élément auquel ils se réfèrent (voir les exemples de la page XLIV).

Tableau III

Entrée principale	Division I	Division II
Nom de l'instrument : par exemple **clavecin** **piano** **trombone** **violon**	entrées générales	compagnie fabriquant l'instrument, modèle de l'instrument ou fabricant + description de l'illustration

V.6 La difficulté rencontrée pour identifier certains instruments avec certitude — ce qui tient à divers facteurs, dont les petites dimensions, les erreurs ou le manque d'attention apportée aux détails de la représentation, ou la fantaisie de l'artiste — nous a obligés à élargir quelque peu la signification du terme **tambour** pour décrire quelques instruments constitués d'une peau ou d'un tissu tendus au-dessus d'une cavité creuse et résonante, et à regrouper les bugles, clairons, trompettes et cornets en deux catégories : **trompette ou cornet à pistons,** et **clairon ou trompette sans pistons**.

V.7 Les dictionnaires et encyclopédies usuels ainsi que de nombreux volumes et études spécialisés ont été consultés pour l'identification des instruments, en particulier :

DIAGRAM GROUP, THE. *Musical Instruments of the World*. Paddington Press, 1976. (Traduit en français sous le titre *les Instruments de musique du monde entier*. Paris, Albin Michel, 1978.)

GORGERAT, Gérald. *Encyclopédie de la musique pour instruments à vent*. 3 vol., Lausanne, Éditions Rencontre, c. 1955.

HARRISON, Frank, et Joan REIMER. *European Musical Instruments*. Londres, Studio Vista, 1964.

KASTNER, Georges. *Manuel de musique militaire*. Paris, 1848. Réimpression, Genève, Minkoff, 1973.

MARCUSE, Sybil. *Musical Instruments : A Comprehensive Dictionary*. 2e édition, New York, W. W. Norton & Co., 1975.

V.8 Dans certains cas, la difficulté à identifier les instruments était si grande qu'il fut nécessaire d'adopter les catégories suivantes : **instruments à cordes, instruments à vent, instruments de percussion**. Les entrées des familles d'instruments se terminent par un renvoi à chaque instrument avec une entrée principale dans le catalogue, pour la famille d'instruments considérée. La division des renseignements concernant ces entrées se présente comme il suit :

Tableau IV

Entrée principale	Division I	Division II
instruments à cordes **instruments à vent** **instruments de percussion**	entrées générales	lieu où l'instrument est figuré, nom du fabricant ou du facteur d'instrument + description de l'illustration

V.9 Les entrées suivantes concernant les instruments méritent une mention particulière : **instruments fantaisistes** (représentation d'instruments où l'imagination de l'artiste a joué, à dessein, un rôle manifeste), **instruments inusités, instruments mécaniques** et **instruments (facture d')**.

V.10 L'entrée **publicité** comprend des références à tous les instruments représentés sous cet aspect dans le journal. Les entrées pour chaque instrument sont suivies des noms des annonceurs (généralement les fabricants).

V.11 L'entrée **jouets** dresse une liste des références aux instruments-jouets.

VI. ENSEMBLES INSTRUMENTAUX ET VOCAUX

VI.1 Les ensembles occidentaux traditionnels sont indexés sous trois entrées principales : **chœurs ou ensembles vocaux, fanfares et (ou) harmonies** et **orchestres**. (Le fait qu'il n'existe aucune entrée pour trios et quatuors, par exemple, indique tout simplement qu'aucun ensemble de ce genre, intitulé comme tel par les compositeurs, n'est représenté dans le journal.) La division des renseignements à l'intérieur de ces catégories est organisée de la façon suivante :

Tableau V

Entrée principale	Division I	Division II
chœurs ou ensembles vocaux **fanfares et (ou) harmonies** **orchestres**	entrées générales comprenant des événements dans des lieux non spécifiés	site (théâtre, salle, église, etc.) dans lequel figure l'ensemble

VI.2 Le lecteur cherchant des illustrations d'ensembles instrumentaux autres que des ensembles occidentaux traditionnels doit consulter l'entrée principale d'un instrument reconnu pour faire partie de l'ensemble, et les entrées regroupant les événements où de tels ensembles pouvaient se produire, comme les **bals, concours et festivals, défilés, fêtes et cérémonies populaires, messes et cérémonies religieuses,**

sérénades. (Pour une justification de ce principe, voir VI.3 ci-dessous; pour le traitement de ces sujets, voir VIII.1.) Le lecteur devrait également consulter les entrées **musique ethnique** et **musique populaire** — celles-ci étant organisées par entités géographiques — et, dans certains cas, **musiciens ambulants** et **musiciens de foire**.

VI.3 Le nombre et la combinaison des instruments, dans la plupart des gravures appartenant aux catégories exposées en VI.2, ne dépendent pas des instructions d'un compositeur (au sens habituel du terme), mais plutôt de la tradition dans laquelle la musique se place. Par exemple, la combinaison de tambours, d'une grosse caisse et de trompettes ou de clairons semble constituer un ensemble traditionnel pour les défilés, mais le nombre précis de chaque instrument n'est pas, la plupart du temps, déterminé d'avance par un compositeur. C'est pourquoi, plutôt que de créer des entrées pour de telles combinaisons d'instruments — un tambour, une grosse caisse et une trompette; deux tambours, une grosse caisse et une trompette, etc. — nous avons mis l'accent sur le contexte dans lequel de tels ensembles apparaissent en les regroupant dans une des catégories mentionnées en VI.2. S'il ne fait aucun doute qu'une énumération détaillée de toutes les combinaisons d'instruments aurait, dans certains cas, été utile, nous y avons renoncé pour trois raisons. Tout d'abord, la taille de l'Index aurait pris des proportions tout à fait démesurées. Ensuite, la combinaison et le nombre des instruments sont, assez souvent, d'une importance secondaire. Enfin, il est fréquemment très difficile, voire impossible, d'identifier certains instruments ainsi que leur nombre exact : lorsque les éléments musicaux sont d'une importance secondaire dans une gravure, leur figuration manque parfois de précision.

VII. SITES ET LIEUX DES ÉVÉNEMENTS (*e. g.*, théâtres, salles, parcs, églises)

VII.1 Sauf indication contraire, les noms de lieux sont parisiens.

VII.2 Les activités ou événements parisiens sont entrés directement sous le nom du théâtre, de la salle ou de l'endroit où ils se tiennent (*e. g.*, **Opéra-Comique, Champs-Élysées, église de la Madeleine**).

VII.3 Les activités qui se déroulent dans les autres villes que Paris sont entrées sous le nom de la ville plutôt que du pays (*e. g.*, **Barcelone, Berlin, Londres, Milan**), ou sous celui de la province ou de la région (*e. g.*, **Alsace, Vosges**) lorsqu'on n'a pas pu déterminer le nom de la ville.

VII.4 Les activités qui se déroulent dans des villes, provinces et régions non identifiées sont entrées sous les noms de pays. Les sujets indexés par pays sont limités à ceux qui ne peuvent pas être associés à des lieux géographiques plus spécifiques; *ils ne couvrent donc pas toutes les activités qui se déroulent dans un pays donné*.

VII.5 Dans les rares cas où ni la ville ou la province, ni la région ou le pays ne sont identifiables, les activités sont entrées sous les noms de races ou de religions (*e. g.*, **Arabes, musulmans**), selon ce qui est le plus approprié au contenu de la gravure.

VII.6 Le tableau VI présente la répartition des renseignements à l'intérieur des entrées principales.

Tableau VI

Entrée principale	Division I	Division II
Pour les activités parisiennes théâtres, salles, parcs, églises, etc.	entrées générales comprenant une description de l'événement musical	pour les théâtres et les salles : titres des œuvres exécutées avec renvois aux noms des compositeurs.
Pour les activités dans les villes autres que Paris nom de la ville	entrées générales comprenant des événements à des endroits non spécifiés	lieu spécifique + description de l'événement musical, avec, pour les théâtres et les salles, les titres des œuvres exécutées avec renvois aux noms des compositeurs
Pour les activités dans des villes, provinces ou régions non identifiées nom du pays	entrées générales	

VII.7 Les entrées **musique ethnique** et **musique populaire** (voir IX.1 et IX.4 ci-dessous) intéresseront les lecteurs cherchant des références aux activités musicales dans un pays particulier, puisque ces entrées contiennent, dans la deuxième division, une liste des activités représentées, classées par pays, et comprenant une description de l'événement ou une mention de l'endroit précis où il s'est déroulé.

VII.8 Les entrées principales suivantes méritent une mention particulière, car elles regroupent des sites d'activités musicales : **bateaux, cafés-concerts, cirque(s), écoles ou institutions, hôpitaux, salle(s) ou lieu(x) de concert ou de spectacle** (description des intérieurs des salles, théâtres ou autres lieux de concert), **salons, théâtres (vues extérieures)**. Le tableau VII montre la répartition des renseignements pour chacune de ces entrées principales.

Tableau VII

Entrée principale	Division I	Division II
		liste des :
bateaux	entrées générales	bateaux
cafés-concerts		cafés-concerts
cirque(s)		cirques
écoles ou institutions		écoles ou institutions
hôpitaux		hôpitaux
salle(s) ou lieu(x) de concert ou de spectacle		vues intérieures de sites habituellement ou occasionnellement réservés à une manifestation musicale
salons		salons
théâtres, vues extérieures		vues extérieures de théâtres + description de l'illustration et/ou de l'activité représentée

VII.9 Il convient de mentionner enfin une entrée présentant un intérêt particulier, **incendies**.

VIII. ÉVÉNEMENTS IMPLIQUANT DES ACTIVITÉS MUSICALES

VIII.1 Des événements semblables, impliquant des activités musicales, sont regroupés ensemble. Le tableau VIII présente la répartition des renseignements pour ce type de mots-sujets.

VIII.2 Les **Salons des beaux-arts** et les **Expositions universelles** sont indexés collectivement comme entrées principales.

VIII.3 Le nom de chaque danse, fête ou office religieux est suivi d'un renvoi au mot-sujet où ce genre d'élément est traité. Par exemple, **gaillarde**, *voir* danses; **mi-carême**, *voir* fêtes et cérémonies populaires; **Te Deum**, *voir* messes et cérémonies religieuses.

IX. MUSIQUE ETHNIQUE — MUSIQUE POPULAIRE — MUSIQUE MILITAIRE

IX.1 Le terme **musique ethnique** décrit l'expression musicale des cultures non occidentales.

IX.2 Les instruments représentés dans des ensembles non occidentaux sont indexés individuellement.

IX.3 Les lecteurs intéressés à la musique non occidentale d'un pays en particulier devront, dans tous les cas, commencer par étudier les références sous le mot-sujet **musique ethnique** (qui, dans la division II, sont organisées par pays) et non pas chercher de telles références sous l'entrée principale pour ce pays (voir VII.4).

Tableau VIII

Entrée principale	Division I	Division II
bal(s)	entrées générales	ville ou site de l'activité (théâtre, salle, parc, etc.) avec lieu géographique sauf les sites d'activités à Paris qui sont directement répertoriés par ordre alphabétique
concerts	entrées générales comprenant les principaux exécutants, les artistes ou les ensembles	" "
concerts extérieurs	entrées générales	" "
concours et festivals	entrées générales	" "
danses	nom de la danse, du mouvement ou du pas représenté	pays (lorsque c'est possible) + activité
défilés	entrées générales des événements se déroulant à Paris ou dans un lieu indéterminé	ville, région ou pays + activité
fêtes et cérémonies populaires	entrées générales comprenant le nom des fêtes, et les événements se déroulant à Paris ou dans un lieu indéterminé	ville, région ou pays + activité
messes et cérémonies religieuses	entrées générales comprenant le nom de la cérémonie, de la fête ou de l'office	ville, région ou pays, ou lieu de l'événement + activité

IX.4 Le terme **musique populaire** décrit la musique occidentale qui n'appartient pas à la tradition de musique dite savante.

IX.5 La répartition des renseignements dans les entrées principales **musique ethnique** et **musique populaire** est organisée de la manière suivante :

Tableau IX

Entrée principale	Division I	Division II
musique ethnique **musique populaire**	entrées générales comprenant la description de l'activité quand on ne connaît pas le pays d'origine	pays (ou, lorsque non identifié, région ou continent) + description de l'activité

IX.6 À cause du grand nombre de gravures représentant des scènes de musique militaire en France, une entrée principale a été réservée à ce sujet. Une seconde entrée principale traite de la musique militaire dans tous les autres pays, et la répartition des renseignements de cette dernière se fait comme il suit :

Tableau X

Entrée principale	Division I	Division II
musique militaire (sauf France)		pays + description de l'activité

X. MÉDIUM ET SOURCES ORIGINALES DES GRAVURES

X.1 L'Index regroupe des gravures partageant une origine commune autre que celle du journal (*i. e.*, **livres illustrés, sculptures, tableaux**) et celles de caractère semblable créées pour le journal (*i. e.*, **caricatures, dessins et croquis divers, bandes dessinées, publicité**, et **romans illustrés**).

X.2 Les titres d'œuvres des catégories mentionnées en X.1 ne sont pas traités individuellement comme des entrées principales, mais sont plutôt regroupés selon leur origine ou leur genre respectif.

X.3 Certains mots-sujets énumérés en X.1 nécessitent deux entrées principales indépendantes : l'une traitant les auteurs et leurs œuvres, et l'autre les sujets représentés. Le tableau XI contient les remarques concernant les mots-sujets qui nécessitent deux entrées principales.

Tableau XI

Entrée principale	Division I	Division II
Entrée 1 **caricatures, auteur-titre** **livres illustrés, auteur-titre** **romans illustrés, auteur-titre** **sculptures, auteur-titre** **tableaux, auteur-titre**	titres d'œuvres anonymes	artiste ou auteur + titres d'œuvres
Entrée 2 **caricatures, sujet** **livres illustrés, sujet** **romans illustrés, sujet** **sculptures, sujet** **tableaux, sujet**	entrées générales	pour caricatures seulement : titres d'œuvres musicales

X.4 Le tableau XII présente la répartition des renseignements sous les mots-sujets qui nécessitent une seule entrée principale.

Tableau XII

Entrée principale	Division I	Division II
bandes dessinées, auteur-titre		auteur + titres d'œuvres
dessins et croquis divers	sujets représentés	auteur + titres d'œuvres
journaux		titre du journal ou périodique + sujet des gravures
portraits	nom de la personne représentée	groupes et sujets non identifiés
publicité	nom de l'instrument ou du produit mis en publicité ou nom du fabricant	

X.5 Les noms des auteurs, caricaturistes, peintres et sculpteurs sont entrés directement dans l'Index; leurs noms sont toutefois suivis d'un renvoi à la section de l'Index où sont traitées leurs œuvres. Par exemple : **Cham**, *voir* caricatures; **Topffer, R.**, *voir* bandes dessinées; **Cabanel, Alexandre**, *voir* tableaux; **Delaplanche, E.**, *voir* sculptures. Dans les cas où le lecteur est renvoyé à un sujet possédant deux entrées principales (voir X.3) — la première traitant les auteurs et leurs œuvres, la seconde les sujets représentés — c'est la première qu'il faut consulter.

X.6 Le terme **livres illustrés** est utilisé pour des publications indépendantes du journal, qui en reproduit toutefois occasionnellement certains extraits, accompagnés d'illustrations. Le terme **romans illustrés** décrit les récits complets illustrés, publiés dans *l'Illustration* normalement en plusieurs épisodes. Bien que les **romans illustrés** aient été généralement conçus pour le journal, ce n'était pas toujours le cas.

DEUXIÈME PARTIE

Les Appendices

APPENDICE I : DESSINATEURS — PEINTRES — SCULPTEURS. Cet Appendice contient les noms des artistes, auteurs soit des dessins originaux parus dans *l'Illustration*, soit des sources telles que peintures, sculptures, illustrations de romans, d'après lesquelles certains dessins de *l'Illustration* ont été réalisés. Classés alphabétiquement, les noms d'artistes sont suivis de références aux gravures du Catalogue exécutées d'après leurs œuvres[3].

APPENDICE II : PHOTOGRAPHES. Comme de nombreuses illustrations, surtout celles datant du dernier quart du siècle, sont des dessins gravés d'après des photographies, les noms des photographes font l'objet d'un Appendice. Leurs noms y sont classés alphabétiquement, chacun suivi des références aux gravures du Catalogue exécutées d'après leur œuvre.

APPENDICE III : GRAVEURS ET SIGNATAIRES NON IDENTIFIÉS. De nombreuses gravures sont signées ou portent les initiales des dessinateurs et des graveurs qui y ont collaboré. L'Appendice III contient les signatures et les initiales identifiées comme celles des graveurs, ainsi que des signatures et des initiales non identifiées, appartenant soit aux graveurs, soit aux dessinateurs. (Lorsque le dessinateur d'une gravure a été clairement identifié, il n'a pas été traité dans cet Appendice. Son nom apparaît à la fois dans le Catalogue — voir le Catalogue illustré, principes généraux d'organisation, p. XXX — et dans l'Appendice I.)

Un numéro[4] est attribué à toutes les signatures et les initiales répertoriées dans cet Appendice, d'après leur première parution dans *l'Illustration*. Comme nous l'avons expliqué précédemment, ce numéro apparaît aussi en indice supérieur dans le Catalogue, après le nom du dessinateur (Mars^{37}) ou après le trait horizontal le remplaçant (______^{37}). Le Catalogue identifie donc le dessinateur lorsqu'il est connu, et indique, au moyen d'indices supérieurs, les autres signatures et initiales figurant également sur les gravures.

---

[3] Voir page XXX, note 7.

[4] Il est difficile de déchiffrer les signatures et les initiales sur les gravures du fait de leurs petites dimensions, de leur obscurité intentionnelle, et des variantes que présentent les signatures et les initiales d'une même personne. À un moment où la recherche était trop avancée pour renuméroter les entrées, nous avons découvert que trois numéros reprenaient des signatures déjà identifiées. De ce fait, les numéros 65, 70 et 88 n'apparaissent pas dans l'Appendice.

Après chaque numéro de l'Appendice figure une signature ou des initiales. Lorsqu'il a été possible d'ajouter à la signature un prénom, par exemple, ou aux initiales le nom complet, nous avons placé ces renseignements entre crochets[5]. Quand nous avons déterminé que la signature ou les initiales sont bien celles d'un graveur, ce renseignement est noté soit par l'abréviation *sc (sculpsit)* lorsque celle-ci apparaît sur la gravure, soit par le mot graveur entre crochets. Chaque entrée contient les références aux gravures reproduites dans le Catalogue sur lesquelles la signature ou les initiales en question figurent.

APPENDICE IV : NUMÉROS DES LIVRAISONS ET ANNÉES CORRESPONDANTES; NOMBRE DES GRAVURES REPRODUITES DANS LE CATALOGUE SELON LES ANNÉES. Les lecteurs de l'Index remarqueront des références codées renvoyant au Catalogue et comportant le numéro de la livraison dans laquelle parut chaque gravure, accompagné d'une lettre. Le code ne révèle donc pas l'année de publication d'une gravure. Les lecteurs intéressés par un sujet à l'intérieur d'une période déterminée pourront consulter cet Appendice qui donne les numéros des livraisons hebdomadaires correspondant aux années. Cet Appendice indique également, pour chaque année de 1843 à 1899 inclusivement, le nombre de gravures reproduites dans le Catalogue. Les tomes I et II reproduisent 3 360 gravures.

[5] BÉNÉZIT, *op. cit.*, est notre principale source pour ces renseignements.

TROISIÈME PARTIE

Le Supplément

GRAVURES CONTENANT DES ÉLÉMENTS MUSICAUX D'IMPORTANCE MINEURE

Le Supplément regroupe 754 gravures qui comportent des éléments musicaux n'ayant manifestement qu'une importance mineure. Ces éléments n'occupent souvent qu'une infime partie des illustrations. *Les gravures répertoriées dans le Supplément ne sont pas reproduites dans le Catalogue, et ne sont pas traitées dans l'Index.*

Le Supplément est structuré de façon chronologique et divisé en sections précédées de l'année et du numéro de volume. Ensuite, l'entrée de chaque gravure comprend le numéro de la livraison hebdomadaire dans laquelle elle figure, le jour et le mois de la publication, et le numéro de la page. Ces renseignements sont suivis d'une brève description du sujet de la gravure[6], et d'une énumération de ses éléments musicaux[7]. Du fait des petites dimensions de plusieurs de ces éléments et de l'imprécision avec laquelle ils sont tracés, il a parfois été nécessaire de les décrire au moyen de termes plus généraux, tels que clairon ou trompette sans pistons, instruments à cordes, instruments à vent, harmonie ou fanfare, et tambour.

---

[6] Dans le cas des peintures, les titres d'œuvres (tels qu'ils apparaissent dans le journal) et les noms des artistes sont donnés. Pour les caricatures, les légendes sont notées soit entièrement, soit partiellement.

[7] Les volumes consultés pour l'identification des instruments sont indiqués à la page L (Index, V.7).

Introduction

THE DEVELOPMENT in the early 1840s of a method which allowed several engravers to work simultaneously on a single illustration and thus to decrease significantly the time required to prepare engraved wooden blocks for the printer,[1] led directly to the birth of the illustrated weekly newsmagazine, the first of which was *The Illustrated London News*,[2] founded in 1842. Imitating the presentation of this highly successful English journal, the first issue of *L'Illustration* appeared on 4 March 1843.[3] In a large quarto format measuring 39,5 cm × 29,4 cm, the texts of this "Journal universel" were, until around the end of the century, amply illustrated with wood engravings varying in size from 1,7 cm × 4 cm, to 32 cm × 48 cm when a single illustration covered a double page.[4] Long recognized for the quality of its engravings,[5] *L'Illustration* is generally considered "the technical success of the illustrated press."[6]

The preface to the journal's 1 September 1843 issue described its aim. *L'Illustration* will truly be "a vast inventory which will recount and illustrate, in their turn, all the facts that contemporary history registers in its annals . . . *L'Illustration* will be, in a word, a faithful mirror which will come to reflect, in all its wonderful activity and so varied animation,

1 For a study of the mechanical aspects of reproducing wood engravings in the 19th-century illustrated press, see Mason JACKSON, *The Pictorial Press, its Origins and Progress* (London, Hurst and Blackett, 1885), pp. 315-325.

2 Professor Joel Kaplan of the University of British Columbia is presently preparing—under the auspices of the Centres internationaux de recherche sur la presse musicale (Vancouver and Parma)—a catalogue and index to musical iconography in *The Illustrated London News*. Similar work dealing with the *Leipziger Illustrierte Zeitung* has been undertaken by Professor Christoph Helmut Mahling of the Johannes Gutenberg-Universität (Mainz).

3 The journal was founded by V. Paulin, Adolphe-Laurent Joanne and Édouard Charton. It was directed from 1860 to 1886 by A. Marc, and from 1886 to 1903 by Marc's son, Lucien. Thereafter, René Baschet directed the journal, for over forty years, until it ceased publication in August 1944.

4 A depiction of the journal's "atelier de gravure" in 1844 is reproduced in Claude BELLANGER's *Histoire générale de la presse française*, 3 vols. (Paris, Presses Universitaires de France, 1962), II, p. 305. According to Pierre Gusman, *L'Illustration*'s original engraved wooden blocks were destroyed: "ils alimentèrent le foyer des chaudières de l'imprimerie. Seuls quelques bois de Lepère furent épargnés." (*La Revue d'art ancien et moderne*, 233 (February 1921), 111.)

5 "*L'Illustration* . . . obtint, surtout par le soin donné aux gravures, un succès mérité." (William Duckett, ed., *Dictionnaire de la conversation et de la lecture* (Paris, Firmin-Didot, 1883), suppl. IV, p. 315.)

6 BELLANGER, *op. cit.*, II, p. 300.

the life of society in the 19th century."[7] With respect to the musical life of the period, the first French illustrated newsweekly proceeded, in large part, to satisfy that goal.

Already noted in *L'Illustration*'s very first issue was the special attention to be accorded to the arts in general and the theatre in particular.

> All the news of politics, war, industry, manners, theatre, fine arts, fashion in dress and home furnishing are of interest to us . . .
>
> Let us immediately consider the theatre; here our intention, instead of simply analyzing the plays, is to depict them. Actors' costumes, groups and stage designs in the principal scenes, ballets, dancers, everything belonging to that art where the pleasure of the eyes holds such an important place; [Théâtre-] Français, Opéras, Cirque-Olympique, small theatres, everything from everywhere will be reflected in our reviews, which we will try to illustrate so perfectly that the theatres, if it were possible, would be forced to criticize us, claiming that we are competing with them by giving our readers real *shows in an arm-chair*.[8]

Reflecting the important place that music occupied in 19th-century French society, and in Parisian cultural life in particular, *L'Illustration* published between 1843 and 1899 over 3 350 engravings of musical interest which offer a veritable visual history of the musical activities of the period.[9] Architectural designs, interior and exterior views of concert halls and opera houses; *mises en scène*, scenery and costume designs of operas and ballets; representations of theatrical companies and portraits of composers, performers, conductors and critics; instruments and instrument makers; ceremonies, exhibits, festivals, fairs, gala performances and concerts in halls, salons and in the open air—these are but a few of the subjects depicted and in some cases caricatured.

However, while the variety of visual coverage is indeed vast, it is not necessarily exhaustive or entirely representative, for the selection of subjects for depiction depended both upon their newsworthiness and their visual impact—their ability to engender an attractive and interesting illustration. For this reason, depictions of operatic scenes, for example, are many, while those of symphonic concerts, which tend to be visually indistinguishable, one from the other, are few.

The overall excellence of *L'Illustration* has long been recognized: "It is the most beautiful and the most important of the illustrated periodicals, as much in France, as else-

---

7 "Préface," *L'Illustration*, I, 26 (1 September 1843), unpaginated.

8 "Notre but," [preface], *L'Illustration*, I, 1 (4 March 1843), p. 1.

9 This work focuses exclusively on the 19th century for two reasons. Firstly, because the illustrated newsmagazine in the 19th century is a rare source for extensive musical iconography. Thereafter, as new techniques facilitating the publication of photographic illustrations develop, newsmagazines become one among many such sources. Secondly, because this project was one of several undertaken by scholars with a view toward establishing a methodology for cataloguing and indexing writings on music and musical iconography in the 19th-century press. (See H. Robert COHEN, "Les gravures musicales dans *L'Illustration* de 1843 à 1899: une expérience dans le traitement de sources iconographiques," *Revue de musicologie*, LXII (1976), 125-131 plus 16 illustrations *hors texte*; and, "Musical Iconography in the Nineteenth-Century Illustrated Press: A Method for Cataloguing and Indexing, *Report of the Twelfth Congress of the International Musicological Society, Berkeley 1977* (Kassel, Bärenreiter Verlag, 1982), pp. 838-843.) The recent creation of the *Répertoire international de la presse musicale du dix-neuvième siècle (RIPMxix)* is, in part, the result of these efforts. (See H. Robert COHEN, Marcello CONATI and Elvidio SURIAN, "Les Centres internationaux de recherche sur la presse musicale (CIRPM)—*Le Répertoire international de la presse musicale du dix-neuvième siècle* (*RIPMxix*)," *Fontes Artis Musicae*, XVIII (January-June 1981), 105-106.)

where'';[10] ''Its reading constituted a sort of praiseworthy social act'';[11] ''*L'Illustration*, that beautiful and important publication which obtained so great a success . . . trained a large school of talented *dessinateurs* and engravers in this genre'';[12] ''[*L'Illustration*] was during more than a century the illustrated French magazine of quality . . .''[13] Moreover, the significance of its iconographical repertory was recognized over one hundred years ago, in the article devoted to the journal in the Larousse *Grand Dictionnaire universel du XIXe siècle*. Depicting current events both by the pen and the drawing ''was in effect an excellent idea,'' the article noted, for ''the drawing thus became an instrument of historic conservation.''[14]

But to what extent do the engravings in the journal faithfully represent that which they depict; to what extent are *L'Illustration*'s engravings instruments of ''historic conservation''? One must keep in mind that *L'Illustration* was a newsmagazine—in terms of present-day comparisons perhaps a cross between *L'Express* or *Time Magazine* and *Paris-Match* or *Life Magazine*. And the primary function of *L'Illustration*, like its present-day counterparts, was to chronicle the news, both visually and textually. This does not mean, however, that every musical element was accurately represented. A clarinettist—in an obscure corner of a tiny engraving depicting numerous activities at a village festival—playing his instrument with his right hand placed above his left, should neither lead one to ''discover'' a curious contemporary performance practice nor to conclude that the majority of *L'Illustration*'s engravings are inaccurate. Such anomalies do exist, but one must consider them within the general context in which they are presented. When musical elements of an engraving are clearly features of secondary importance, attention to their faithful representation is not always present. However, when an aspect of the musical life of the period is either the principal subject or an important element of an engraving, considerable effort to depict it accurately appears to be the rule. For example, surviving musical instruments and buildings allow us to verify how faithfully they were reproduced, and early photographs to demonstrate how carefully the engraved portraits were drawn. Furthermore, recent research dealing with the staging of 19th-century opera[15] has revealed that even the most minute details of set designs,

---

[10] *Nomenclature des journaux et revues en langue française paraissant dans le monde entier* (Paris: Argus de la Presse, 1926-1927), p. 119. For documentation demonstrating the consistent popularity of the journal, see comparative print run charts in Pierre ALBERT, Gilles FEYEL and Jean-François PICARD's *Documents pour l'histoire de la presse nationale aux XIXe et XXe siècles*, édition revue et corrigée, Collection Documentation (Paris: Centre national de la recherche scientifique, 1979).

[11] BELLANGER, *op. cit.*, III, p. 387.

[12] Ambroise Firmin DIDOT, *Essai typographique et bibliographique sur l'histoire de la gravure sur bois* (Paris, Firmin Didot frères et fils, 1863), col. 283. Bertall, Cham, Janet Lange, Marcelin, Édouard Renard, Henri Valentin, and Jules Worms are among the many celebrated *dessinateurs* who worked for *L'Illustration*.

[13] *La France, les États-Unis et leurs presses* (Paris, Éditions du Centre national d'art et de culture Georges Pompidou, 1976), p. 111.

[14] Pierre LAROUSSE, *Grand Dictionnaire universel du XIXe siècle* (Paris, 1866-1876), *s.v.* ''*L'Illustration*.''

[15] See H. Robert COHEN, ''On the Reconstruction of the Visual Elements of French Grand Opera: Unexplored Sources in Parisian Collections,'' *Report of the Twelfth Congress of the International Musicological Society, Berkeley 1977, op. cit.*, pp. 463-480. Further evidence of the journal's attention to faithful reproduction is offered by a systematic comparison of Paul Lormier's costume designs (Bibliothèque de l'Opéra, D16 (8 à 16)) and their reproduction in *L'Illustration*.

costumes and the positions of performers on stage were faithfully represented in *L'Illustration*—a fact, moreover, recognized by the journal's contemporaries.[16]

The engravings in *L'Illustration* unquestionably constitute an important resource for the music historian. Yet the engravings in this journal, like those in other 19th-century illustrated newsmagazines, have remained for the most part unexplored. No doubt the complex problem of controlling bibliographically such a vast amount of documentary material has contributed to their neglect. And it is this problem that our undertaking has attempted to resolve while at the same time revealing, and providing access to, an immense iconographical treasure, *les gravures musicales dans L'Illustration*.

Our intention is to present a comprehensive Catalogue of all engravings dealing with musical activities published in *L'Illustration* during the 19th century, and to complement the Catalogue with an appropriate Critical Apparatus. The philosophy motivating the selection of engravings can be stated simply: all visual elements relating to musical life—whether a tiny representation of a musical instrument in a corner of a painting, a part of the interior decoration of a concert hall, a single snare drum in a battle scene, the exterior of a musical instrument factory, an advertisement for a piano, an elaborate *mise en scène* or a portrait of Berlioz—are accounted for in this work.[17] And, while the vast majority of these engravings are reproduced in the Catalogue, a few of lesser interest are listed, without reproduction, in the *Supplément* (see the explanation for such omissions below).

---

[16] Louis PALIANTI (1809-1875), the author of over 200 staging manuals for works performed primarily at the Opéra-Comique and the Opéra, refers his readers, on occasion, to the journal. Palianti's transcription of the original *mise en scène* of Donizetti's *Dom Sébastien*, contains (p. 58) the following remark concerning the Act III finale: "Le journal *L'Illustration*, rue de Seine 33, donne, dans son numéro 39, du samedi 25 novembre 1842, à la page 201, une magnifique gravure sur bois [see volume I, **39D**, of the present Catalogue] qui reproduit très exactement l'ensemble de la décoration, la position des personnages et des masses pendant ce finale, et les divers costumes des artistes, des chœurs, des comparses, etc., etc." For similar remarks, see Palianti's staging manual for Auber's *Marco Spada*, p. 16 (Copies of both volumes are found at the Bibliothèque de l'Association de la Régie Théâtrale (Paris).) Music critics as well cited engravings in the journal. Joseph D'ORTIGUE, for example, in his 10 July 1864 *Journal des débats* feuilleton—which deals in part with "les clavecins d'Anvers"—refers to *L'Illustration*'s depiction of a Ruckers harpsichord (see volume I, **785B,** of the present Catalogue).

[17] Representations of dance and dancers are included when there is an obvious or strongly underlying musical element, for example, ballet scenes, engravings of noted dancers, illustrations of dance steps and movements, and any depictions of dancing in which instruments are present.

This work consists of two parts: an Illustrated Catalogue (volumes I and II) and a Critical Apparatus (volume III) made up of an Index, four Appendices, and a *Supplément*. Preliminary remarks concerning each section will permit the reader to gain an understanding of the organization of the work and, consequently, to deal efficiently with its contents.

Engraving 36A*

12 — 36A – 37A

13 — Volume II 1843

1 — □ 2 — Nº **36,** 3 — 4 novembre : « 4 — Théâtre-Italien. *Belisario*, tragédie lyrique en trois parties, musique de M. Donizetti. — M. Fornasari. » 5 — (p. 149)

6 — **A** 7 — p. 149

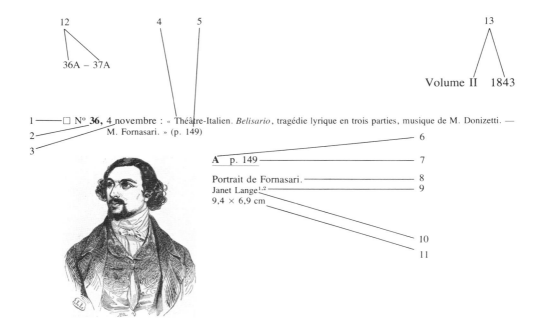

8 — Portrait de Fornasari.
10 — Janet Lange 9 — [1,2]
11 — 9,4 × 6,9 cm

1. Symbol for article.
2. Issue number.
3. Day and month of publication.
4. Title of article.
5. Page on which article begins.
6. Letter attributed to engraving.
7. Page on which engraving appears.
8. Caption.
9. References to Appendix III.
10. *Dessinateur*.
11. Dimensions.
12. Code for first and last engravings on page.
13. Volume number and year.

* Code for engraving = Issue number (2) and Attributed letter (6).

The Illustrated Catalogue

(VOLUMES I AND II)

GENERAL PRINCIPLES OF ORGANIZATION

Each page in this chronologically ordered Catalogue is headed, in the upper margin closest to the binding, with the volume number and pertinent year (see opposite page). The majority of the Catalogue's pages contain the reproduction of three engravings[1] with bibliographical references to each divided into two categories. The first deals with the article in which an engraving or engravings appeared; the second deals individually with the engravings themselves. Each article[2] is introduced, in the left margin of the page, with the symbol □. This symbol is followed by the issue number, in bold print, in which the article was published.[3] (*L'Illustration*'s weekly issues were numbered consecutively, N° 1 being the issue of 4 March 1843, N° 2966, the issue of 30 December 1899.) Thereafter appears the day and the month of publication, the title of the article containing the engraving(s) and, in parentheses, the page on which the article begins. When more than one article is cited from the same issue, the new article symbol □ introducing the second and subsequent articles is followed by a single horizontal line, the article's title and, in parentheses, the page on which the article begins. The extended horizontal line following the new article symbol (□ ________) indicates that the issue number and date are the same as those of the first preceding full entry. If the title of an article appears on one page of the Catalogue and one or more illustrations from that article on the following page, the issue number in bold print and the date are repeated at the top of the page containing the "dislocated" illustration(s). In this way all essential references appear on each page.

[1] Changes in years and volume numbers are introduced at the top of a page. For this reason, pages preceding those on which new years or volumes are introduced may contain only one or two reproductions.

[2] As this Catalogue focuses on musical iconography, and does not represent an effort to account for *L'Illustration*'s music criticism, the names of the authors of articles containing catalogued engravings are not indicated. However, titles of articles containing catalogued engravings are noted as elements of essential bibliographical reference.

[3] All issues do not contain engravings of musical interest. For this reason issue numbers in the Catalogue do not necessarily follow consecutively.

Bibliographical information concerning the article is followed by the reproduction of the engraving or engravings drawn from the article.[4] Accompanying each reproduction is the following: a letter in bold print which we shall discuss below; the page on which the engraving appears—both of these elements are underlined and slightly separated from the caption; the caption of the engraving and/or an editorial description in square brackets; information concerning signatures on the engraving; and the engraving's dimensions. Finally, references to the first and last engraving on each page of the Catalogue appear in the upper exterior margins.

Attributed letters appearing in bold print, and reference to signatures on the engravings, require further explanation. In order to identify each engraving, a code is required. Our code, also used for indexing (see below), combines the issue number in which an engraving appears—the issue number is in bold print following the new article symbol □—and a letter in bold print attributed alphabetically to each engraving of musical interest published in a given issue and reproduced in the Catalogue.[5] Thus, the second engraving [**B**] dealing with music in the third issue [N° **3**] of *L'Illustration* is identified as **3B; 36A**, then, indicates the first engraving of musical interest in N° **36**.

The signature or initials of either the *dessinateur*(s) or the engraver(s) or both appear frequently on the engravings. While we have been able to identify many, some we have not.[6] The only names to appear in the Catalogue itself are those identified as *dessinateurs*. These appear on the line beneath the caption. All other signatures, namely those of engravers and those we have not been able to identify—which belong either to engravers or *dessinateurs*—are assigned a number according to their first appearance in *L'Illustration*. This number appears in the Catalogue as a superscript reference, either immediately after the name of the *dessinateur* (Mars^{27}) or following a horizontal line (____^{14}) taking the place of the *dessinateur*'s name, and refers the reader to Appendix III (see page XCIII)[7].

The following rules control entries in the Catalogue for *dessinateurs*, superscript references to Appendix III and the use of the horizontal line:

(1) when there are no signatures on an engraving and the *dessinateur* is not identified in the title of the article, the line reserved for this information is omitted (see **3C**);

(2) when a signature on the engraving has been identified as belonging to the *dessinateur*, his name, followed by superscript references to other signatures on the engraving, when applicable, appears on the line beneath the caption (see **3A**);

---

[4] A space not exceeding 6 × 9 cm has been allotted for each engraving.

[5] In those cases when more than twenty-six catalogued engravings appear in a single issue, the alphabet is repeated with assigned double letters. **Z,** then, is followed by **AA**, **BB**, **CC**, etc.

[6] E. BÉNÉZIT's *Dictionnaire critique et documentaire des peintres, sculpteurs, dessinateurs et graveurs de tous les temps et de tous les pays...* (Nouvelle édition entièrement refondue, revue et corrigée sous la direction des héritiers de E. Bénézit (Paris, Librarie Gründ, 1976, 10 vols.)) served as the principal source for the identification of signatures and initials.

[7] Abbreviations appear from time to time on engravings following signatures or initials. These abbreviations, listed below, indicate the function of the individual *dessinateur* or engraver, and are reproduced following their names in either the Catalogue or Appendix III.

—del *(delineare)*	—pinx^{t} *(pingere)*
—inv *(invenire)*	—pinxit *(pingere)*
—ph *(phalerare)*	—sc *(sculpere)*

(3) when no signature on an engraving has been identified as the *dessinateur*'s, a horizontal line, which replaces the name of the *dessinateur*, is followed by superscript number references to signatures which are dealt with in Appendix III (see **5B**);

(4) when the *dessinateur* is identified in an engraving's caption and there are no signatures —with the possible exception of the *dessinateur*'s—on the engraving, the *dessinateur*'s name is not repeated beneath the caption (see **71A**) and the space reserved for this information is omitted (repeating the name would have resulted in its successive repetition, once at the end of the caption where it frequently appears, and once on the following line, reserved for the *dessinateur*'s name);

(5) when the *dessinateur* is identified in an engraving's caption and there are signatures other than his on the engraving, the *dessinateur*'s name is replaced by the horizontal line—in order to avoid the repetition described above—which is followed by superscript number references to the other signatures, dealt with in Appendix III (see **152A**);

(6) when the *dessinateur* is identified only in the title of the article, his name is repeated beneath the appropriate caption(s) (see **38B** and following);

(7) when illegible signatures exist on engravings, this is indicated in the Catalogue (see **56A**).

EDITORIAL PROCEDURES

I. TITLES OF ARTICLES

I.1 Certain regular feature articles such as "Nos gravures" are divided into independent sections. Each section is self-contained and introduced with a title. Frequently, however, only one section of such an article contains an engraving or engravings of musical interest. When an engraving appears in the first section of a multi-sectional article, the article's entry conforms to this model:

□ N° **2500,** 24 janvier : « Nos gravures. Mme la baronne Legoux... » (p. 88)

If the engraving of musical interest appears in the final section of a multi-sectional article, the reference to the article is noted in this manner:

☐ N° **2193,** 7 mars : « Nos gravures... *Messalina.* » (p. 155)

When only a single interior section of such an article contains one or more engravings of musical interest, the Catalogue entry reflects this as well:

☐ N° **2118,** 29 septembre : « Nos gravures (p. 207)... Louis Viardot... » (p. 208)

Note, in the last example, that two page number references are given because the page on which the "Nos gravures" article begins, differs from the page on which the designated section begins.

I.2 When there are two sections of a multi-sectional article containing musical iconography, we are obliged to treat each quasi-independently—and thus to introduce them both with the sign for a new article ☐—in order to permit the title of the section (that introduces the engraving in the journal) to introduce the engraving in the Catalogue. For example, "Inauguration du nouvel Opéra" and "La salle du nouvel Opéra" are independent sections of a single "Nos gravures" article. They are catalogued in the following manner:

☐ N° **1664,** 16 janvier : « Nos gravures... Inauguration du nouvel Opéra, le cortége du lord-maire... » (p. 47)

☐ ________ « Nos gravures [suite]. La salle du nouvel Opéra... » (p. 47)

In the last example above, the word *suite* appears in brackets indicating that this entry is part of the preceding multi-sectional article despite the appearance of the new article sign. There is no reason then to precede with ellipsis points, "La salle du nouvel Opéra," the second cited section of the "Nos gravures" article. The ellipsis points following "La salle du nouvel Opéra" indicate that this section is followed by at least one other. The solution is not uncomplicated but it does reflect accurately the reality of quasi-independent articles within a larger entity.

I.3 When two articles deal with the same engraving, both are noted in their order of appearance and separated by a semi-colon.

☐ N° **2186,** 17 janvier : « Nos gravures. *Tabarin*... » (p. 39); « Les Théâtres. Opéra : *Tabarin*, opéra en deux actes, paroles de M. Paul Ferrier, musique de M. Émile Pessard. » (p. 50)

I.4 Editorial comments such as *caricatures, publicité, gravure non reliée à un article* appear in brackets before the indication of the page on which the article begins.

☐ N° **1667,** 6 février : « Revue comique du mois, par Bertall. » [caricatures] (p. 101)

I.5 When an article dealing with an engraving appears in one issue, and the engraving in another, the determining issue number reference in the Catalogue refers to the issue in which the engraving appears. The issue number in which the article appears is found in parentheses along with the page number, after the title of the article.

□ N° **56,** 23 mars : « Courrier de Paris. » (N° 55, p. 39)

I.6 Page numbers are placed in brackets when the page on which an article begins is not numbered but is nonetheless counted within the journal's numbering system.

I.7 Rare typographical errors in titles of articles are corrected without further comment.

I.8 For rules concerning pagination in *Annonces, Suppléments* and *Hors-texte* see below.

II. CAPTIONS

II.1 Captions describing the engravings in the Catalogue are normally those that appear in the journal. However, when there is no caption in the journal or when the caption does not describe sufficiently the engraving's contents and the title of the article does not supply the necessary information, then, either a descriptive editorial comment is added or, on occasion, a text extracted from the journal (other than the caption) is employed for this purpose. In the latter two cases, the descriptive elements, not being an engraving's original caption, are placed in brackets.

II.2 If the subject depicted in an engraving is not clearly identified in its caption but is clearly identified in the title of the article in which it appears, no additional information is added to the caption. Thus, in these cases, the caption must be read in conjunction with the title of the article. For example, if an opera title appears in the title of an article (and refers to the contents of an engraving), the opera title is not added to the caption.

II.3 When a general, collective caption describes the contents of several engravings—frequently the collective caption is spread out beneath several illustrations—it is repeated, in brackets, for each engraving to which it refers. If an engraving possesses an individual caption, the general caption precedes it.

II.4 When a single caption, placed beneath one engraving, describes the visual contents of several engravings, the caption either entirely or partially is repeated in brackets for each.

II.5 The dash is employed in *L'Illustration* to indicate a change of speaker in dialogues. The Catalogue repeats this practice.

II.6 Rare typographical errors in captions are corrected without further comment.

II.7 Page numbers are placed in brackets when the page on which an engraving appears is not numbered but is nonetheless counted in the journal's numbering system.

II.8 For rules concerning pagination in *Annonces, Suppléments* and *Hors-texte* see below.

III. *ANNONCES—SUPPLÉMENTS—HORS-TEXTE*

Description

III.1 While the vast majority of engravings appear within the journal, some appear in *Suppléments* to the journal, others in *Annonces* and still others as *hors texte* illustrations.

III.2 *Annonces* sections consist of the exterior pages of certain issues. The word *Annonces* appears irregularly on these pages which, when paginated, are paginated independently from the rest of the issue. Looked at from another perspective, the cover page of an issue is, at times, the first page of the *Annonces* section as well. The cover may be followed by other *Annonces* pages, the issue itself (with independent pagination), and the final pages of the *Annonces*, the last of which is the back cover. Often the cover pages are colored.

III.3 Generally printed on glossy paper, *Suppléments* contain from 4 to 30 pages and appear irregularly, although they are more frequent after 1880. *Suppléments* are not paginated or counted in the pagination of the journal and are referred to in the Catalogue as *Supplément non paginé*.

III.4 *Hors texte* illustrations which appear frequently on glossy paper as well, are not paginated or counted in the pagination of the journal. In the Catalogue therefore they do not contain page number references and are described simply as *Hors-texte*.

References to Articles Containing Engravings in Annonces, Suppléments *or* Hors-texte

III.5 When an article containing a catalogued engraving appears in either an *Annonces* section, a *Supplément* or an *Hors-texte*, this information is noted immediately after the title of the article. Following the pattern of indicating, in parentheses, the page number on which an article begins, the name of the section in which the engraving appears is also placed in parentheses.

□ N° **2861,** 25 décembre : « La renaissance de la harpe. » (Annonces p. 5)

III.6 When the word *Annonces* is not printed on the page of the *Annonces* section in which the articles appears, *Annonces* is placed in brackets.

□ N° **2861,** 25 décembre : « La renaissance de la harpe. » [Annonces] (p. 5)

III.7 If the page number in the *Annonces* section does not appear on the page on which the article begins, it appears in brackets in the Catalogue. This is the case in the following example in which the word *Annonces* was printed on the page.

□ N° **2861,** 25 décembre : « La renaissance de la harpe. » (Annonces) [p. 5]

As the majority of the *Annonces* are paginated, we have continued to cite page numbers in brackets (counting them according to the system of pagination adopted by the journal) on those few occasions when they are not.

III.8 When neither the word *Annonces*, nor the page number appear in the journal, both elements are noted in brackets.

☐ Nº **2861,** 25 décembre : « La renaissance de la harpe ». [Annonces p. 5]

III.9 *Supplément* and *Hors-texte* indications are dealt with in the same manner as Catalogue references to *Annonces*.

References to Engravings in Annonces, Suppléments *or* Hors-texte

III.10 In the Catalogue, as previously stated (p. XLVIII), a letter in bold print identifying each engraving and the page number on which an engraving was published are underlined and printed above the engraving's caption. If the word *Annonces* appears on the page on which the engraving was published, *Annonces* is placed between the bold-letter reference and the page number.

E Annonces p. 2

III.11 If the word *Annonces* does not appear on the page of the *Annonces* section on which the engraving was published, *Annonces* is treated as above but placed in brackets.

E [Annonces] p. 2

III.12 If the page number in the *Annonces* section does not appear on the page in which the engraving was published, it appears in brackets in the Catalogue.

E Annonces [p. 2]

III.13 When neither the word *Annonces*, nor the page number appear in the journal, both elements are noted in brackets.

E [Annonces p. 2]

III.14 *Supplément* and *Hors-texte* indications are dealt with in the same manner as references to *Annonces*.

IV. ADVERTISING

IV.1 When cataloguing an advertisement, the place normally reserved for the title of an article is replaced by the word *publicité* in brackets.

IV.2 The caption of the engraving is replaced by a citation from the advertising text indicating the subject of musical interest.

□ N° **2352,** 24 mars : [publicité] (p. 227)

A p. 227

Pianista Thibouville...

V. SPELLING OF PROPER NAMES AND TITLES OF WORKS

V.1 In the Catalogue, the spelling of proper names conforms to that which appears in the journal despite the fact that 19th-century spelling was not uniform, even within the confines of a single periodical. The reader should not be surprised then to discover variant spellings of, for example, Liszt, Mendelssohn and Saint-Pétersbourg. (In the Index, spelling of proper names conforms to present-day practice (see page LXXXI).)

V.2 Several titles are spelled consistently in an unorthodox manner. For example, both *Der Freischütz* and *Tannhäuser* are spelled without umlauts. As such spellings are not typographical errors and conform to the conventions of the journal, they are reproduced without alteration in the Catalogue. The Index, however, employs conventional spellings.

VI. CAPITALIZATION AND ITALICS

VI.1 In order to conserve the "flavor" of the original we have reproduced the capitalization that appears in the journal, with some exceptions.

VI.2 When a caption of an engraving is printed entirely or partially in regular or small capitals or italics, we were obliged—in order to avoid a confusing and unsightly graphic design—to adopt modern principles of French capitalization, as no uniform method was found within the source itself. However, in those cases when a word or a phrase appears for emphasis in capital letters, the latter have been replaced with italics.

VI.3 In the Catalogue, titles of works are printed in italics regardless of their presentation (in capital letters, quotation marks or italics) in the journal.

VII. ALIGNMENT OF TEXT

VII.1 The titles of articles and captions are not generally aligned in the manner in which they appear in *L'Illustration*. When possible, however, captions containing poems and texts with rhyming elements have been aligned in the Catalogue as they appear in the journal.

The Critical Apparatus*

(VOLUME III)

* The introduction to the Critical Apparatus (Index, Appendices and *Supplément*) is repeated in volume III.

PART ONE

The Index

INTRODUCTORY REMARKS

The Index has been designed to allow rapid access to specific information and thus to avoid long lists of references without remarks detailing the specific nature of each.[1] The Index treats the iconographical contents of the engravings, the captions of the engravings, and the titles of articles in which the engravings appear, when titles contain elements of interest found neither in the engravings nor in the captions. It includes both direct entries and subject headings regrouping similar elements. The types of entries, subject headings and cross-references are governed by principles set forth in a thesaurus developed specifically for indexing musical iconography in *L'Illustration* and, by extension, in the 19th-century press in general. Indexing was accomplished with the aid of a computer program also designed for this undertaking as was the Index's multi-level structure. The thesaurus, the computer program, and details concerning the structure of the Index—subjects of interest primarily to specialists—will be dealt with extensively in an independent work.[2] That which follows then is (1) an explanation of the Index's reference code identifying engravings and their captions reproduced in the Catalogue; (2) an explanation of the reference code identifying titles of articles in which engravings appear; (3) a description of the structure of the Index; and (4) a guide to the Index's entries.

---

[1] Two other sources offer a useful, though very limited, means of exploring the journal: the *tables* which appear irregularly and in varying formats in *L'Illustration*, and the volume entitled *L'Illustration, Index des noms de personnes, Index des noms géographiques, 1843-1932* (Bobigny, Seine, les Presses de *l'Illustration*, 1934). With respect to musical iconography both are clearly superseded by this publication.

[2] This will be published under the auspices of the *Répertoire international de la presse musicale du dix-neuvième siècle (RIPMxix)* in collaboration with the Centres internationaux de recherche sur la presse musicale.

CODE FOR ENGRAVINGS AND CAPTIONS

As explained above, the code for identifying engravings combines the issue number of *L'Illustration* in which an engraving appears and a letter attributed alphabetically to each engraving published in a given issue and reproduced in the Catalogue. **3B**, then, represents the second engraving dealing with music reproduced in the Catalogue from *L'Illustration*'s third issue (N° **3**) and **14A**, the first engraving of musical interest reproduced in the Catalogue from the 14th issue (N° **14**). *With respect to the Index, this combination of number and letter refers both to an engraving and to its caption.*

CODE FOR TITLES OF ARTICLES

While issue numbers are combined with letters to identify engravings, issue numbers are combined with superscript numbers to identify articles. Thus, 3^{1} refers to the first article cited in the Catalogue from *L'Illustration*'s third issue (N° **3**). 394^{2}, then, refers to the second article cited in the Catalogue from the 394th issue (N° **394**). While we have not numbered the titles of articles in the Catalogue—in order to avoid cluttering unnecessarily the graphic design of the volumes—the reader seeking the reference to article 36^{3}, for example, need only turn to N° **36** in the Catalogue and count the new article symbols (□), until reaching the third.

In order to facilitate access to the Catalogue after the Index has been consulted, the code for the first and final engraving on each page has been reproduced in the upper exterior margins of volumes I and II.

THE STRUCTURE OF THE INDEX

Principal entries in the Index are presented alphabetically and in bold print. References to the Catalogue may follow directly after a principal entry—see the two examples below—but this occurs infrequently.[3]

Aigle noir, chevaliers de l' : 2553**A**
enregistreur musical Rivoire : 2790**B**,2790**C**

Generally, many elements relate to a single subject or subject heading, and these are, of course, listed alphabetically beneath the appropriate principal entry, as in the example below.

portraits
Alajino, Mlle : 449**A**
Alboni, Marietta : 250**A**
Anconi : 237**A**
Angri, Elena : 356**G**
Armstrong, Charles : 2542**A**
Artot, Désirée : 784**A**

However, given the general complexity of the material, elements related to a principal entry may themselves require further definition. Those that do, possess an additional level of indexing. The additional level permits, for example, an inventory of the types of illustrations dealing with *Pleyel, Wolff et Cie*'s *usine de pianos* (see below). Rather than simply listing reference codes following the latter entry (*i.e., usine de pianos*: 1414**A-E**), the Index defines the specific nature of the individual references.

[3] Because the Index is in French and because its comprehension requires a basic knowledge of this language, quotations from the Index are not translated into English.

Pleyel, Wolff et Cie
clavier transpositeur : 1648**B**,1852**A**
piano
publicité, modèle nº 8 : 2883**A**
usine de pianos
atelier des caissiers-monteurs : 1414**D**
forge et serrurerie : 1414**C**
machine à vapeur : 1414**B**
scierie : 1414**E**
vue générale : 1414**A**

As the indexing progressed it became apparent that isolating one important element from the many relating to a single subject heading offered, in a large number of cases, a more clearly focused structure and one more easily comprehended by the reader. Thus, frequently, entries listed beneath a subject heading are divided into two groups, the first dealing with many elements (presented alphabetically), the second dealing with a single element (also presented alphabetically). And, as above, the entries within each division may possess an additional indexing level, as required. (Division of related materials into two groups and use of the additional indexing level depend upon principles established in the course of the preparation of the Index and codified in the thesaurus.) While in most cases the element dealt with in the second division will be self-evident, information concerning the division of elements relating to specific subject headings is given below. Fortunately, the result is much less complicated than the description.

The entry for **Meyerbeer** reproduced below illustrates the application of this procedure. Division one, indented six spaces, deals with all subjects except Meyerbeer's operas which are dealt with exclusively in division two, indented two spaces.

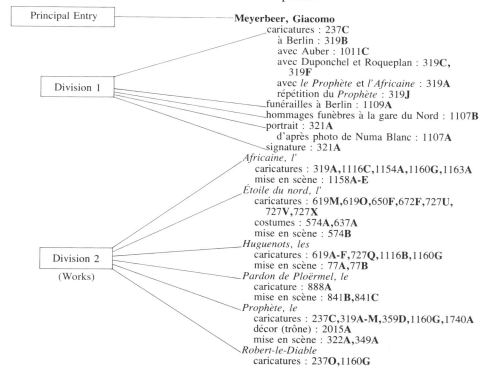

Principal Entry — **Meyerbeer, Giacomo**

Division 1
caricatures : 237**C**
à Berlin : 319**B**
avec Auber : 1011**C**
avec Duponchel et Roqueplan : 319**C**, 319**F**
avec *le Prophète* et *l'Africaine* : 319**A**
répétition du *Prophète* : 319**J**
funérailles à Berlin : 1109**A**
hommages funèbres à la gare du Nord : 1107**B**
portrait : 321**A**
d'après photo de Numa Blanc : 1107**A**
signature : 321**A**

Division 2 (Works)
Africaine, l'
caricatures : 319**A**,1116**C**,1154**A**,1160**G**,1163**A**
mise en scène : 1158**A-E**
Étoile du nord, l'
caricatures : 619**M**,619**O**,650**F**,672**F**,727**U**, 727**V**,727**X**
costumes : 574**A**,637**A**
mise en scène : 574**B**
Huguenots, les
caricatures : 619**A-F**,727**Q**,1116**B**,1160**G**
mise en scène : 77**A**,77**B**
Pardon de Ploërmel, le
caricature : 888**A**
mise en scène : 841**B**,841**C**
Prophète, le
caricatures : 237**C**,319**A-M**,359**D**,1160**G**,1740**A**
décor (trône) : 2015**A**
mise en scène : 322**A**,349**A**
Robert-le-Diable
caricatures : 237**O**,1160**G**

Finally, because the Index recalls the individual components of engravings, the reader can, in some cases, quickly determine the variety of subjects depicted in a single engraving from the Index itself.

Halévy, Fromental
portrait : 4**D**
d'après photo de L. Cremière et Cie : 996**A**
tombeau au cimetière Montmartre : 1101**B**
Charles VI
caricature : 237**P**
costumes : 3**C-E**
mise en scène : 3**A**, [3**B**]
orchestre : [3**B**]
public : [3**B**]
salle : [3**B**]

[individual components of a single engraving]

GUIDE TO THE ENTRIES

I. GENERAL PRINCIPLES

I.1 While elements indexed are generally limited to the contents of the engravings, the engravings' captions and the titles of articles, whenever possible family names have been completed with Christian names or initials. When research revealed neither, Mlle or Mme has been added; however, in order to avoid confusion concerning the meaning of M., family names of unidentified males stand alone. M., then, does not represent Monsieur, but rather the initial of a male Christian name, Marcel or Maurice for example.

I.2 Spelling of proper names conforms to modern practice in the Index (contrary to the principle applied in the Catalogue). When no modern practice has been established, spellings employed by FÉTIS in his *Biographie universelle des musiciens* (2nd ed., Paris, 1866-70) have been adopted.

I.3 Rules for entering surnames with separate prefixes are those described in *RILM*'s *Cumulative Author-Subject Index I-V (1967-1971)*, p. XIV: "Surnames with separate prefixes are entered under the prefixed *article* or the contracted *article/preposition*. A detached preposition appears at the end of the name."

Chesnel de la Charbouclais, de
du Locle, Camille
La Grange, Anna de
Le Roux, H.

I.4 Blank spaces, orthographic signs, punctuation and arabic numerals are assigned specific priorities in establishing the alphabetical order of the Index.

A blank space is given priority over all characters.

opéra espagnol
Opéra-Comique

An orthographic sign (a hyphen, an apostrophe, etc.) is given priority over all characters except a space.

Simon
Simon-Girard, Mlle
Simon, Jean-Henri

A punctuation sign is given priority over all letters of the alphabet.

Henri, prince des Pays-Bas
Henriot

Arabic numerals (therefore dates) follow the letter z.

I.5 Principles of capitalization applied in the Index are those presented in Adolphe V. THOMAS, *Dictionnaire des difficultés de la langue française* (Paris, Larousse, c. 1971) and in Madeleine SAUVÉ, "De l'emploi de la majuscule," *Observations grammaticales et terminologiques (fiche* N° 31, April 1975, distributed by the University of Montréal). A systematic application of the rules presented in these works leads, for example, to the following seemingly strange though accurate capitalization:

Richard-Cœur-de-Lion	Théâtre de Tours
Robinson Crusoé	théâtre des Arts (Rouen)
roi l'a dit, Le	théâtre des Variétés (Bordeaux)
Roman d'Elvire, le	Théâtre international (Vienne)

I.6 When the names of cities, provinces or regions are not listed in *le Petit Robert 2* (Paris, S.E.P.R.E.T., 1974) supplementary information, in parentheses, follows the individual entry. For example: **Bude (Budapest), Lambessa** (Algérie), **Nola** (Italie).

II. INDIVIDUALS AND GROUPS

II.1 Table I displays the division of information within principal entries. Note that beneath the heading ''Principal Entry'' below and in the Tables that follow, appear two distinct elements: (1) collective terms which do not generally exist in the Index—such as composers, librettists and singers—and which are employed here to represent specific index entries within a given group (*e.g.*, ''composers'' for **Berlioz, Gounod, Wagner** . . .); and (2) actual entries in the Index such as **caricatures, mise en scène, public.** Only actual entries appear in bold print beneath the ''Principal Entry'' headings below.

Table I

Principal Entry	Division I	Division II
individuals authors of dramatic works choreographers composers librettists scenery designers translators	general entries	titles of works created
individuals actors dancers singers	general entries	titles of works in which performer is depicted
groups instrumental and vocal ensembles (See VI below) **public**	general entries	name of theatre, hall or place in which group of individuals or instrumental ensemble is represented
musiciens ambulants **musiciens de foire**	general entries	place or geographical location in which musicians are represented

II.2 Historical, mythological and allegorical characters are included in the Index; operatic characters are not. However, principal entries for each singer list the titles of operas in which the performer is depicted.

II.3 Collective entries—which include **almées, Arabes, barytons, bayadères, bohémiens, claqueurs, ménétriers, musiciens ambulants, musiciens de foire, musulmans, *prima donna*, sirènes, sopranos, souffleurs, ténors, troubadours, tsiganes,** and **turcos**—are reserved for unidentified individuals. Thus, the name Duprez, the celebrated tenor, will not appear beneath the entry **ténors**.

II.4 There is no collective entry for conductor. The reader should consult entries in which a conductor would normally be depicted (*e.g.*, **orchestres, fanfares**).

II.5 Personalities caricatured and unidentified in the journal are, for the most part, not identified in the Index.

II.6 Photographers, *dessinateurs*, engravers and unidentified signatures on engravings are dealt with in the Appendices and are not, therefore, included in the Index.

II.7 Entries under the heading **portraits** indicate only the names of individuals depicted in the journal. However, beneath the principal entry for each individual depicted will be found both the word *portrait* and the name of the artist responsible for the work or an indication of the original source upon which the portrait is based. For example:

Berlioz, Hector
portrait : 64**D**
d'après photo de Nadar : 1360**A**

III. MUSICAL WORKS AND BALLETS

III.1 Musical works are regrouped and dealt with under the names of their composers. Titles of musical works also appear in the Index as principal entries, each with a cross-reference to the composer of the work.

III.2 If two or more composers collaborated on a work, the direct entry for the composition refers the reader to the composer generally considered the most important or to the first named in the journal.

Lady Henriette, *voir* Burgmüller

Beneath the direct entry for this composer will be listed not only the title of the work but also the name or names of the collaborators.

Burgmüller, Frédéric
Lady Henriette (avec von Flotow et Deldevez)
mise en scène : 53**A**

III.3 If a work possesses two titles, each appears as a principal entry in the Index; however, the secondary title contains a cross-reference to the composer of the work followed by the work's principal title.

Servante de Greenwich, la
voir Burgmüller : *Lady Henriette*

III.4 Titles of compositions (most frequently operas) originally in foreign languages appear, and are dealt with, in French translation when they were generally referred to in translation in the journal. The original titles also appear as principal entries, each with a cross-reference to the work's composer followed by the French title under which elements relating to the work are indexed.

Zauberflöte, Die, *voir* Mozart :
la Flûte enchantée

III.5 Titles of ballets are entered both by composer and under the heading **ballet**. In division II of the latter entry is found a list of titles of ballets along with cross-references to their respective composers. An *opéra* entry listing all works in this genre was rejected because of the enormous number of lines required for such a regrouping.

IV. *MISE EN SCÈNE*

IV.1 Table II displays the division of information within principal entries.

Table II

PRINCIPAL ENTRY	DIVISION I	DIVISION II
costumes **décors** **mise en scène**	general entries	titles of works

IV.2 The **costumes** entry is reserved, with respect to stage works, for illustrations depicting performers in costume only.

IV.3 The **décors** entry is reserved, with respect to stage works, for engravings depicting stage decoration only.

IV.4 The **mise en scène** entry is reserved, with respect to stage works, for depictions of performers in costume on a stage with stage decorations. A cross-reference at the beginning of this entry directs the reader to the principal entries **costumes** and **décors**.

IV.5 Because costumes depicted in full *mises en scène* are not cited in the the **costumes** entry and because **décors** depicted in full *mises en scène* are not cited in the **décors** entry, a cross-reference at the beginning of each refers the reader to the entry for **mise en scène**.

V. MUSICAL INSTRUMENTS

V.1 Instruments are indexed individually (1) when they appear alone, (2) when they appear in non-western ensembles, and (3) when they appear in prominent positions in western ensembles, namely, as a featured solo instrument or as part of a small performing group. Western ensembles include both those in which a composer determines the choice and number of instruments and those in which the composer (in the traditional sense of the term) does not. The latter generally involve musical events of a more popular nature.

V.2 Instruments not in prominent positions in western ensembles are not indexed individually. References for these instruments do not appear either under the name of the instrument or under the name of the ensemble in which they are represented. While such indexing would have offered obvious advantages, it also would have inordinately increased the size of the Index. Consequently, the reader interested in all depictions of violins, to choose one example, must examine not only the references listed beneath the entry **violon** but also those listed in entries regrouping depictions of ensembles (see VI below) in which the violin is likely to appear.

V.3. References to indexed instruments appear only under their individual entries and not as constituent elements of ensembles. (For explanation of this principle see VI.3 below.)

V.4 General entries for each instrument indicate the context (*e.g., bal(s), défilés*) in which the instrument appears.

V.5 Table III displays the division of information within principal entries. Note that information following the + sign below—and in the Tables that follow—appears in the Index, indented two spaces, immediately beneath the element to which it refers (see models, p. LXXIX and p. LXXX).

Table III

PRINCIPAL ENTRY	DIVISION I	DIVISION II
Name of instrument: for example **clavecin** **piano** **trombone** **violon**	general entries	company manufacturing instrument, model of instruments or instrument maker + description of illustration

V.6 Because of the difficulty encountered in identifying some instruments with certitude—this, the result of numerous factors including tiny dimensions, errors and lack of attention to details in representation, and the fantasy of the artist—we have been obliged to extend somewhat the meaning of the term *tambour* (drum) to describe certain instruments whose construction consists of a stretched skin or material over a hollow, resonating cavity, and to regroup *bugles, clairons, trompettes* and *cornets* in two categories: **trompette ou cornet à pistons,** and **clairon ou trompette sans pistons.**

V.7 The standard dictionaries and encyclopedias as well as numerous specialized volumes and studies were consulted for the identification of instruments, in particular:

DIAGRAM GROUP, THE. *Musical Instruments of the World*. Paddington Press, 1976. (Translated into French as *Les Instruments de musique du monde entier*. Paris, Albin Michel, 1978.)

GORGERAT, Gérald. *Encyclopédie de la musique pour instruments à vent*. 3 vols, Lausanne, Éditions Rencontre, c. 1955.

HARRISON, Frank and Joan REIMER. *European Musical Instruments*. London, Studio Vista, 1964.

KASTNER, Georges. *Manuel de musique militaire*. Paris, 1848. Reprint, Geneva, Minkoff, 1973.

MARCUSE, Sybil. *Musical Instruments; A Comprehensive Dictionary*. 2nd edition, New York, W.W. Norton & Co., 1975.

V.8 In some cases difficulty in identifying instruments was so great it was necessary to accept the following categories: **instruments à cordes, instruments à vent, instruments de percussion**. Entries for families of instruments conclude with a cross-reference to each instrument with a principal entry in the Catalogue belonging to the specific family. The division of information concerning these entries is as follows:

Table IV

Principal Entry	Division I	Division II
instruments à cordes **instruments à vent** **instruments de percussion**	general entries	place where instrument is depicted, name of manufacturer or instrument maker + description of illustration

V.9 The following entries concerning instruments merit mention: **instruments fantaisistes** (depictions of instruments in which the imagination of the artist intentionally played more than a minor role), **instruments inusités** (obsolete and comparatively unknown instruments), **instruments mécaniques** and **instruments (facture d')**.

V.10 The entry **publicité** includes references to all instruments depicted in the journal's advertisements. Entries for each instrument are followed by the names of advertisers, normally manufacturers.

V.11 The entry **jouets** lists references to toy instruments.

VI. INSTRUMENTAL AND VOCAL ENSEMBLES

VI.1 Traditional western ensembles are indexed under three principal entries: **chœurs ou ensembles vocaux, fanfares et (ou) harmonies** and **orchestres**. (The fact that entries for *trios* and *quatuors*, for example, do not exist indicates only that no such ensembles—as designated by composers—are depicted in the journal.) The division of information within these categories is organized in the following manner:

Table V

Principal Entry	Division I	Division II
chœurs ou ensembles vocaux **fanfares et (ou) harmonies** **orchestres**	general entries including events at unspecified locations	specific location (theatre, hall, church, etc.) in which ensemble is depicted

VI.2 The reader seeking illustrations of instrumental ensembles other than traditional western ensembles must consult the principal entry for an instrument known to perform in the ensemble, and entries regrouping events where such ensembles might per-

form, such as **bal(s), concours et festivals, défilés, fêtes et cérémonies populaires, messes et cérémonies religieuses, sérénades**. (For justification of this principle see VI.3 below; for treatment of these subjects see VIII.1.) The reader should also consult the entries for **musique ethnique** and **musique populaire**—these being organized by geographical entities—and, in some cases, **musiciens ambulants** and **musiciens de foire**.

VI.3 The number and combination of instruments in the vast majority of the engravings belonging to the categories outlined in VI.2 are not dependent upon the instructions of a composer (in the conventional sense of the term) but rather upon the tradition in which the music occurs. For example, the combination of *tambours*, a *grosse caisse* and *trompettes* or *clairons* seems to be a traditional ensemble for parades *(défilés)*, but the specific number of each instrument is not, in most cases, pre-determined by a composer. Thus, rather than creating entries for each combination of instruments—one *tambour*, one *grosse caisse* and one *trompette*; two *tambours*, one *grosse caisse* and one *trompette*, etc.—we have emphasized the context in which such ensembles appear, regrouping them in the categories listed in VI.2. While there is no doubt that a detailed enumeration of all instrumental combinations would, in some cases, have been useful, we did not proceed in this manner for three reasons. Firstly, the size of the Index would have increased to unmanageable proportions. Secondly, the specific combination and number of instruments are not infrequently a matter of secondary importance. And, finally, it is often extremely difficult, if not impossible, to identify some of the instruments as well as their exact number. (When musical elements are a secondary feature of an engraving, their depiction, at times, lacks precision.)

VII. PLACE NAMES AND LOCATION OF EVENTS (*e.g.*, theatres, halls, parks, churches)

VII.1 Unless otherwise noted place names are Parisian.

VII.2 Parisian activities or events are entered directly under the name of the theatre, hall or place where they occurred (*e.g.*, **Opéra-Comique, Champs-Élysées, église de la Madeleine**).

VII.3 Activities in all other cities—including those in France—are entered under the name of the city (not country) in which they occurred (*e.g.*, **Barcelone, Berlin, Londres, Milan**), or under the name of the province or region (*e.g.*, **Alsace, Vosges**) when the name of the city has not been determined.

VII.4 Activities in unidentified cities, provinces and regions are entered under the names of countries. Subjects indexed beneath each country are limited to those that cannot be associated with more specific geographical locations and *not all activities occurring in a given country*.

VII.5 On those few occasions when neither a city, province, region nor country is identifiable, activities are entered under the names of races or religions (*e.g.*, **Arabes, musulmans**), whichever is more appropriate to the engraving's contents.

VII.6 Table VI displays the division of information within principal entries.

Table VI

PRINCIPAL ENTRY	DIVISION I	DIVISION II
For Parisian activities specific theatres, halls, parks, churches, etc.	general entries including description of musical events	for theatres and halls: titles of works performed with cross-references to names of composers
For activities in cities other than Paris name of city	general entries including events at unspecified, locations	specific location + description of musical event including for theatres and halls, titles of works performed with cross-references to names of composers
For activities in unidentified cities, provinces or regions name of country	general entries	

VII.7 The entries for **musique ethnique** and **musique populaire**—see definition below IX.1 and IX.4—will be of interest to readers seeking references to musical activities in specific countries, for these entries contain, in division two, a list of countries where such activities are depicted and, following the name of each country, a description of the event or mention of the specific location within the country where the activity occurred.

VII.8 The following principal entries regrouping locations of musical activities merit mention: **bateaux, cafés-concerts, cirque(s), écoles ou institutions, hôpitaux, salle(s) ou lieu(x) de concert ou de spectacle** (depictions of the interiors of halls, theatres, and other concert locations), **salons,** and **théâtres (vues extérieures).** Table VII displays the division of information for each of these principal entries.

VII.9 Noted also should be an entry of special interest, **incendies**.

VIII. EVENTS INVOLVING MUSICAL ACTIVITIES

VIII.1 Similar events involving musical activities are regrouped together. The division of information for this type of subject heading is displayed in Table VIII.

VIII.2 **Salons des beaux-arts** and **Expositions universelles** are indexed collectively as principal entries.

Table VII

Principal Entry	Division I	Division II
		list of:
bateaux	general entries	boats
cafés-concerts		*cafés-concerts*
cirque(s)		circuses
écoles ou institutions		schools or institutions
hôpitaux		hospitals
salle(s) ou lieu(x) de concert ou de spectacle		interior views of concert halls, theatres, or occasional concert locations
salons		salons
théâtres, vues extérieures		exterior views of theatres + description of illustration and/or activity depicted

Table VIII

Principal Entry	Division I	Division II
bal(s)	general entries	city or place of event (theatre, hall, park, etc.) with geographic location except places of events in Paris which are listed directly in alphabetical order
concerts	general entries including principal performers, artists or ensembles	" "
concerts extérieurs	general entries	" "
concours et festivals	general entries	" "
danses	name of dance, movement or step illustrated	country (when possible) + activity
défilés	general entries for events in Paris or in undetermined locations	city, region or country + activity
fêtes et cérémonies populaires	general entries including names of *fêtes* and events in Paris or in undetermined locations	city, region or country + activity
messes et cérémonies religieuses	general entries including name of ceremony, *fête* or office	city, region or country, or place of event + activity

VIII.3 The name of each dance, *fête* or office is followed by a cross-reference to the entry where such material is treated. For example: **gaillarde,** *voir* danses; **mi-carême,** *voir* fêtes et cérémonies populaires; **Te Deum,** *voir* messes et cérémonies religieuses.

IX. *MUSIQUE ETHNIQUE—MUSIQUE POPULAIRE—MUSIQUE MILITAIRE*

IX.1 The term **musique ethnique** describes the musical expression of non-western cultures.

IX.2 Instruments depicted in non-western ensembles are indexed individually.

IX.3 Readers interested in non-occidental music within a specific country should, in all cases, begin by examining references under the **musique ethnique** subject heading (which is arranged, in division two, by country) and not by seeking such references under the principal entry for the country (see VII.4).

IX.4 **Musique populaire** describes western music that does not belong to the so-called art music tradition.

IX.5 The division of information in the principal entries **musique ethnique** and **musique populaire** is organized in the following manner:

Table IX

Principal Entry	Division I	Division II
musique ethnique **musique populaire**	general entries including description of activity when country of origin unknown	country (or when unidentified, region or continent) + description of the activity

IX.6 Because of the large number of engravings depicting military music in France, a principal entry is reserved for this subject. A second principal entry deals with military music in all other countries. Division of information in the latter follows:

Table X

Principal Entry	Division I	Division II
musique militaire (sauf France)		country + description of activity

X. MEDIUM, AND ORIGINAL SOURCES OF ENGRAVINGS

X.1 The Index regroups engravings sharing a common origin other than that of the journal (*i.e.*, **livres illustrés, sculptures, tableaux**) and those of a similar character created for the journal (*i.e.*, **caricatures, dessins et croquis divers, bandes dessinées, publicité,** and **romans illustrés**).

X.2 Titles of works in the categories listed in X.1 are not treated individually as principal entries but rather are regrouped according to their respective origins or genres.

X.3 Certain subject headings in this category require two independent principal entries: one treating authors and their works, the other treating subjects depicted. Table XI displays the division of information for subjet headings requiring two principal entries.

Table XI

Principal Entry	Division I	Division II
Entry 1 **caricatures, auteur-titre** **livres illustrés, auteur-titre** **romans illustrés, auteur-titre** **sculptures, auteur-titre** **tableaux, auteur-titre**	titles of anonymous works	artist or author + titles of works
Entry 2 **caricatures, sujet** **livres illustrés, sujet** **romans illustrés, sujet** **sculptures, sujet** **tableaux, sujet**	general entries	for caricatures only: titles of musical works

X.4 Table XII displays the division of information for subject headings requiring a single principal entry.

X.5 The names of authors, caricaturists, painters and sculptors are entered directly in the Index; however, their names are followed by a cross-reference to that section of the Index where their works are treated. For example: **Cham,** *voir* caricatures; **Topffer, R.,** *voir* bandes dessinées; **Cabanel, Alexandre,** *voir* tableaux; **Delaplanche, E.,** *voir* sculptures. In those cases where the reader is referred to a subject possessing two principal entries (see X.3)—the first dealing with authors and their works, the second with subjects depicted—the first must be consulted.

X.6 The term **livres illustrés** describes independently published illustrated volumes. Excerpts and accompanying illustrations from these volumes were, in limited numbers, reproduced in the journal. The term **romans illustrés** describes complete illustrated narratives published in *L'Illustration*, usually in several episodes. While **romans illustrés** generally originated in the journal, this is not always the case.

Table XII

Principal Entry	Division I	Division II
bandes dessinées, auteur-titre		author + titles of works
dessins et croquis divers	subjects depicted	author + titles of works
journaux		title of newspaper or periodical + subject of engraving
portraits	name of person represented	groups and unidentified subjects
publicité	name of instrument or product advertised or name of manufacturer	

PART TWO

The Appendices

Appendix I: *Dessinateurs*—Painters—Sculptors. This Appendix contains both the names of artists responsible for the original designs in *L'Illustration* and those responsible for the sources such as paintings, sculptures and illustrations for novels, upon which some designs in the journal are based. Listed in alphabetical order, the name of each artist is followed by Catalogue references to engravings designed for *L'Illustration*[4] or to engravings in *L'Illustration* based upon the artist's work.

Appendix II: Photographers. Many illustrations, especially those dating from the last quarter of the century, are engraved designs based upon photographs. For this reason the names of the photographers responsible for the original documents are grouped together in an Appendix. Photographers' names are listed in alphabetical order, each being followed by Catalogue references to the engravings based upon their work.

Appendix III: Engravers and unidentified signatures. Many engravings are signed or initialled by *dessinateurs* and engravers. This Appendix regroups signatures and initials identified as being those of engravers, as well as unidentified signatures and initials belonging either to engravers or *dessinateurs*. (When the *dessinateur* of an engraving has been clearly identified he is not dealt with in this Appendix. His name appears both in the Catalogue—see "The Illustrated Catalogue, General Principles of Organization," p. lxviii—and in Appendix I.)

All signatures and initials listed in this Appendix have been assigned a number[5] according to their first appearance in *L'Illustration*. As explained above, this number also appears as a superscript reference in the Catalogue after the name of the *dessinateur* (Mars[37]) or after a horizontal line replacing the *dessinateur*'s name (________[37]). The Catalogue, then, identifies the *dessinateur* when known, and indicates, through superscript references to this Appendix, other signatures or initials also appearing on the engravings.

[4] See p. lxviii, note 7.

[5] Deciphering signatures and initials on engravings is rendered difficult because of their tiny dimensions, their intentional obscurity and the variations in signatures and initials of the same person. At a point when research was too far advanced to renumber entries, it was discovered that three numbers duplicated previously assigned references. For this reason numbers 65, 70 and 88 do not appear in the Appendix.

After each number in the Appendix appears a signature or initials. When it has been possible to add information concerning the signature or initials—*i.e.*, the first name or a full name represented only by initials—we have done so, placing this information in parentheses.[6] Signatures or initials identified as belonging to engravers are noted either by the abbreviation *sc (sculpsit)* when this abbreviation appears on the engraving, or by the word *graveur* in brackets. Each entry contains references to those engravings reproduced in the Catalogue on which the specific signature or initials appear.

APPENDIX IV: ISSUE NUMBERS AND CORRESPONDING YEARS; NUMBER OF ENGRAVINGS REPRODUCED IN THE CATALOGUE BY YEAR. Readers consulting the Index will note coded references consisting of the issue number in which an engraving appeared and an assigned letter. The code, then, does not reveal the year of an engraving's publication. Readers interested in chronologically defined aspects of a subject may wish to consult this Appendix in order to determine those issue numbers which correspond to specific years. This Appendix also indicates for each year, from 1843 to 1899, the number of engravings reproduced in the Catalogue. In all, volumes I and II reproduce 3 360 engravings.

[6] BÉNÉZIT, *op. cit.* is our primary source for this information.

PART THREE

The *Supplément*

ENGRAVINGS DISPLAYING MUSICAL ELEMENTS OF MINOR IMPORTANCE

The *Supplément* regroups 754 engravings displaying musical elements of clearly minor importance. Frequently, these elements occupy only a very small portion of the cited illustrations. *Engravings listed in the* Supplément *are not reproduced in the Catalogue and are not dealt with in the Index.*

The *Supplément* is organized chronologically and divided into sections headed with year and volume numbers. Thereafter, the entry for each engraving is introduced with the issue number in which the illustration appeared, the day and month of publication and a page number reference. This information is followed by a brief description of the subject of the engraving[7] and an enumeration of its musical elements.[8] Because of the tiny dimensions of several of the cited elements and the imprecise manner in which they are depicted, it has been necessary at times to describe them with general terms such as *clairon ou trompette sans pistons, instrument à cordes, instrument à vent, harmonie ou fanfare*, and *tambour*.

[7] For paintings, titles of works (as they appear in the journal) and artists are listed. For caricatures, captions (either entirely or partially) are noted.

[8] The volumes consulted for the identification of instruments are listed on p. LXXXV (Index, V.7).

Le Catalogue illustré (1843-1899)

Tome premier : 1843–1863

□ Nº **3,** 18 mars : « Théâtres. *Charles VI*, opéra en cinq actes, paroles de MM. Casimir et Germain Delavigne, musique de M. F. Halévy, divertissements de M. Mazilier, décorations de MM. Cicéri, Philastre, Cambon, Séchan et Desplechin. » (p. 39)

A p. 40

Théâtre de l'Opéra. — *Charles VI.* — Le Cortège, au troisième acte.
P. S. Germain[1,2]
30,2 × 8 × 9,7 × 23,5 cm [en forme de L]

B p. 41

Théâtre de l'Opéra. — Opéra de *Charles VI*, paroles de MM. Casimir et Germain Delavigne, musique de M. F. Halévy. — Cinquième acte, dernière décoration.
P. S. Germain[1,2]
16,9 × 21,5 cm

C p. 41

Madame Stoltz, rôle d'Odette. Barroilhet, rôle de Charles VI.
13,3 × 14,7 cm

Nº **3,** 18 mars (suite)

D p. 42

Madame Dorus, rôle d'Isabeau.
12,3 × 7,6 cm

E p. 42

Duprez, rôle du Dauphin.
12,1 × 5,8 cm

□ Nº **4,** 25 mars : « Le bal de l'Opéra. — La Mi-Carême. » (p. 52)

A p. 52

[Défilé dans les rues.]
10,6 × 18,9 cm

N° **4,** 25 mars (suite)

B p. 53

Le dernier Bal masqué de l'Opéra.
15,7 × 21,8 cm

☐ ———— « Théâtres. *Charles VI*, opéra en cinq actes, paroles de MM. Casimir et Germain Delavigne, musique de M. F. Halévy, divertissements de M. Mazilier, décorations de MM. Cicéri, Philastre, Cambon, Séchan et Despléchin. (Deuxième article) » (p. 54)

C p. 54

M. Casimir Delavigne.
P. S. Germain[1]
11 × 6,7 cm

D p. 54

M. F. Halévy.
P. S. Germain[1]
11 × 6,7 cm

□ Nº **4,** 25 mars (suite) : « Théâtres [suite]. Théâtre des Variétés. *Un mariage au Tambour.* » (p. 55)

E p. 55

Théâtre des Variétés. — *Un mariage au Tambour.*
10,1 × 14,5 cm

□ Nº **5,** 1er avril : « Chronique musicale. Théâtre-Italien... » (p. 71)

A p. 71

Madame Grisi.
____[1,2,3]
11,9 × 7,2 cm

B p. 71

Lablache.
____[4]
10,5 × 7,3 cm

Nº **5,** 1er avril (suite)

C p. 72

Théâtre-Italien. — Une scène de *Don Pasquale*, deuxième acte.
P. S. Germain
15,4 × 21,5 cm

□ ——— « Chronique musicale [suite]. L'Orphéon. » (p. 72)

D p. 73

Grande Salle de la Sorbonne. — Séance générale de l'Orphéon.
A. Guesdon[1]
15,2 × 20,3 cm

□ Nº **6,** 8 avril : « Beaux-Arts. — Salon de 1843. Tableaux et sculptures. » (p. 88)

A p. 89

Les Condottieri, par M. Baron.
———[1,2]
11 × 13 cm

☐ Nº **6,** 8 avril (suite) : « La Vengeance des Trépassés. Nouvelle. » (p. 89)

B p. 89

[Rachel tenant un « luth ou théorbe de forme antique ».]
9,3 × 12,8 cm

☐ Nº **7,** 15 avril : « Chronique musicale. — Concerts du Conservatoire. » (p. 101)

A p. 101

Salle des Concerts du Conservatoire.
P. S. Germain[1]
16,2 × 21,9 cm

☐ Nº **9,** 29 avril : « Théâtres... Théâtre de l'Opéra-Comique. *Le Puits d'Amour*, opéra-comique en trois actes, paroles de MM. Scribe et de Leuven, musique de M. Balfe. » (p. 136)

A p. 137

Théâtre de l'Opéra-Comique. — *Le Puits d'Amour*. — Audran, rôle du comte de Salisbury; madame Thillon, rôle de Géraldine; mademoiselle Darcier, rôle du Page.
13,2 × 15,1 cm

☐ Nº **10,** 6 mai : « Les fêtes de la Saint-Philippe. » (p. 145)

A p. 146

Sérénade de Tambours dans la cour des Tuileries.
Clément Pruche
14,6 × 23,4 cm

☐ Nº **12,** 20 mai : « Beaux-Arts. — Salon de 1843. » (p. 183)

A p. 185

Un Ménestrel, par Couture.
——[1]
12 × 10,6 cm

☐ Nº **14,** 3 juin : « Courrier de Paris. » (p. 209)

A p. 210

L'*Incendio di Babylonia*, opéra-buffa en 2 actes, paroles de M.***, musique de M. le comte de Feltre. — Scène 4e du 1er acte. Personnages : Orlando, M. Ponchard; Clorinda, madame Damoreau; Ferocino, M.***. — Le tyran surprend le billet tendre donné par Orlando à la princesse.
13,5 × 15 cm

☐ Nº **15,** 10 juin : « Salle de concerts de la rue de la Victoire. » (p. 227)

A p. 229

Salle de concerts de la rue de la Victoire.
Janet Lange
15 × 21,6 cm

☐ ———— « Les Plaisirs des Champs-Élysées. » (p. 231)

B p. 233

Champs-Élysées. — Les chanteurs ambulants.
Eugène Forest[5]
13,5 × 15 cm

☐ ———— « Théâtres. Théâtre de l'Opéra-Comique. *Angélique et Médor*, opéra-comique en un acte, paroles de M. Sauvage, musique de M. A. Thomas. » (p. 237)

C p. 237

Théâtre de l'Opéra-Comique. — Une scène d'*Angélique et Médor*.
P. S. Germain
15,6 × 21,8 cm

☐ Nº **17,** 24 juin : « Fêtes des Environs de Paris. » (p. 263)

A p. 264

Fête de Corbeil.
11,1 × 21,5 cm

☐ Nº **20,** 15 juillet : « Fêtes des Environs de Paris. » (p. 315)

A p. 316

Entrée du Bal de Sceaux.
Clément Pruche, Jean-Jacques Champin[1]
12,8 × 21,8 cm

B p. 316

Le Bal de Sceaux.
Clément Pruche, Jean-Jacques Champin[1]
12,8 × 21,8 cm

□ N° **21,** 22 juillet : « Théâtres. Reprise d'*Œdipe à Colone*. — Sacchini... » (p. 330)

A p. 331

Académie royale de Musique. — *Œdipe*, 3ᵉ acte. — Œdipe, Levasseur; Polynice, Massol; Antigone, madame Dorus.
Janet Lange[1]
13,3 × 14,2 cm

□ ———— « Théâtres [suite]. *Léila* ou *la Péri*, ballet fantastique en deux actes, par MM. Théophile Gautier et Coralli, musique de M. Burgmüller, décorations de MM. Séchan, Diéterle, Despléchin, Philastre et Cambon. (Académie royale de Musique)... » (p. 331)

B p. 332

Académie royale de Musique. — *La Péri*, ballet fantastique, 1ᵉʳ acte. — Mademoiselle Carlotta Grisi et Petipa.
——[1,6]
12,5 × 9 cm

C p. 332

Académie royale de Musique. — *La Péri*, ballet fantastique. — 2ᵉ acte. — Pas de l'abeille : Mademoiselle Carlotta Grisi.
——[6]
11,5 × 7,4 cm

□ Nº **21,** 22 juillet (suite) : « Théâtre [suite]. *Les Contrebandiers de la Sierra-Nevada*… (Théâtre des Variétés.) » (p. 333)

D p. 333

Théâtre des Variétés. — *Les Contrebandiers*, ballet espagnol.
Janet Lange
11,7 × 14,3 cm

□ Nº **24,** 12 août : « Les Automates de M. Stevenard, boulevard Montmartre. » (p. 372)

A p. 372

Automates Stevenard. — *Le Joueur de Flûte*.
19,4 × 6,6 cm

1843 Volume II

□ Nº **30,** 23 septembre : « Théâtre de l'Opéra-Comique. *Lambert Simnel*, opéra-comique en trois actes, paroles de MM. Scribe et Mélesville, musique posthume d'Hippolyte Monpou. » (p. 53)

A p. 53

Théâtre de l'Opéra-Comique. — *Lambert Simnel.* — Deuxième acte : L. Simnel, Masset; Norfolk, Grard; le père de Catherine, Henry; Catherine, madame Darcier; la princesse de Lancastre, mademoiselle Revilly.
11 × 14,3 cm

B p. 53

Hippolyte Monpou.
P. S. Germain[1]
8,3 × 6,8 cm

□ Nº **32,** 7 octobre : « Les Fêtes de Septembre, à Bruxelles. 23, 24, 25, 26 septembre 1843. » (p. 88)

A p. 88

Anniversaire de la Révolution belge. — Concert dans le Parc de Bruxelles.
J. Gagniet[1,7]
15,6 × 22,2 cm

N° **32,** 7 octobre (suite)

B p. 89

Anniversaire de la Révolution belge. — Concert dans l'ancienne église des Augustins.

——[1]

27,5 × 18,2 cm

☐ N° **33,** 14 octobre : « Théâtre-Italien. *Lucia di Lammermoor.* — Débuts de MM. Ronconi et Salvi. » (p. 102)

A p. 102

M. Ronconi.
Janet Lange
9,2 × 6,9 cm

B p. 102

M. Salvi.
Janet Lange[1]
9,5 × 6,9 cm

□ N° **33,** 14 octobre (suite) : « Académie des Beaux-Arts. Exposition des Grands Prix et des Envois de Rome. » (p. 103)

C p. 104

Arion sauvé par un Dauphin, premier Grand Prix de Gravure en médaille, par M. Merley.
——[1]
10,4 × 10,3 cm

D p. 104

Envois de Rome. — *Le Joueur de Violon, fac simile* du dessin de M. Pollet, d'après Raphaël.
Gustave Staal[1]
13,2 × 11,3 cm

□ N° **34,** 21 octobre : « Théâtres. Théâtre de l'Opéra-Comique. *Mina*, ou *le Ménage à Trois*, opéra-comique en trois actes, paroles de M. E. de Planard, musique de M. Ambroise Thomas. » (p. 117)

A p. 117

Opéra-Comique. — Scène de *Mina,* ou *le Ménage à Trois*, 3e acte : Moreau Sainti, madame Félix, Roger, mademoiselle Darcier.
P. S. Germain
8 × 11,3 cm

☐ N° **36,** 4 novembre : « Théâtre-Italien. *Belisario*, tragédie lyrique en trois parties, musique de M. Donizetti. — M. Fornasari. » (p. 149)

A p. 149

Portrait de Fornasari.
Janet Lange[1,2]
9,4 × 6,9 cm

☐ ———— « Les Vendanges. » (p. 151)

B p. 153

[Charette, fête villageoise.]
Himely[1]
14 × 21,7 cm

☐ N° **37,** 11 novembre : « Théâtres. Opéra-Comique. — Reprise du *Déserteur*. » (p. 164)

A p. 164

Théâtre de l'Opéra-Comique. — *Le Déserteur*. — Montauciel, Mocker; Bertrand, Sainte-Foy.
P. S. Germain[1]
9,7 × 12 cm

□ N° **37,** 11 novembre (suite) : « La Saint-Hubert. » (p. 167)

B p. 169

[Deux sonneurs de cor à cheval.]
7,2 × 7,4 cm

□ N° **38,** 18 novembre : « Courrier de Paris. » (p. 179)

A p. 180

Théâtre-Italien de Saint-Pétersbourg. — Madame Pauline-Viardot.
——[1,2]
11,7 × 6,2 cm

□ ———— « Théâtre Royal Italien. *Belisario*, opéra seriasississima, par Bertall. » [caricatures] (p. 180)

B p. 180

Acte Ier. — Le Triomphe.
Bertall
2,6 × 7,3 cm

N° **38,** 18 novembre (suite)

C p. 181

[Acte Ier. — Le Triomphe.]
Bertall
6,8 × 7 cm

D p. 181

[Acte Ier. — Le Triomphe.]
Bertall
4 × 6,6 cm

E p. 181

[Acte Ier. — Le Triomphe.]
Bertall
3,5 × 7,2 cm

N° **38,** 18 novembre (suite)

F p. 181

[Acte Ier. — Le Triomphe.]
Bertall
4,8 × 7,4 cm

G p. 181

[Acte Ier. — Le Triomphe.]
Bertall
4,6 × 6,7 cm

H p. 181

[Acte Ier. — Le Triomphe.]
Bertall[1]
3,8 × 6,5 cm

N° **38,** 18 novembre (suite)

I p. 181

[Acte Ier. — Le Triomphe.]
Bertall
3,3 × 5,8 cm

J p. 181

Acte II. — L'Exil.
Bertall
2,6 × 7,2 cm

K p. 181

[Acte II. — L'Exil.]
Bertall
4,5 × 3 cm

Nº **38,** 18 novembre (suite)

L p. 181

[Acte II. — L'Exil.]
Bertall
4,8 × 4,2 cm

M p. 181

[Acte II. — L'Exil.]
Bertall
5,8 × 5,5 cm

N p. 181

Acte III. — La Mort.
Bertall
3,4 × 6,7 cm

Nº **38,** 18 novembre (suite)

O p. 181

[Acte III. — La Mort.]
Bertall
5 × 4,3 cm

P p. 181

[Acte III. — La Mort.]
Bertall
5 × 3,4 cm

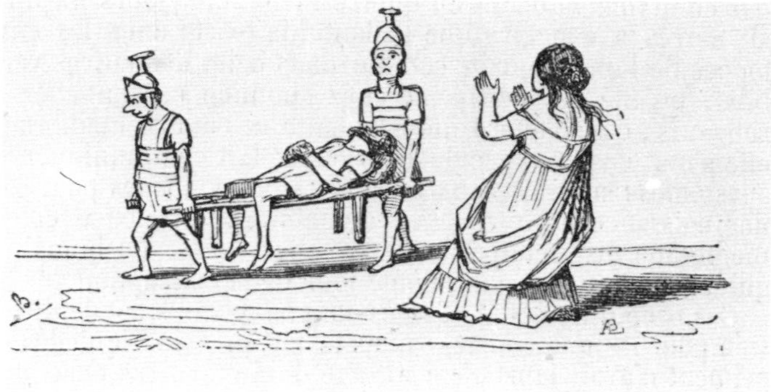

Q p. 181

[Acte III. — La Mort.]
Bertall[1]
3,3 × 6,9 cm

Nº **38,** 18 novembre (suite)

R p. 182

[Acte III. — La Mort.]
Bertall[1]
4,1 × 6,7 cm

☐ Nº **39,** 25 novembre : « Théâtres. Théâtre-Italien. *Maria di Rohan*, mélodrame tragique en trois parties, musique de M. Donizetti... » (p. 200)

A p. 200

Théâtre-Italien. — Une scène de *Maria di Rohan*.
Janet Lange
11 × 4,5 cm

B p. 200

M. Donizetti.
Janet Lange[1,2]
8,5 × 7 cm

□ Nº **39,** 25 novembre (suite) : « Théâtres [suite]. Académie royale de Musique. *Dom Sébastien, roi de Portugal*, opéra en cinq actes, paroles de M. Scribe, de l'Académie Française, musique de M. Gaetano Donizetti, divertissements de M. Albert, décorations de MM. Philastre et Cambon, Séchan, Diéterle et Despléchin. » (p. 200)

C p. 200

Dom Sébastien. — Levasseur, dom Juan.
11 × 6,2 cm

D p. 201

Académie royale de Musique. — *Dom Sébastien.* — Scène du troisième acte. Une place publique — Dom Sébastien se présente au peuple pour se faire reconnaître : le grand-inquisiteur le fait arrêter comme imposteur.
P. S. Germain[1,2]
15,5 × 22 cm

E p. 201

Dom Sébastien. — Duprez, dom Sébastien.
P. S. Germain[1]
10,3 × 7 cm

Nº **39,** 25 novembre (suite)

F p. 201

Dom Sébastien. — Madame Stoltz, Zaïda.
——[1]
10,6 × 6,8 cm

G p. 201

Dom Sébastien. — Barroilhet, Camoens.
P. S. Germain
10,6 × 6,8 cm

H p. 202

Dom Sébastien. — Massol, Abayaldos.
P. S. Germain[1,2]
10,6 × 6,8 cm

□ N° **40,** 2 décembre : « Théâtres... Reprise de *la Péri* (Opéra). » [caricatures] (p. 212)

A p. 213

[*La Péri.*]
6,5 × 10,2 cm

B p. 213

[*La Péri.*]
7,4 × 6 cm

C p. 213

[*La Péri.*]
6,3 × 10,2 cm

Nº **40,** 2 décembre (suite)

D p. 213

[*La Péri*.]
6,7 × 5 cm

E p. 213

[*La Péri*.]
6,7 × 10 cm

F p. 213

[*La Péri*.]
5,8 × 5 cm

Nº **40,** 2 décembre (suite)

G p. 214

[*La Péri.*]
6,2 × 6,2 cm

H p. 214

[*La Péri.*]
6,6 × 4,8 cm

I p. 214

[*La Péri.*]
5,4 × 4,1 cm

Nº **40,** 2 décembre (suite)

J p. 214

[*La Péri.*]
5,8 × 4,1 cm

□ ———— « L'Âme errante. Illustrations par Tony Johannot. » (p. 215)

K p. 216

[Paganini.]
Tony Johannot[1]
7,5 × 9,5 cm

L p. 216

[Paganini.]
Tony Johannot[1]
13,2 × 6,4 cm

N° **40,** 2 décembre (suite)

M p. 217

[Paganini.]
Tony Johannot[1]
11 × 15,2 cm

N p. 217

[Paganini.]
Tony Johannot[1]
10 × 11,2 cm

□ ———— [publicité pour albums de musique, maison Duverger] (p. 223)

O p. 223

[Jeunes filles au piano.]
Lacoste Aîné
9,8 × 10,2 cm

□ N° **41,** 9 décembre : « Nouveau Piano de la Reine d'Espagne. » (p. 240)

A p. 240

[Nouveau Piano de la Reine d'Espagne.]
13,9 × 17,6 cm

□ N° **42,** 16 décembre : « *Voyages en Zigzag*, par M. Töpffer. » (p. 251)

A p. 252

[Musiciens ambulants.]
Rodolphe Töpffer
3,4 × 6,6 cm

B p. 252

[Un ballet italien.]
Rodolphe Töpffer[1]
5,2 × 7,5 cm

Nº **42,** 16 décembre (suite)

C p. 252

[Une servante jouant de la guitare.]
Rodolphe Töpffer[8]
9,5 × 14,5 cm

□ Nº **43,** 23 décembre : « Théâtres... *Le Vengeur* (Cirque-Olympique)... » (p. 260)

A p. 261

Le calme de la mer.
7,4 × 14 cm

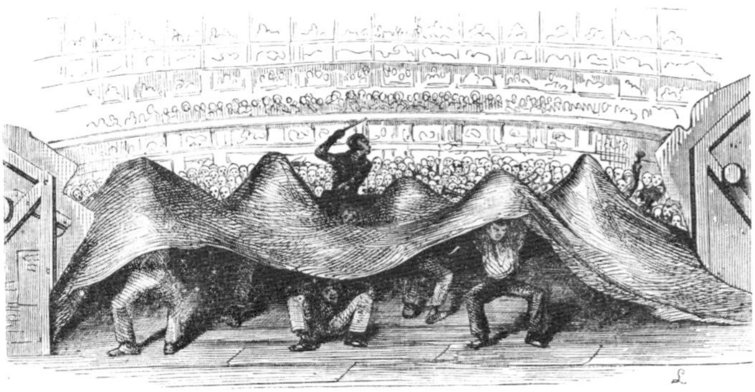

B p. 261

La mer agitée.
——[9]
7 × 13,8 cm

□ Nº **43,** 23 décembre (suite) : « Théâtres [suite]. Théâtre-Italien. *Il Fantasma (le Fantôme)*, opéra en trois actes, musique de M. Persiani. » (p. 261)

C p. 261

Théâtre-Italien. — *Il Fantasma.*
Jean-Jacques Champin[1]
12 × 17,5 cm

□ N° **45,** 6 janvier : [publicité] (p. 303)

A p. 303

Chants et Chansons populaires de la France... Librairie Garnier... [page couverture du recueil.]
21,8 × 14,3 cm

□ N° **46,** 13 janvier : « Les petites industries en plein vent. » (p. 311)

A p. 312

Joueur de serinette.
C. J. Travies
12,6 × 7,4 cm

□ N° **52,** 24 février : « Courrier de Paris. » (p. 407)

A p. 409

Enterrement du Carnaval.
Bertall
12,8 × 21,5 cm

☐ Nº **52,** 24 février (suite) : « Théâtre royal de l'Opéra-Comique. *Cagliostro*, opéra-comique en trois actes, paroles de MM. Scribe et de Saint-Georges, musique de M. Adolphe Adam. » (p. 409)

B p. 409

Opéra-Comique : *Cagliostro*, 3e acte, scène de magnétisme. — Madame Anna Thillon, Corilla; madame Boulanger, la marquise; madame Pottier, Cécilli; M. Chollet, Cagliostro; M. Henri, Caracoli; M. Mocker, le chevalier.
P. S. Germain[1]
13,2 × 15,7 cm

□ Nº **53,** 2 mars : « Académie Royale de Musique. *Lady Henriette, ou la servante de Greenwich.* » (p. 12)

A p. 13

Ballet mythologique de *Lady Henriette*.
10,7 × 15,2 cm

□ Nº **55,** 16 mars : « Courrier de Paris. » (p. 39)

A p. 41

Promenade des Blanchisseuses, à Paris, le jour de la Mi-Carême.
Henri Valentin[2,10]
26,3 × 22 cm

□ ________ [caricature non reliée à un article] (p. 48)

B p. 48

Danse de la Polka. — Caricature par Cham.
11 × 13,4 cm

□ N° **56,** 23 mars : « Les Plaisirs du Malheureux. » (p. 55)

A p. 56

[Joueur de musette et danseurs.]
illisible[11]
14,4 × 12

□ ———— « Courrier de Paris. » (N° 55, p. 39)

B p. 64

Le Bal des Chiens. — Caricature par Cham.
7,9 × 20,8 cm

□ N° **57,** 30 mars : « Courrier de Paris. » (p. 67)

A p. 68

La Sortie du Théâtre-Italien.
_____2,10
18 × 23,9 cm

□ Nº **57,** 30 mars (suite) : « Théâtre de l'Opéra-Comique. *La Sirène*, opéra-comique en trois actes, paroles de M. Scribe, musique de M. Auber. » (p. 73)

B p. 73

Théâtre de l'Opéra-Comique, *la Sirène*, acte 2e. — La Sirène, mademoiselle Lavoye. — Bolbaja, M. Henry. — Scipion, M. Audran.
15,4 × 21,7 cm

□ Nº **58,** 6 avril : « Théâtres. Académie royale de Musique. — *Le Lazzarone*, opéra en deux actes, paroles de M. de Saint-Georges, musique de M. F. Halévy. » (p. 85)

A p. 85

Une scène du *Lazzarone*. — 2e acte : Beppo, Mme Stoltz. — Battista, Mme Dorus. — Mirobolante, Baroilhet. — Corvo, Levasseur.
9 × 14,5 cm

□ Nº **60,** 20 avril : « Courrier de Paris. » (p. 119)

A p. 120

Salle des Concerts, à l'Hôtel de Ville.
16 × 18,7 cm

□ N° **62,** 14 mai : « Berton. » (p. 145)

A p. 145

Berton, compositeur français.
10,2 × 7,6 cm

□ ———— « Courrier de Paris. » (p. 151)

B p. 152

Concert aux Tuileries le 1er mai.
14,2 × 22,8 cm

□ N° **64,** 18 mai : « Chronique musicale… Les pianistes : MM. Liszt, Doehler, Prudent. — M. Berlioz… M. Habeneck. » (p. 187)

A p. 188

M. Prudent.
_____2,10
9,5 × 7,5 cm

Nº **64,** 18 mai (suite)

B p. 188

M. Doehler.
9,2 × 7,7cm

C p. 188

M. Liszt.
11,2 × 11,2 cm

D p. 188

M. Berlioz.
Janet Lange[1]
9 × 7,1 cm

N° **64,** 18 mai (suite)

E p. 188

M. Habeneck.
9,6 × 7,3 cm

□ ———— « Publications illustrées. — *Cent proverbes* par Grandville. » (p. 189)

F p. 189

L'amour fait danser les ânes.
J. J. Grandville[12]
11,6 × 11,2 cm

G p. 189

Au royaume des Aveugles, les borgnes sont rois.
J. J. Grandville[13]
12,8 × 11,5 cm

□ N° **66,** 1er juin : « Chronique musicale... Les Chanteurs espagnols. » (p. 212)

A p. 212

Scènes espagnoles : M. Ojéda, Mademoiselle Masson.
Henri Valentin[2,10]
8,5 × 7,4 cm

B p. 213

Duel entre deux fanfarons andalous : MM. Ojéda et Cacérés.
Henri Valentin[1]
7,5 × 9,8 cm

C p. 213

Scène de Contrebandiers espagnols.
Henri Valentin[1]
7,6 × 10,5 cm

☐ N° **66,** 1er juin (suite) : « Chronique musicale. *Antigone*, tragédie de Sophocle, traduite en vers français, par MM. Meurice et Vacquerie. Musique des chœurs par M. Mendelsshon-Bartholdy... » (p. 212)

D p. 213

Dernière scène d'*Antigone* : Créon pleurant sur le corps de Hémon, son fils.
15,4 × 21,5 cm

E p. 213

Costumes : Ismène, Mlle Vollet. Tirésias, M. Rouvière. Eurydice, Mlle Dupont. Créon, M. Bocage. Antigone, Mlle Bourbier. Hémon, M. Milon.
[2,10,14]
6,6 × 21,7 cm

☐ N° **67,** 8 juin : « Courrier de Paris. » (p. 227)

A p. 228

Mademoiselle Taglioni, dans *la Sylphide*.
14,6 × 10,5 cm

□ Nº **67,** 8 juin (suite) : « La Fête-Dieu, à Aix, et le roi René d'Anjou. » (p. 231)

(La Passade.)

B p. 232

La Passade.

1.15

6,2 × 10 cm

(Les lanciers du prince d'Amour.)

C p. 232

Les lanciers du prince d'Amour.

15

4,5 × 9,6 cm

(Les Centaures.)

D p. 233

Les Centaures.

15

6 × 10 cm

Nº **67,** 8 juin (suite)

E p. 233

Le roi Salomon et la reine de Saba.
____[15]
5,6 × 10 cm

(Le roi Salomon et la reine de Saba.)

☐ Nº **68,** 15 juin : « Courrier de Paris. » (p. 241)

A p. 241

Fête donnée par S. M. Louis-Philippe aux exposants dans la salle de spectacle de Versailles, le 8 juin 1844.
15,2 × 20,6 cm

☐ ———— « Un Voyage au long cours à travers la France et la Navarre. Récit philosophique, sentimental et pittoresque. » (p. 249)

B p. 249

Un jour qu'il passait dans une rue détournée, pleine d'ombre et de silence, Oscar entendit tout à coup une jolie voix qui chantait.
Bertall[2,10]
7 × 6 cm

□ N° **69,** 22 juin : « Un Voyage au long cours à travers la France et la Navarre. Récit philosophique, sentimental et pittoresque. » (p. 263)

A p. 264

M. Othon Robinard de la Villejoyeuse était superbe à voir sonnant la royale à 20 pieds au-dessus du sinistre.
Bertall
7,2 × 5,5 cm

□ N° **70,** 29 juin : « Voyage au long cours à travers la France et la Navarre. Récit philosophique, sentimental et pittoresque. » (p. 277)

A p. 277

Les Alcides du Nord.
Bertall
6,6 × 7,4 cm

□ ———— « Mademoiselle Taglioni. » (p. 288)

B p. 288

Le pas de l'Ombre.
12,6 × 11,4 cm

□ N° **71,** 4 juillet : « Un nouvel Art. — L'Osphrétique. » (p. 294)

A p. 294

Une scène d'Osphrétique. — Caricature par Cham.
13,3 × 14 cm

□ ———— « Exposition des Produits de l'Industrie... Lutherie. — Pianos. » (p. 295)

B p. 296

Exposition. — Piano de M. Érard.
Charles-Ernest Clerget DEL.[1]
8,2 × 21,8 cm

C p. 296

Instruments de Sax : Sax Tromba et Cornet à cylindre.
10,8 × 6,7 cm

Nº **71,** 4 juillet (suite)

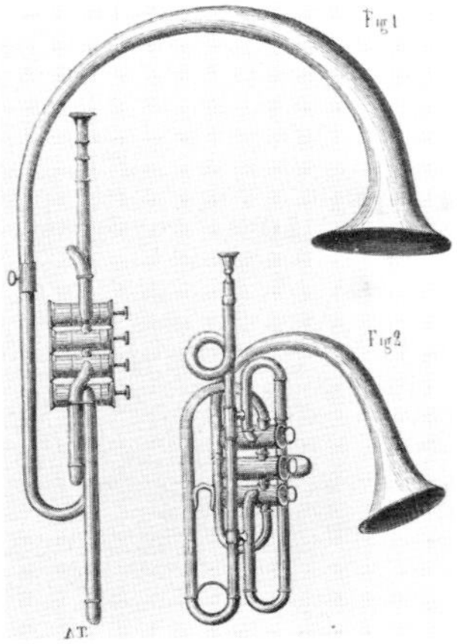

D p. 296

Instruments de Sax.

____17

10,5 × 7 cm

□ Nº **72,** 11 juillet : « Courrier de Paris. » (p. 307)

A p. 308

Les ménestrels de la Virginie.
Janet Lange
6,8 × 14,2 cm

□ ———— « Un Voyage au long cours à travers la France et la Navarre. Récit philosophique, sentimental et pittoresque. » (p. 309)

B p. 309

Une Bibiadèri dansant.
Bertall
7,4 × 5,5 cm

Volume III 1844

☐ N° **72,** 11 juillet (suite) : « Revue comique de l'Exposition, par Cham. » [caricatures] (p. 312)

C p. 312

Le lundi, à l'Exposition. — Les exposants curieux de voir la famille royale.
Cham[2,10]
7,6 × 1?,8 cm

☐ N° **73,** 18 juillet : « Revue comique de l'Exposition, par Cham. » [caricatures] (p. 336)

A p. 336

Vue intérieure de la Salle des Instruments, à l'heure où les Exécutants se livraient à des préludes d'Harmonie.
Cham
7 × 14,2 cm

☐ N° **74,** 25 juillet : « Chronique musicale. *Les Quatre Fils Aymon*, opéra-comique en trois actes, paroles de MM. de Leuven et Brunswick, musique de M. Balfe. » (p. 340)

A p. 340

Théâtre de l'Opéra-Comique. — *Les Quatre Fils Aymon*, 3e acte. — Beaumanoir, M. Chollet; Olivier, M. Mocker; Richard, M. Émon; Allard, M. Sainte-Foy; Renaud, M. Giraud; Ivon, M. Hermann-Léon; Hermine, madame Darcier; Claire, madame Potier; Yolande, madame Félix; Églantine, madame Sainte-Foy.
——[18]
13,5 × 14,5 cm

□ N° **74,** 25 juillet (suite) : « Hôtel et Collections Delessert. » (p. 343)

B p. 344

Vue intérieure de la galerie des tableaux de M. Delessert.
——[1.19]
9,2 × 12,6 cm

□ ———— [gravure non reliée à un article]

C p. 352

Père Gibotteau, si vous me faites l'injure de douter de ma probité, je vous fais un bon sur ma caisse.
Eustache Lorsay[1.2]
14 × 13,5 cm

□ N° **76,** 10 août : « Courrier de Paris... Grand Festival de l'Industrie. » (p. 371)

A p. 372

Salles de l'Exposition de l'industrie. — Grand Festival de l'Industrie, dirigé par M. Berlioz.
——[1.20]
15,2 × 20,3 cm

☐ Nº **76,** 10 août (suite) : « Turin. — Fêtes célébrées à l'occasion de la naissance d'un petit-fils du roi régnant Charles-Albert. » (p. 384)

B p. 384

Soirée musicale à l'académie philodramatique de Turin.
13,1 × 19,4 cm

☐ Nº **77,** 17 août : « Théâtres... *Les Beautés de l'Opéra.* » (p. 396)

A p. 396

Les Huguenots, scène du Serment, publié par M. Giraldon dans *les Beautés de l'Opéra*.
[illisible]
10 × 13,2 cm

B p. 396

Les Huguenots, le Bal, publié par M. Giraldon dans *les Beautés de l'Opéra*.
Eugène Lamy[21]
11,2 × 13,6 cm

□ N° **77,** 17 août (suite) : « Télémaque et Calypso, caricature par Cham. » (p. 400)

C p. 400

Télémaque, qui avait abordé à l'Opéra en 1804, y revient en 1844; il trouve Calypso un peu vieillie, et l'Amour bel et ben grandi.
Cham
8,5 × 14,2 cm

1844 Volume IV

☐ N° **84,** 5 octobre : « Courrier de Paris. » (p. 67)

A p. 68

Les artistes du Théâtre-Italien traversant la Manche.
6,7 × 17,2 et 20,5 × 5,6 cm [en forme d'équerre]

☐ ———— « Maroc. » (p. 75)

B p. 76

Instrument de musique, poignard et bonnet.
8 × 6,4 cm

☐ N° **89,** 9 novembre : « Chronique musicale. Grand festival donné par l'association des artistes musiciens. — *La création du monde.* — Haydn. » (p. 147)

A p. 148

Portrait de Haydn.
1,5 × 10,5 cm

☐ N° **89,** 9 novembre (suite) : « Courrier de Paris. » (p. 151)

B p. 152

La Rentrée, par Grandville.
24,3 × 22,1 cm

☐ ———— « Des Aliénés dans nos Hôpitaux. » (p. 154)

C p. 157

Salle de musique à la Salpêtrière.
Eugène Forest[1]
18,4 × 10 cm

☐ N° **90,** 16 novembre : « Les Coulisses de l'Opéra. » (p. 170)

A p. 172

Vue extérieure de l'Académie royale de Musique (Opéra).
A. Provost
8,4 × 12,5 cm

Nº **90,** 16 novembre (suite)

B p. 172

Le Petit maître de la Régence.

——[1]

6,8 × 2,7 cm

C p. 172

Le Merveilleux de la République.

——[1]

6,8 × 3,1 cm

D p. 172

Le Traîneur de sabre de l'Empire.

——[1]

6,5 × 3 cm

N° **90,** 16 novembre (suite)

E p. 172

Le Lion de 1844.
10,7 × 7,8 cm

F p. 172

Un habitué de l'Opéra.
10,5 × 7,2 cm

G p. 172

Dans la coulisse.
[22]
8,7 × 8,4 cm

1844 Volume IV

N° **90,** 16 novembre (suite)

H p. 172

Une victime de Guillaume Tell.
Eugène Forest[1]
10,4 × 6,6 cm

I p. 173

Profil de danseuse.
P. S. Germain[1]
8,5 × 6,5 cm

J p. 173

Profil de danseur.
6,7 × 4,6 cm

Nº **90,** 16 novembre (suite)

K p. 173

Une Bayadère lorgnant le public.
Eugène Forest[1]
6,6 × 5,8 cm

L p. 173

Vue générale des coulisses de l'Opéra.
Édouard Renard, Henri Valentin
12,3 × 19,7 cm

M p. 173

Une disparition.
Eugène Forest
8,9 × 7,3 cm

Nº **90,** 16 novembre (suite)

N p. 173

Une apparition.
6,4 × 5 cm

O p. 173

Un enlèvement.
Eugène Forest
9 × 7,2 cm

□ Nº **92,** 30 novembre : « *Cent Proverbes*, par Grandville, et par trois têtes dans un bonnet. » (p. 204)

A p. 205

Ce qui vient de la flûte, s'en retourne au tambour.
J. J. Grandville[23]
13 × 11,5 cm

☐ Nº **94,** 14 décembre : « Théâtres et Chronique musicale… Opéra-Comique, reprise de *Wallace*, opéra de Catel. » (p. 229)

A p. 229

Wallace, troisième acte : Madame Thillon, Hélène. — M. Hermann Léon, lord Arthur.
11,5 × 16 cm

☐ Nº **95,** 21 décembre : « *Les Nouvelles Genevoises* illustrées d'après les dessins de l'auteur. » (p. 252)

A p. 253

Un locataire du troisième.
Rodolphe Töpffer
7,3 × 5,5 cm

☐ Nº **96,** 28 décembre : « Histoire de la Semaine. » (p. 257)

A p. 257

Incendie des orgues de Saint-Eustache, le lundi 16 décembre 1844.
Eugène Forest
16,7 × 11,6 cm

☐ N° **96,** 29 décembre (suite) : « Courrier de Paris. » (p. 259)

B p. 260

Miss Clara Webster, danseuse de Drury-Lane.
14,1 × 7,2 cm

☐ ———— « La fête de Noël. » (p. 263)

C p. 264

Pifferari, à Rome, la semaine de Noël.
[illisible]
13,1 × 14,3 cm

D p. 265

Chanteurs d'hymnes la veille de Noël, en Allemagne, d'après un dessin de M. Cossmann.
Henri Valentin[1]
14,2 × 19 cm

□ N° **96,** 28 décembre (suite) : « Publications illustrées. » (p. 267)

E p. 269

Les Sonneurs. — *La Bretagne*, par Pitre-Chevalier; Coquebert, éditeur.
Adolphe Leleux[24]
15,7 × 11,4 cm

☐ Nº **97,** 4 janvier : « Chronique musicale. Concerts. » (p. 275)

A p. 276

M. Félicien David, d'après un dessin de M. Cossmann.
8,8 × 7,7 cm

☐ Nº **98,** 11 janvier : « Mœurs et coutumes de la Basse-Bretagne. » (p. 295)

A p. 297

Le Festin, d'après un dessin de M. Jules Noël.
Henri Valentin
11,5 × 21,6 cm

☐ Nº **99,** 18 janvier : « Courrier de Paris. » (p. 307)

A p. 308

Les chefs arabes au bal masqué de l'Opéra, par Bertall.
14,5 × 20,3 cm

□ Nº **99,** 18 janvier (suite) : « Histoire de la semaine. » (p. 308)

B p. 308

Charles-Marie de Weber.
10,4 × 7,7 cm

C p. 308

Inhumation des restes de Weber (14 décembre 1844).
____25
11 × 14,6 cm

□ ———— « Embellissements de la Province. La salle de spectacle et le passage Pommeraye de Nantes. » (p. 316)

D p. 317

Vue intérieure de la salle de spectacle de Nantes.
A. Provost
14,9 × 19,1 cm

□ N° **100,** 25 janvier : « Chronique musicale. Grand concert des Champs-Élysées... » (p. 325)

A p. 325

Concert donné par M. Berlioz dans la salle du Cirque-Olympique, aux Champs-Élysées.
15,1 × 21,3 cm

□ ———— « Théâtres. Les petites danseuses allemandes (Théâtre de l'Opéra)... » (p. 327)

B p. 328

Académie royale de musique. — Les Danseuses viennoises. — Le pas des fleurs.
8,4 × 15 cm

C p. 328

Danseuses viennoises. — L'allemande.
8,6 × 7,6 cm

N° **100,** 25 janvier (suite)

D p. 328

Danseuses viennoises. — La hongroise.
Henri Valentin[10]
9 × 9 cm

☐ ———— « Histoire de M. Cryptogame, par l'auteur de M. Vieux-Bois, de M. Jabot, de M. Crépin, du docteur Festus. (Première partie) » (p. 332)

E p. 332

[Ménétrier.]
Rodolphe Töpffer
12,2 × 20,6 cm

☐ ———— « Projet d'Opéra pour la ville de Paris. Proposé par M. H. Horeau, architecte. » (p. 336)

F p. 336

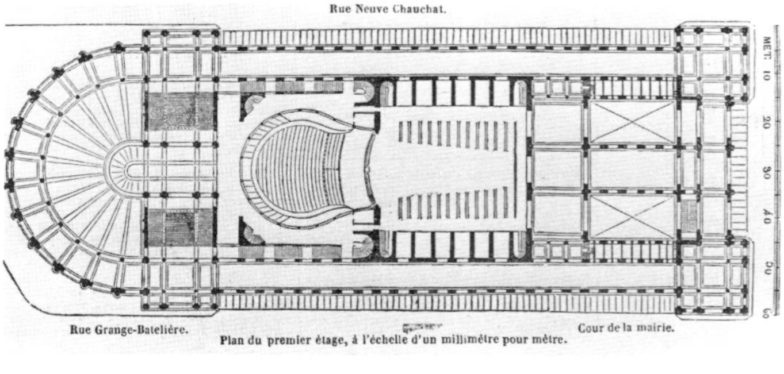

Plan du premier étage à l'échelle d'un millimètre pour mètre.
H. Horeau
6,2 × 15,6 cm

Nº **100,** 25 janvier (suite)

G p. 336

[Vue extérieure.]
H. Horeau
8,5 × 13,9 cm

☐ Nº **101,** 1er février : « Le Carnaval à Cologne. Souvenirs d'un touriste. » (p. 339)

A p. 340

Grande salle des réunions des amis du Carnaval, à Cologne.
26
32 × 23 cm

☐ ———— « Téléphonie ou Télégraphie acoustique, inventée par F. Sudre. » (p. 342)

B p. 343

[Vue de l'appareil.]
9,5 × 10,7 cm

☐ Nº **101,** 1er février (suite) : « Histoire de M. Cryptogame, par l'auteur de M. Vieux-Bois, de M. Jabot, de M. Crépin, du docteur Festus. (Deuxième partie.) » (p. 348).

C p. 348

Pour distraire son amant, Elvire lui chante le grand air de *Didon*.
Rodolphe Töpffer[27]
8,2 × 8,2 cm

☐ Nº **102,** 8 février : « Mœurs et coutumes de la Basse-Bretagne. » (p. 359)

A p. 360

La Lutte.
——[1]
18,8 × 17 cm

☐ Nº **103,** 15 février : « Courrier de Paris. » (p. 371)

A p. 372

Costumes du quadrille de Mazurka dansée chez M. Lacave-Laplagne, ministre des finances.
——[10]
16,8 × 22,4 cm

1845 Volume IV

□ Nº **104,** 22 février : « Histoire de M. Cryptogame, par l'auteur de M. Vieux-Bois, de M. Jabot, de M. Crépin, du docteur Festus. (Quatrième partie.) » (p. 396)

A p. 396

Cependant le courant digestif amène, un beau matin, un maire et son adjoint, un ménétrier et une Provençale d'une beauté extraordinaire.
Rodolphe Töpffer
9 × 9,1 cm

B p. 396

Et aussitôt la cérémonie terminée, M. Cryptogame engage le ménétrier, et donne un grand bal de noces à sa belle Provençale.
Rodolphe Töpffer
9,1 × 10 cm

C p. 397

Et que la baleine rejette les deux tiers de ses aliments.
Rodolphe Töpffer
9,4 × 6,2 cm

N° **104,** 22 février (suite)

D p. 397

Heureusement le maire et son adjoint, le ménétrier et la belle Provençale sont recueillis par un canot que *le Vesuero*, brick napolitain, envoie à leur secours.
Rodolphe Töpffer
9,5 × 7,3 cm

□ Nº **106,** 8 mars : « Chronique musicale. » (p. 21)

A p. 21

Mademoiselle Lise B. Christiani, violoncelliste.
[illisible]
11,4 × 9,6 cm

□ Nº **107,** 15 mars : « Beaux-Arts. — Salon de 1845. » (p. 39)

A p. 41

Salomon de Caus, l'inventeur de la vapeur, enfermé comme fou, à Bicêtre. Tableau de M. Lecurieux. — Salon de 1845.
10
13 × 20,3 cm

□ Nº **108,** 22 mars : « Chronique musicale. Théâtre de Versailles, *Maria Padilla*, opéra en quatre actes, traduit de l'italien par M. Hippolyte Lucas, musique de M. Donizetti… » (p. 55)

A p. 56

Maria Padilla, opéra représenté sur le théâtre de Versailles. Quatrième acte, scène dernière.
2,10,28
10 × 14,4 cm

☐ N° **111,** 12 avril : « Histoire de la Semaine. » (p. 98)

A p. 100

Salle de spectacle des Tuileries.

____[10]

24,1 × 17,5 cm

☐ ———— « Les Promenades de Paris. (Quatrième article)... Les Boulevards. » (p. 103)

B p. 105

[Les Boulevards de Paris. — Deuxième série : de la rue Helder à la Porte-Saint-Martin. — Architecture par M. E. Renard, figure par M. Provost. Boulevard Montmartre.] Passage de l'Opéra. Café Mulhouse. Opéra. Rue Grange-Batelière. Jockey-Club. Cercle Montmartre.
Édouard Renard, A. Provost
9,6 × 24 cm

☐ ———— « Histoire de M. Cryptogame, par l'auteur de M. Vieux-Bois, de M. Jabot, de M. Crépin, du docteur Festus, etc. (Dixième partie.) » (p. 108)

C p. 108

À peine remonté sur le pont, M. Cryptogame y retrouve son épouse la belle Provençale, qui lui saute au cou, et le ménétrier qui lui joue la bienvenue.
Rodolphe Töpffer
9,1 × 6 cm

Nº **111,** 12 avril (suite)

D p. 109

Et il obtient du capitaine la faveur d'être débarqué cette nuit même sur la côte d'Italie, qui est toute prochaine.
Rodolphe Töpffer
9 × 6,5 cm

E p. 109

Pendant ce temps, les deux amants ont touché la terre, et M. Cryptogame, affranchi qu'il se voit de la bigamie d'Elvire, donne essor à sa joie.
Rodolphe Töpffer
10 × 12,6 cm

F p. 109

Après quoi, de plus en plus reépris de sa chère Provençale, M. Cryptogame hante amoureusement les bosquets de la côte,
Rodolphe Töpffer
9,4 × 12,6 cm

□ Nº **111,** 12 avril (suite)

G p. 109

Et les anfractuosités des promontoires.
Rodolphe Töpffer
9,3 × 10,6 cm

□ Nº **112,** 19 avril : « Histoire de M. Cryptogame, par l'auteur de M. Vieux-Bois, de M. Jabot, de M. Crépin, du docteur Festus, etc. (Onzième et dernière partie.) » (p. 124)

A p. 124

Apercevant Elvire qui arrive droit sur l'anfractuosité, M. Cryptogame reprend ses terreurs de bigamie et déménage en toute hâte.
Rodolphe Töpffer
9,3 × 8,7 cm

B p. 124

Se voyant serré de près, M. Cryptogame fait volte-face; il dispose le ménétrier et le docteur en front de bataille, la Provençale sur les ailes; puis, prenant son grand courage, il crie à Elvire qu'il est marié ! ! !
Rodolphe Töpffer
9,2 × 8 cm

Nº **112,** 19 avril (suite)

C p. 124

Après quoi on se met gaiement en route pour Grasse, qui est la ville natale de la belle Provençale.
Rodolphe Töpffer
9,2 × 8,2 cm

D p. 125

En route la belle Provençale profite d'une halte, pour faire à M. Cryptogame l'aveu qu'elle a huit enfants d'un premier lit.
Rodolphe Töpffer
9 × 11 cm

E p. 125

En effet, arrivé à Grasse, M. Cryptogame y est chaudement accueilli par une petite famille tout éclose.
Rodolphe Töpffer
9,4 × 11,6 cm

Nº **112,** 19 avril (suite)

F p. 125

Le ménétrier se fixe à Grasse; le docteur est nommé précepteur des enfants, et M. Cryptogame coule des jours suffisamment heureux au sein d'un grand tapage domestique.
Rodolphe Töpffer
9,6 × 23,6 cm

G p. 125

Fin de l'histoire de M. Cryptogame.
Rodolphe Töpffer
9,2 × 15,5 cm

☐ Nº **113,** 26 avril : « Beaux-Arts. — Salon de 1845. » (p. 135)

A p. 137

Memphis, par M. Papéty. — Salon de 1845.
_____10.29
11 × 16,2 cm

☐ Nº **114,** 3 mai : « Chronique musicale. *La Barcarolle* ou *l'amour de la musique*, opéra-comique en trois actes, paroles de M. Scribe, musique de M. Auber. » (p. 151)

A p. 152

Opéra-Comique. — *La Barcarolle*, opéra de MM. Scribe et Auber. Acte 3e, scène dernière. — Le Marquis, M. Chaix. — Le Comte, M. Gassier. — Cafarini, M. Hermann-Léon. — Fabio, M. Roger. — Clélia, madame Révilly. — Gina, madame Delille.
12 × 20,8 cm

☐ ———— « Le pensionnat des Jésuites de Fribourg. » (p. 155)

B p. 156

Cour de récréation, et musique militaire du pensionnat de Fribourg.
10 × 14,5 cm

☐ Nº **116,** 17 mai : « Histoire de la Semaine. » (p. 177)

A p. 177

Grande messe en musique à Saint-Eustache, le dimanche de la Pentecôte.
A. Provost, Édouard Renard[1]
19,4 × 15 cm

☐ Nº **118,** 31 mai : « Distribution des lots de la loterie de Saint-Eustache. » (p. 224)

A p. 224

[Caricature, défilé, homme au piano]
21,4 × 15 cm

☐ Nº **124,** 12 juillet : « Fête patronale d'un port de mer dans le Midi. » (p. 315)

A p. 316

Fête de la Seyne. — La procession des joies.
Pierre Letuaire[1]
10,2 × 20,4 cm

B p. 316

Fête de la Seyne. — Concours de musiciens de la garde nationale.
Eugène Forest d'après Letuaire[1]
9 × 13,8 cm

□ Nº **125,** 19 juillet : « Tunis. » (p. 327)

A p. 329

Tunis. — Officier d'infanterie et musicien du Bardo.
_____1,30
8,3 × 6,6 cm

□ Nº **126,** 26 juillet : « Collection de Tableaux et d'Études pittoresques sur l'Inde, par M. Schœfft. » (p. 343)

A p. 345

Indien porteur de serpents.
12 × 7,5 cm

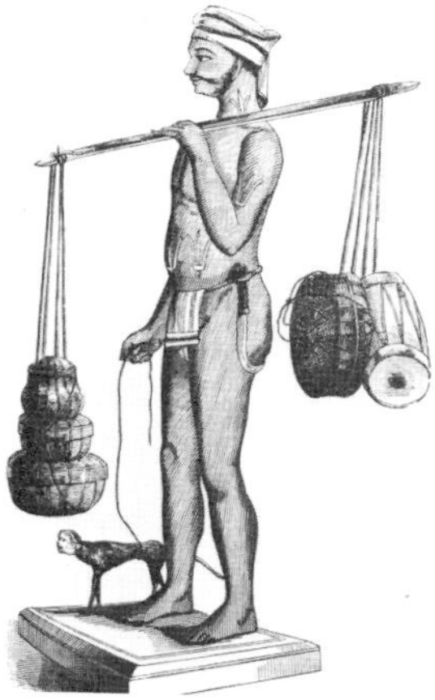

□ ———— « Eleiceigui, géant espagnol. » (p. 352)

B p. 352

Taille de deux mètres trente centimètres, âgé de vingt-trois ans.
22 × 12,5 cm

□ N° **128,** 9 août : « Beethoven. » (p. 379)

A p. 380

Statue de Beethoven érigée à Bonn, modelée par Haechnel, et fondue par Burgschmith, de Nuremberg.
27 × 13 cm

B p. 381

La Fantaisie. [Face du piédestal de la statue.]
15,6 × 10,5 cm

C p. 381

La Symphonie. [Face du piédestal de la statue.]
10
16,5 × 10,5 cm

Nº **128,** 9 août (suite)

D p. 381

La Musique sacrée. [Face du piédestal de la statue.]
15,6 × 10,5 cm

E p. 381

La Musique tragique. [Face du piédestal de la statue.]
15,6 × 10,5 cm

□ Nº **130,** 23 août : « Chronique musicale... Opéra-Comique. — *Le Ménétrier*, paroles de M. Scribe, musique de M. Th. Labarre. » (p. 406)

A p. 405

Théâtre de l'Opéra-Comique. — *Le Ménétrier*, 2ᵉ acte.
9 × 15,7 cm

□ N° **130,** 23 août (suite) : « Les Bains de mer. La Rochelle, les sables d'Olonne (Vendée). » (p. 411)

B p. 412

Bains de mer de la Rochelle. — Fête musicale, dessin de M. d'Hastrel.
15,3 × 21,4 cm

☐ Nº **134,** 20 septembre : « Seconde visite de la reine d'Angleterre au château d'Eu. » (p. 35)

A p. 36

Vue intérieure de la salle pendant la représentation du *Nouveau Seigneur de Village*, d'après un dessin de M. Rouargue.
10,7 × 23 cm

☐ Nº **135,** 27 septembre : « Théâtres... Les Danseuses moresques. » (p. 51)

A p. 52

Cirque-Olympique des Champs-Élysées. — Les Danseuses moresques.
9,4 × 19,5 cm

☐ ———— « Le bal Mabille. » (p. 55)

B p. 56

L'intérieur du bal Mabille.
Eustache Lorsay[2]
15,2 × 21,6 cm

□ Nº **139,** 25 octobre : « Chronique musicale... Théâtre-Italien. *Nabuchodonosor*, opéra en quatre actes, paroles de M. Thémistocle Solera, musique de M. Joseph Verdi. » (p. 119)

A p. 120

Théâtre-Italien. — *Nabuchodonosor*, 2ᵉ acte, scène VIII. — Nabuchodonosor, Ronconi. — Ismaël, Corelli. — Zacharie, Dérivis. — Le grand prêtre, Gracci. — Abdal, Daifiori. — Abigaïl, madame Brambilla. — Fenena, madame Landi. — Anna, madame Bellini.
Henri Valentin[16]
11,8 × 19,6 cm

□ ________ « Les Fêtes de Cambo (Basses-Pyrénées). À M. Le Directeur de l'*Illustration*. » (p. 120)

B p. 121

Danses basques sur l'emplacement du jeu de paume, à Cambo.
8,6 × 18,4 cm

C p. 121

Musiciens basques accordant et exécutant la sounzouna. — Danseurs basques en costume de grand gala.
12 × 13 cm

1845 Volume VI

☐ N° **142,** 15 novembre : « Courrier de Paris. » (p. 163)

A p. 164

Le rêve d'une jeune fille, d'après Cruikshank.
Geoffroy
21,5 × 15 cm

☐ ________ « Publications illustrées. » [caricatures] (p. 171)

B p. 172

Un concert à mitraille.
J. J. Grandville[2,10]
16,6 × 12,8 cm

C p. 172

Thé artistique assaisonné de grands hommes.
J. J. Grandville
14 × 13 cm

Nº **142,** 15 novembre (suite)

D p. 173

Un premier prix de thème grec, nourri de haricots et de racines grecques.
J. J. Grandville[10]
16,5 × 11 cm

□ Nº **144,** 29 novembre : « Les Compagnons du tour de France. » (p. 203)

A p. 204

Compagnons du tour de France. — La Fête.
Jules Noël
11,4 × 23,4 cm

□ Nº **145,** 6 décembre : « Courrier de Paris. » [caricatures] (p. 211)

A p. 212

[L'Odéon avant la direction de M. Bocage. — Les stalles.]
Cham
6,3 × 5,8 cm

Nº **145,** 6 décembre (suite)

B p. 212

L'Odéon avant la direction de M. Bocage. —... Le parterre...
Cham
5,8 × 9,7 cm

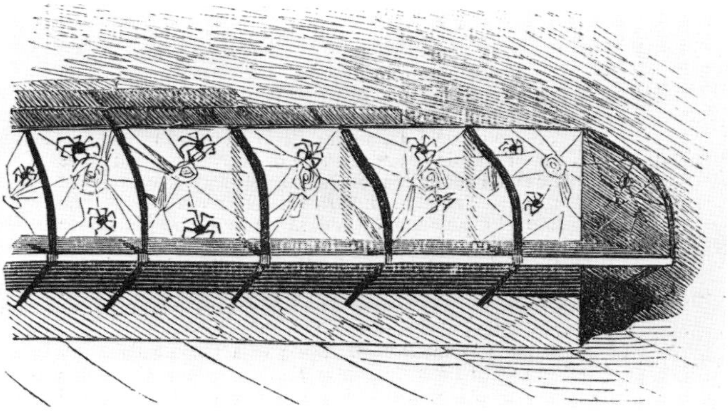

C p. 212

[L'Odéon avant la direction de M. Bocage. — Les acteurs.]
Cham
5 × 5,5 cm

D p. 212

M. Bocage, martyr.
Cham
7 × 6,5 cm

Nº **145,** 6 décembre (suite)

E p. 212

M. Bocage exhumant saint Genest.
Cham
6,8 × 7,4 cm

F p. 212

[L'Odéon sous la direction de M. Bocage. — Miracle opéré par saint Genest.]
Cham
9 × 7,3 cm

G p. 212

L'Odéon sous la direction de M. Bocage. — Miracle opéré par saint Genest.
Cham
8,8 × 6,8 cm

Nº **145,** 6 décembre (suite)

H p. 212

[L'Odéon sous la direction de M. Bocage. — Miracle opéré par saint Genest.]
Cham
7,8 × 7,2 cm

☐ Nº **146,** 13 décembre : « Quelques épisodes de l'épopée des chemins de fer, par Cham. » [caricatures] (p. 228)

A p. 228

Un actionnaire se créant des ressources.
Cham
7,4 × 6 cm

☐ Nº **148,** 27 décembre : « Chronique musicale… Théâtre-Italien. — *Gemma di Vergy*, opéra sérieux en deux actes, musique de G. Donizetti. » (p. 266)

A p. 265

Théâtre-Royal-Italien. — *Gemma di Vergy*, 1er acte. — Gemma, Mme Grisi. — Tamas, Malvezzi. — Écuyer, Tagliafico. — Il Conte, Ronconi. — Rolando, Derivis.
10 × 13,7 cm

□ Nº **148,** 27 décembre (suite) : « Chronique musicale. Académie royale de musique. — *L'Étoile de Séville*, grand opéra en quatre actes, paroles de M. Hippolyte Lucas, musique de M. Balfe, divertissement de M. Corali père, décor de MM. Philastre, Cambon, Diéterle, Despléchin et Séchan... » (p. 265)

B p. 265

Académie royale de musique. — *L'Étoile de Séville*. Dernière scène du 4ᵉ acte. — Le roi, Barroilhet. — Don Sanche, Gardoni. — Estrelle, madame Stolz.
10,5 × 18 cm

☐ N° **151,** 17 janvier : « Costumes de l'empire russe, dessinés d'après nature, par Wassili Timm. » (p. 312)

A p. 312

Juif de Candau (province de Courlande) jouant du tympanon.
Wassili Timm
13,2 × 7,5 cm

B p. 313

Enfants de paysans russes de Nowaja-Derewna (environs de Saint-Pétersbourg). Joueur de la Balalaïka.
Wassili Timm
9,5 × 8 cm

☐ ———— « Théâtre de Dona Maria II, à Lisbonne. » (p. 320)

C p. 320

[Théâtre de Dona Maria II, à Lisbonne, vue extérieure.]
13,1 × 15 cm

☐ Nº **152,** 24 janvier : « Madagascar. » (p. 326)

A p. 329

Madagascar. — Marémite ou matelot malgache. Femme malgache tissant une poque. — D'après le dessin de M. d'Hastrel.
2,10
8,4 × 14,6 cm

☐ Nº **153,** 31 janvier : « Courrier de Paris. » (p. 339)

A p. 341

Bal de charité donné à la mairie du premier arrondissement.
Henri Valentin
13,8 × 22 cm

☐ Nº **155,** 14 février : « Chronique musicale. Opéra-Comique. — *Les Mousquetaires de la reine*, opéra-comique en trois actes, paroles de M. de Saint-George, musique de M. F. Halévy. » (p. 371)

A p. 372

Théâtre de l'Opéra-Comique. — *Les Mousquetaires de la reine*. Dernière scène du deuxième acte.
12,2 × 20 cm

☐ N° **156,** 21 février : « Courrier de Paris. » (p. 387)

A p. 388

Quatuor de *Nabuco*, au Théâtre-Italien. M. Dérivis. Mademoiselle Térésa Brambilla. M. Ronconi. M. Corelli. [caricature]
14,5 × 20,6 cm

☐ N° **157,** 28 février : « Courrier de Paris. » (p. 403)

A p. 404

Bal de l'Opéra le mardi gras. — La sortie.
Henri Valentin
19,4 × 14,5 cm

□ N° **158,** 7 mars : « Théâtres et chronique musicale... Théâtre-Italien. — *Un' Avventura di Scaramuccia*, opéra bouffon en deux actes de M. Louis Ricci. » (p. 3)

A p. 4

Théâtre-Italien. — *Scaramuccia.* — Deuxième acte. — Acteurs : MM. Lablache, Malvezzi, Dérivis. — Mesdames Brambilla et Librandi.
11,7 × 20,5 cm

□ N° **160,** 21 mars : « Le dernier bal masqué de l'Opéra. » (p. 40)

A p. 40

Le bal de la mi-carême, en 1846, à l'Opéra.
Henri Valentin[2,10]
18,8 × 23,1 cm

B p. 41

Physionomies du bal de l'Opéra.
Henri Valentin[1]
11,6 × 22,8 cm

☐ Nº **160,** 21 mars (suite)

C p. 41

Sortie du bal de l'Opéra.
Henri Valentin
17,4 × 14,5 cm

☐ Nº **162,** 4 avril : « À propos du mois d'avril. — Études de canardologie comparée, par Bertall. » [caricatures] (p. 76)

A p. 77

Araignée mélomane observée par une ouvreuse dévouée à la science, dans une stalle d'orchestre à l'un de nos théâtres.
Bertall
6 × 4,8 cm

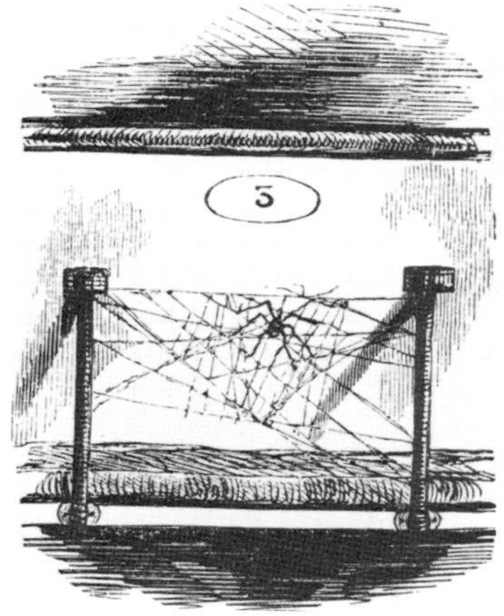

☐ Nº **163,** 11 avril : « Chronique musicale. Académie royale de musique. — *Paquita*, ballet-pantomime en deux actes, par MM. Paul Foucher et Mazilier, musique de M. Deldevez; décorations de MM. Philastre, Cambon, Séchan, Diéterle et Despléchin. » (p. 91)

A p. 92

Théâtre de l'Opéra. — *Paquita*, ballet-pantomime; deuxième acte. — Jarigo, M. Élie. — Saint-Vallier, M. Petipa. — Paquita, mademoiselle C. Grisi.
Henri Valentin
12,5 × 18,4 cm

□ Nº **163,** 11 avril (suite) : « Chanteurs tyroliens. » (p. 96)

B p. 96

[Chanteurs tyroliens.]
15 × 19,2 cm

□ Nº **164,** 18 avril : »Arrivée de l'ambassadeur de Maroc à Tétouan. » (p. 104)

A p. 104

Musiciens de Tétouan, d'après un dessin de M. Gibert.
10,3 × 20 cm

B p. 105

Musique et bannières allant à la rencontre de l'ambassadeur de Maroc, d'après un dessin de M. Gibert.
18,1 × 22,4 cm

] N° **164,** 18 avril (suite) : « Une promenade au Salon, par Bertall. » [caricatures] (p. 108)

: p. 109

J° 1579 — Portrait du petit René 'ranchomme.
ertall
,3 × 5,5 cm

] N° **165,** 25 avril : « Beaux-Arts. — Salon de 1846. » (p. 119)

\ p. 121

alon de 1846. — *Le concert dans l'ate-'er*, par M. H. Debon.
1 × 14,1 cm

] N° **166,** 2 mai : « La Fête du roi, à Alger. » (p. 144)

\ p. 144

er mai. — Fête du roi à Alger. — Danse le nègres sur la place du Gouvernement.
4,5 × 23,7 cm

□ Nº **167,** 9 mai : « Beaux-Arts. Salon de 1846. » (p. 151)

A p. 153

Salon de 1846. — *L'aveugle, le chien* *le perroquet*, tableau par M. Biard.
10,5 × 7,5 cm

□ Nº **168,** 16 mai : « Beaux-Arts. — Salon de 1846. » (p. 167)

A p. 168

Salon de 1846. — *Espérance*, tableau d M. Seigneurgens.
10,3 × 8,5 cm

B p. 168

Salon de 1846. — *Déception*, tableau pa M. Seigneurgens.
10,5 × 9,4 cm

] Nº **169,** 25 mai : « Camille Saint-Saëns. » (p. 181)

\ p. 181

'ortrait du jeune Camille Saint-Saëns.
2,6 × 8 cm

] ———— « Chronique musicale. » (p. 181)

3 p. 181

'héâtre de l'Opéra-Comique. — *Le Trom-ette de M. le Prince.* — De Brassac, И. Émon; Goulard, M. Henri; Fabien, И. Sainte-Foix; Fanchette, madame Révilly; la Présidente, madame Félix.
Ienri Valentin
3 × 16,2 cm

] ———— « Beaux-Arts. Salon de 1846. » (p. 183)

: p. 184

ialon de 1846. — *Danse de Nègres sur la 'lace du Gouvernement, à l'île de Gorée Sénégal)*, tableau par M. Nousveaux.
1,4 × 22,2 cm

□ Nº **169,** 25 mai (suite) : « Notice sur l'instrument nommé Panharmonicon. » (p. 192)

D p. 192

[Panharmonicon.]
Auguste Thiollet[2,10]
22,2 × 12,2 cm

□ Nº **171,** 6 juin : « Théâtres et Chronique musicale… Opéra-Comique. *Le Veuf du Malabar*, opéra-comique e
un acte… » (p. 217)

A p. 217

Théâtre de l'Opéra-Comique. — *Le Veu du Malabar*. — Laverdurette, M. Riquie Moussoul, M. Chaix; Marforio, M Sainte-Foix; Dgina, madame Potier.
Henri Valentin
11,7 × 17,8 cm

□ ———— « Beaux-Arts. — Salon de 1846. Paysages. » (p. 219)

B p. 221

Salon de 1846. — *Danses dans les envi-rons de la Forêt-Noire*. Tableau pa M. Armand Leleux.
19 × 15,1 cm

□ N° **172,** 13 juin : « Chronique musicale... Inauguration de la statue de Rossini. » (p. 240)

A p. 240

[Statue de Rossini.]
15 × 10,6 cm

□ N° **175,** 4 juillet : « Théâtres... Le Cirque des Champs-Élysées. » (p. 277)

A p. 277

Cirque des Champs-Élysées. — Carillon chinois.
Henri Valentin
9,4 × 19 cm

□ ——— « Les jeux de la Tarasque. » (p. 279)

B p. 280

Tambours et fifres.
[illegible],8 × 7,7 cm

Nº **175,** 4 juillet (suite)

C p. 280

Corps de musique.
Henri Valentin
5,3 × 9 cm

☐ Nº **176,** 11 juillet : « Épisodes de l'histoire d'une nation sauvage, ou les bienfaits de la civilisation, par Cham. — Première partie. » [caricatures] (p. 300)

A p. 300

Remplace le tambour en peau de bison par le cornet à pistons, et la danse du scalp par la polka.
Cham
6,3 × 8,3 cm

☐ ———— « Procédé mécanique pour faciliter et abréger l'étude du piano. » (p. 304)

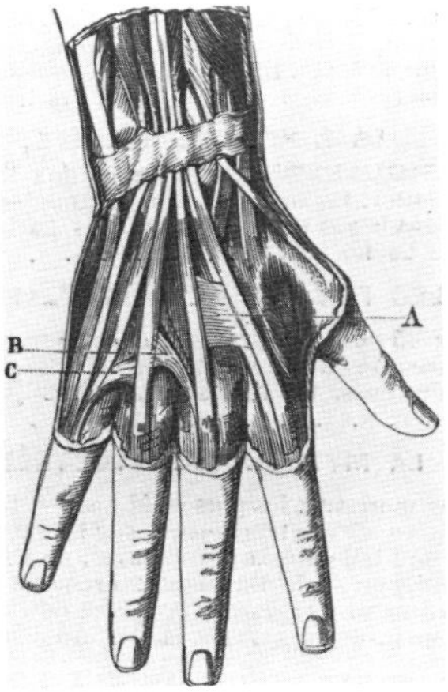

B p. 304

Anatomie de la main.
3,2 × 4,5 cm

Nº **176,** 11 juillet (suite)

C p. 304

Position de la main dans l'appareil destiné à faciliter l'étude du piano.
7,2 × 11 cm

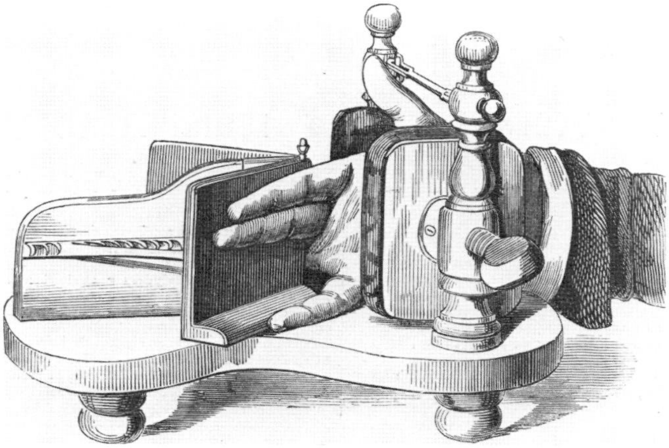

D p. 304

Position de l'annulaire dans l'appareil destiné à faciliter l'étude du piano.
7,5 × 11 cm

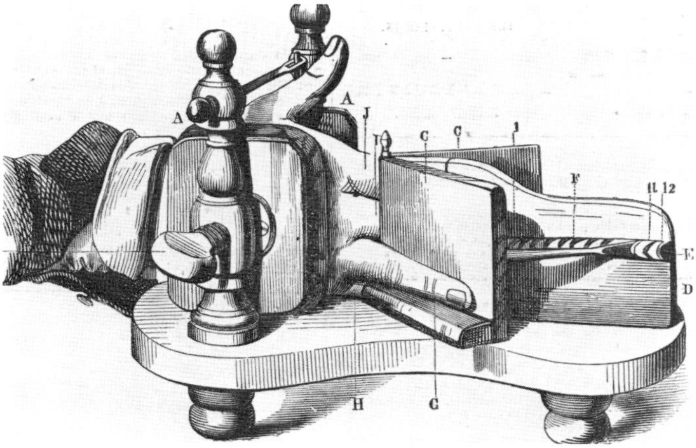

☐ Nº **177,** 18 juillet : « Le Grand Format, par Cham. » [caricatures] (p. 316)

A p. 317

Les Grands Sauteurs du Roi.
Cham
9.5 × 9.2 cm

☐ Nº **179,** 1er août : « Courrier de Paris. » (p. 343)

A p. 344

Champs-Élysées. — Chanteurs devant le café Morel.
14,5 × 23,6 cm

☐ Nº **180,** 8 août : « Les eaux de Vichy. » (p. 359)

A p. 360

Vichy. — Strauss.
9,3 × 7,5 cm

B p. 360

Vichy. — Le grand salon.
12,5 × 23,4 cm

□ Nº **182,** 22 août : « Exposition d'échantillons et de modèles rapportés de la Chine et de l'Inde. » (p. 391)

A p. 392

Vue générale de l'exposition des échantillons rapportés de la Chine et de l'Inde, par la délégation du commerce.
Édouard Renard
17 × 22,3 cm

B p. 393

Instruments de musique chinoise. — Collection de la délégation.
8,5 × 6,8 cm

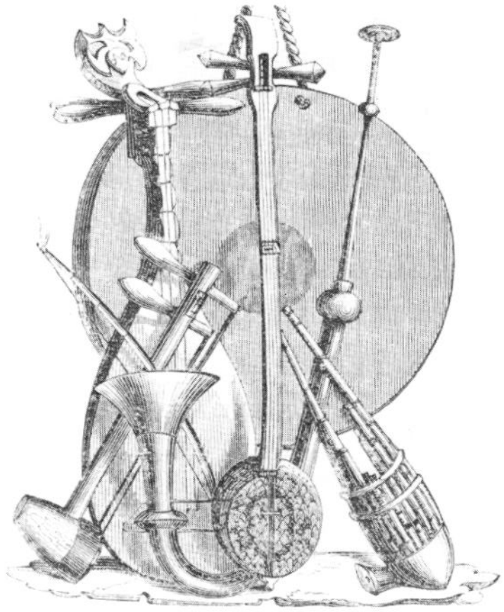

□ Nº **183,** 29 août : « Le Ranelagh. » (p. 404)

A p. 404

Vue intérieure du Ranelagh.
24,6 × 22,6 cm

☐ N° **184,** 5 septembre : « La vie de château, caricatures par Cham. » (p. 12)

A p. 12

Quatre heures du matin.
Cham
6,4 × 8 cm

B p. 13

Un piano revu après une longue absence.
Cham
6 × 8,2 cm

☐ N° **188,** 3 octobre : « Études phrénologiques, physiognomoniques et autres, par Cham. » [caricatures] (p. 76)

A p. 76

Bosse de la musique.
Cham
3 × 3 cm

1846 Volume VIII

☐ N° **189,** 10 octobre : « Types espagnols. » (p. 88)

A p. 88

Le Gaetero Gallego.
11,8 × 5,5 cm

B p. 89

L'Étudiant.
11,8 × 6 cm

C p. 89

La danse du Valencien.
3,6 × 5,7 cm

☐ Nº **190,** 17 octobre : « L'Andalousie. » (p. 103)

A p. 105

Danse dans la campagne.
Henri Valentin Del.
14,9 × 11,1 cm

☐ Nº **193,** 7 novembre : « L'Orgue de la Madeleine. » (p. 147)

A p. 148

Grand orgue de l'église de la Madeleine, à Paris, construit par MM. A. Cavaillé-Coll père et fils, facteurs du roi.
Auguste Thiollet
21 × 17,3 cm

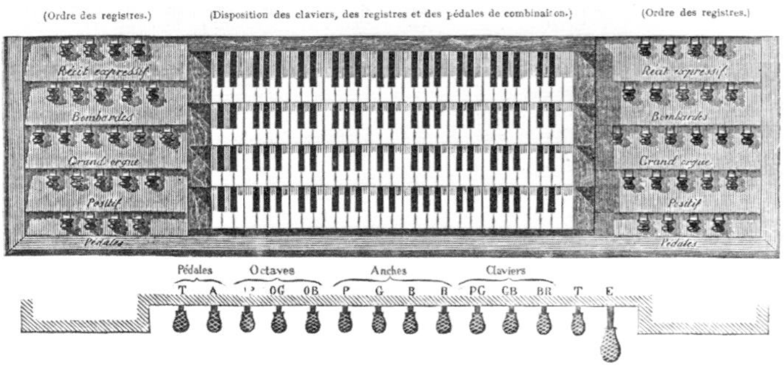

B p. 148

Disposition des claviers, des registres et des pédales de combinaison.
6,8 × 15,9 cm

□ Nº **193,** 7 novembre (suite) : »La Danse des salons. » (p. 157)

C p. 157

Le cotillon, par Gavarni.
4,5 × 4,5 cm

D p. 157

La valse à deux temps, par Gavarni.
10,8 × 9,6 cm

E p. 157

La valse mazurka, dite la Cellarius, par Gavarni.
13 × 9,8 cm

Nº **193,** 7 novembre (suite)

F p. 157

La Mazurka, par Gavarni.
11,5 × 11,1 cm

☐ Nº **196,** 28 novembre : « Chronique musicale... *La Fidanzata Corsa*, melodramma tragico in tre atti, dal signor Cammarano, musica del signor Pacini. » (p. 195)

A p. 196

Théâtre-Italien. — *La Fidanzata Corsa*, acte 3, scène 6. — Rosa Zampardi, madame Persiani; Ellore Zampardi, madame Bellini; Pietro Zampardi, M. Coletti; Alberto Doria, M. Mario; Guido Tobianchi, M. Tagliafico; Allessio Tobianchi, M. Daifiori.
Henri Valentin
13,5 × 18 cm

☐ Nº **198,** 12 décembre : « Résidences impériales d'automne en Russie. » (p. 231)

A p. 232

Représentation d'un ballet dans les appartements de Tsarskoé-Sélo.
13,5 × 18 cm

□ N° **200,** 26 décembre : « Théâtre Montpensier. » (p. 263)

A p. 264

Théâtre Montpensier. — Façade sur le boulevard.
Édouard Renard[10]
22,4 × 11,2 cm

B p. 264

Plan du théâtre Montpensier.
_____[17]
8,4 × 14,5 cm

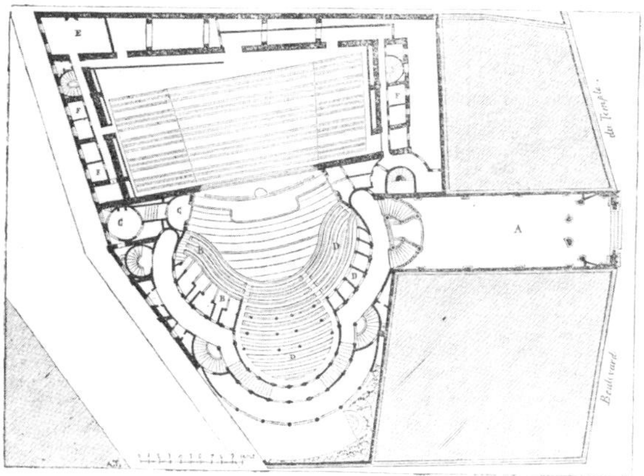

C p. 264

Coupe longitudinale du théâtre Montpensier.
_____[17]
6,4 × 8,4 cm

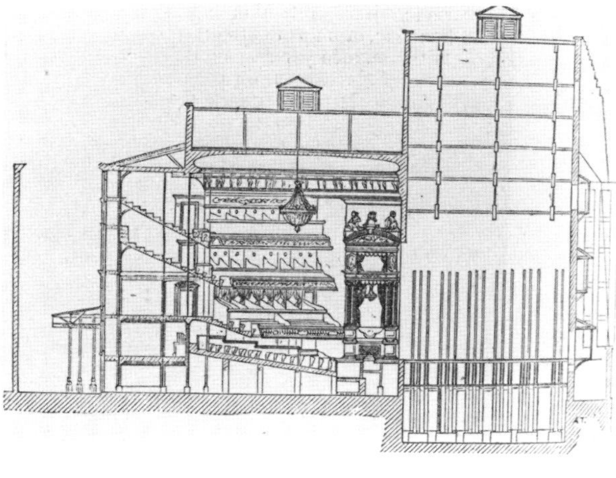

N° **200,** 26 décembre (suite)

(Théâtre Montpensier. — Fronton.)

D p. 265

Théâtre Montpensier. — Fronton.
5,9 × 15,2 cm

E p. 265

Théâtre Montpensier. — *Le Cid et Chimène*, sculptures, par Klagmann.
Édouard Renard, Henri Valentin
19,8 × 6,5 cm

F p. 265

Théâtre Montpensier. — *Hamlet et Ophélie*, sculptures, par Klagmann.
Édouard Renard, Henri Valentin
19,8 × 6,5 cm

Nº **200,** 26 décembre (suite)

G p. 265

Théâtre Montpensier. — Cariatides par Klagmann. *La Tragédie. La Comédie.*
Henri Valentin
14,8 × 7,8 cm

☐ N° **201,** 2 janvier : « Oraison funèbre de 1846, caricatures par Bertall. » (p. 284)

A p. 285

Un troubadour français à Madrid.
Bertall
6,4 × 6 cm

☐ N° **202,** 9 janvier : « Courrier de Paris. » (p. 295)

A p. 296

Nouvel établissement de spectacles et de concerts dans le Bazar Bonne-Nouvelle.
Édouard Renard, Henri Valentin[2,10]
15,2 × 23,2 cm

☐ ———— « Chronique musicale. *Robert Bruce*, opéra en trois actes, paroles de MM. Alphonse Royer et Gustave Vaez, musique de Rossini, décors de MM. Thierry, — Séchan, Diéterle et Despléchin, — Philastre et Cambon. » (p. 295)

B p. 296

Robert Bruce. — Costume de Barroilhet, rôle de Robert Bruce.
————[31]
12,5 × 4,5 cm

Nº **202,** 9 janvier (suite)

C p. 296

Robert Bruce. — Costume de madame Stoltz, rôle de Marie.

31

11,8 × 7 cm

D p. 296

Robert Bruce. — Costume d'Anconi, rôle de Douglas.

31

12,1 × 7,1 cm

E p. 297

Robert Bruce, opéra, musique de Rossini. Acte 2, scène 9. — Robert Bruce, M. Barroilhet. — Douglas, Anconi. — Dikson, Bessin. — Marie, madame Stoltz. — Nelly, mademoiselle Nau. Décoration par MM. Séchan, Diéterle et Desplechin.

Henri Valentin

24,1 × 17,3 cm

□ N° **203,** 16 janvier : « Paris gratis, caricatures par Cham. » (p. 312)

A p. 313

L'art de se créer une magnifique bibliothèque gratis.
Cham
8,8 × 7 cm

□ N° **204,** 23 janvier : « Théâtre Montpensier. II » (p. 327)

A p. 328

Théâtre-Historique. — Détails de l'hémicycle. Groupe de génies; peinture de M. Guichard.
Henri Valentin[2,10]
12 × 10,6 cm

B p. 328

Théâtre-Historique. — Détails de l'hémicycle. Les poëtes tragiques; peinture de M. Guichard.
6,9 × 11,4 cm

Nº **204,** 23 janvier (suite)

C p. 328

Théâtre-Historique. — Détails de l'hémicycle. Les poëtes comiques; peinture de M. Guichard.
Henri Valentin
7,1 × 11,5 cm

D p. 328

Théâtre-Historique. — Détails de l'hémicycle. Premier panneau de la frise; peinture de M. Guichard.
5,2 × 10,3 cm

E p. 328

Théâtre-Historique. — Détails de l'hémicycle. Deuxième panneau de la frise; peinture de M. Guichard.
5,2 × 10,2 cm

Nº **204,** 23 janvier (suite)

F p. 328

Théâtre-Historique. — Détails de l'hémicycle. Troisième panneau de la frise; peinture de M. Guichard.
5,2 × 10,2 cm

G p. 329

Théâtre-Historique. — Détails de l'hémicycle. Quatrième panneau de la frise; peinture de M. Guichard.
5,3 × 10,2 cm

H p. 329

Théâtre-Historique. — Détails de l'hémicycle. Cinquième et dernier panneau de la frise; peinture de M. Guichard.
Henri Valentin
5,3 × 10,3 cm

Nº **204,** 23 janvier (suite)

I p. 329

Théâtre-Historique. — Plafond de la salle. Décoration composée et exécutée par MM. Séchan, Diéterle et Despléchin.
Édouard Renard, Henri Valentin
14,9 × 18,1 cm

□ ———— « *L'Illustration*, Vaudeville en deux tableaux avec lanterne magique en verres de couleur, représentée pour la première fois à Paris, sur le Théâtre des Variétés, le 18 janvier 1847. » [caricatures] (p. 331)

J p. 332

L'Illustration. — Robert Bruce.
6,5 × 6,2 cm

K p. 333

L'Illustration. — Le bal masqué de l'Opéra.
6,3 × 6,2 cm

□ N° **205,** 30 janvier : « Théâtre-Historique. Troisième article. » (p. 340)

A p. 340

Théâtre-Historique. — Fragment de la décoration des premières loges.
Édouard Renard
4,3 × 13,8 cm

B p. 340

Théâtre-Historique. — Fragment de la décoration des deuxièmes loges.
4,2 × 7,9 cm

C p. 340

Théâtre-Historique. — Fragment de la décoration des troisièmes loges.
4,2 × 7,9 cm

Nº **205,** 30 janvier (suite)

D p. 340

Théâtre-Historique. — Fragment de la décoration des quatrièmes loges.
4,3 × 7,6 cm

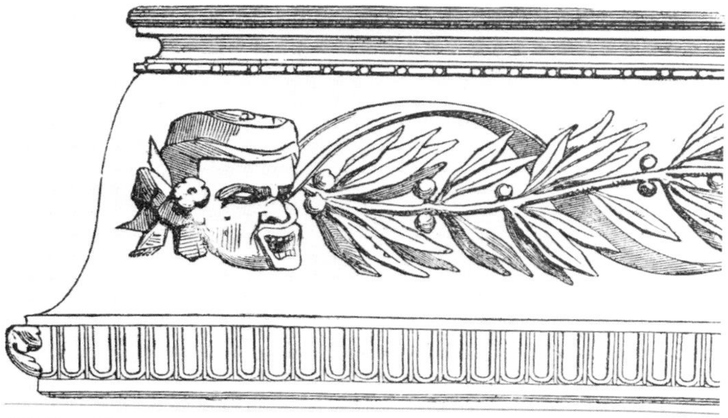

(Théâtre-Historique. — Fragment de la décoration des quatrièmes loges.)

E p. 340

Théâtre-Historique. — Le rideau.
17,7 × 15,3 cm

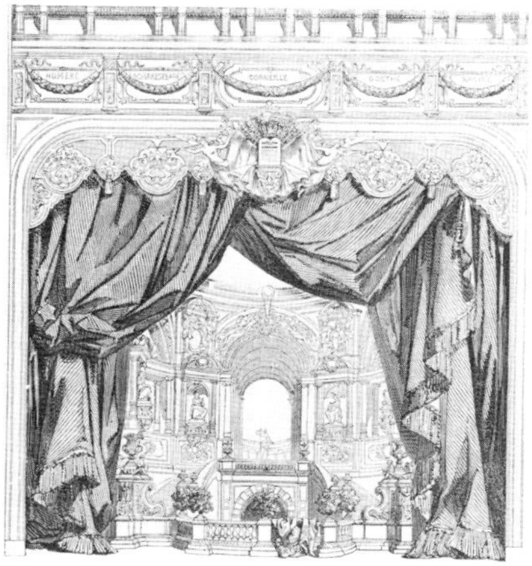

F p. 341

Théâtre-Historique. — Détail de la décoration des avant-scènes.
Édouard Renard
14,2 × 5,9 cm

Nº **205,** 30 janvier (suite)

G p. 341

Théâtre-Historique. — Intérieur de la salle avant la représentation.
Édouard Renard, Henri Valentin
15,3 × 20,1 cm

□ ———— « Les Chanteurs hongrois. » (p. 348)

H p. 348

Artistes hongrois (chanteurs) imitant divers instruments avec la voix. M. Schwarz. M. Zorer. M. Weiss. M. Grunzwag.
Henri Valentin
13,5 × 19 cm

□ Nº **206,** 6 février : « Paris en Loges, par Damourette. » (p. 365)

A p. 365

À l'Opéra.
Damourette
14,3 × 10,6 cm

□ Nº **208,** 20 février : « Courrier de Paris. » (p. 388)

A p. 388

Le carnaval à Lima, d'après un dessin de M. A. Borget.
Henri Valentin
22,8 × 15,7 cm

□ ———— « Les cinq sens, par Bertall. » (p. 392)

B p. 393

L'ouïe.
Bertall
14,8 × 22 cm

□ N° **210,** 6 mars : « Damoiseaux et damoiselles au XIXe siècle, chronique par Valentin. » (p. 5)

A p. 5

Pendant le carrousel.
Henri Valentin
14,3 × 10,5 cm

□ N° **213,** 27 mars : « Chronique musicale. » (p. 57)

A p. 57

Concert vocal des Orphéonistes dans la salle du Cirque national des Champs-Élysées.
Henri Valentin, Édouard Renard
19,8 × 23,2 cm

□ N° **215,** 10 avril : « Chronique musicale. » (p. 83)

A p. 84

Madame Cinti-Damoreau.
14,5 × 13 cm

□ N° **216,** 17 avril : « Chronique musicale. » (p. 112)

A p. 112

Madame Stoltz.
11,6 × 9,8 cm

□ N° **217,** 24 avril : « L'Impôt sur les chiens, caricatures par Cham. » (p. 125)

A p. 125

Trait d'humanité d'un aveugle tendant à exempter plusieurs chiens de la taxe.
Cham
6,5 × 11,8 cm

□ N° **218,** 1er mai : « Beaux-Arts. — Salon de 1847. (Cinquième article.) » (p. 135)

A p. 136

Salon de 1847. — *Musiciens juifs de Mogador*, tableau, par M. Eugène Delacroix.
10,7 × 14,2 cm

Nº **218,** 1er mai (suite)

B p. 137

Salon de 1847. — *Le Pupitre de Palestrina*, tableau, par M. H. Baron.
Henri Valentin
10,6 × 14,5 cm

☐ ———— « Transformation du Cirque national en Théâtre lyrique, par Cham. » [caricatures] (p. 141)

C p. 141

L'aigle du Cirque fuyant le canard musical.
Cham
8,6 × 5 cm

D p. 141

— Oui, mon pauvre Murat, je suis sans place ! Être entré dans toutes les capitales de l'Europe, et ne pouvoir pas entrer à l'Ambigu-Comique !
Cham
8,8 × 7,2 cm

N° **218,** 1er mai (suite)

E p. 141

— Comment ! toi aussi ?... Junot ! — Ma foi, sire, que voulez-vous ? le règne du sabre est passé.
Cham
8,5 × 10 cm

F p. 141

— Et ta mère, Eugène ? — Sire, elle est engagée aux Folies-Dramatiques. — Oh ! je suis tranquille.
Cham
8,3 × 6,3 cm

G p. 141

Désespoir de MM. les vétérans et de MM. les chevaux attachés au Cirque, le jour de la fermeture du théâtre.
Cham
8,7 × 8,2 cm

N° **218,** 1er mai (suite)

H p. 141

—Tenez, mon brave, combien me donnez-vous de mon habit ? — Mais, général, votre habit autrefois aurait valu 100 fr.; mais il ne vaut plus aujourd'hui que 15 francs.
Cham
9 × 7,7 cm

I p. 141

Moins grand que Lablache, mais encore mieux fait pour une basse-taille.
Cham
8,4 × 7,1 cm

J p. 141

— Je croyais que vous vouliez encourager les jeunes compositeurs ? — Eh bien ! monsieur, ne jouons-nous pas les opéras que Rossini, Auber, Adam, ont composés dans leur jeunesse ?
Cham
8,4 × 6 cm

Nº **218,** 1er mai (suite)

K p. 141

— Voici votre loge; la direction n'a pas encore pu réaliser toutes les améliorations qu'elle se propose pour le bien-être des artistes.
Cham
8,9 × 9,2 cm

□ Nº **219,** 8 mai : « Chronique musicale. » (p. 147)

A p. 148

Académie royale de musique. — *Ozaï*, ballet. — Ier acte, 2e tableau. Décoration de M. Cicéri. — Ozaï, mademoiselle Plunkett; de Boungainville, M. Élie; de Surville, M. Desplaces; matelots, MM. Quériau et Addice.
Henri Valentin
15,2 × 21,2 cm

□ Nº **222,** 29 mai : « Types emblématiques des Théâtres de Paris, par Cham. » [caricatures] (p. 205)

A p. 205

L'Opéra.
Cham
6,4 × 4,8 cm

N° **222,** 29 mai (suite)

B p. 205

Les Bouffes.
Cham
6,3 × 5,3 cm

C p. 205

L'Odéon.
Cham
6,6 × 6,1 cm

D p. 205

Les Variétés.
Cham
6 × 6,8 cm

.847 Volume IX

\ⁿ **222,** 29 mai (suite)

: p. 205

.'Opéra national.
Cham
; × 4,9 cm

] N° **225,** 19 juin : « Notes historiques, biographiques et critiques sur le dernier bal des Berlingot. » [caricatures] (p. 251)

\ p. 252

Enthousiasme expressif, excusable chez
n dilettante.
Bertall
',2 × 5,5 cm

] N° **232,** 7 août : « Les Landes. » (p. 359)

\ p. 361

.es Landes. — La danse.
Eugène Forest
,6 × 11,6 cm

N° **232,** 7 août (suite)

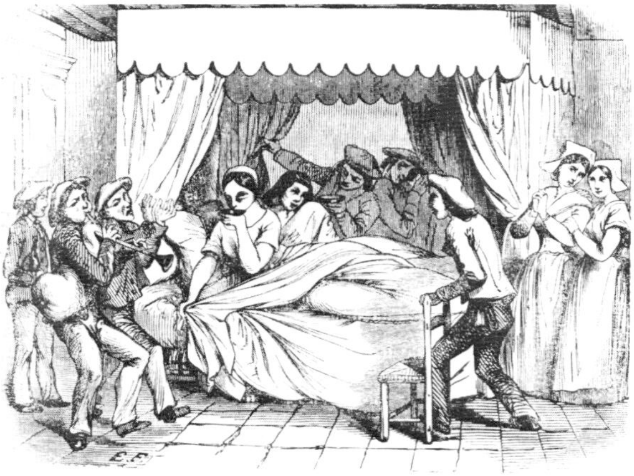

B p. 361

Les Landes. — La rôtie.
Eugène Forest
8,8 × 11,2 cm

☐ N° **233,** 14 août : « Abyssinie. » (p. 379)

A p. 380

Abyssinie. — La danse de l'abeille, en Égypte.
Henri Valentin
9,5 × 17,1 cm

☐ N° **234,** 21 août : « Les théâtres de Berlin et de Saint-Pétersbourg. Le Théâtre royal de Berlin. » (p. 387)

A p. 388

Théâtre royal de Berlin.
22. × 30.3 cm

N° **234,** 21 août (suite)

B p. 389

Grand-Théâtre de Saint-Pétersbourg.
Édouard Renard, Henri Valentin
17 × 23.5 cm

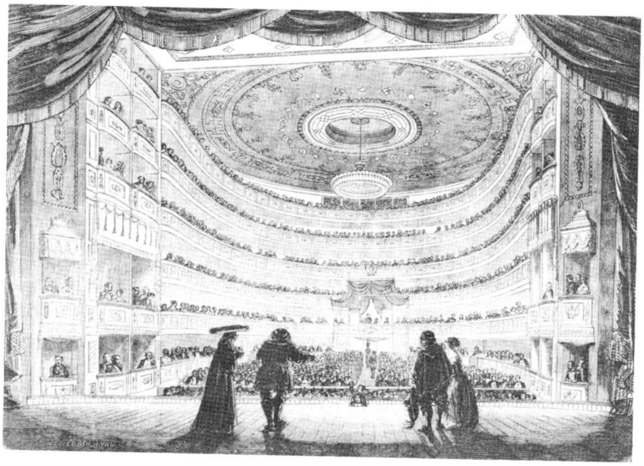

□ N° **237,** 11 septembre : « Courrier de Paris. » (p. 21)

A p. 21

Foyer des artistes de l'Opéra (foyer du chant) sous l'ancienne direction. Mademoiselle Pretti; Ferdinand Prévost; Hennelle; Mademoiselle de Roissy; Madame Rossi-Caccia; Kœnig; Brémont; Mademoiselle d'Halbert; Madame Stolz; Mademoiselle Dameron; Duprez; Paulin; Mlle Nau; Gardoni; Bessin; Mademoiselle Moisson; Baroilhet; Serda; Anconi; Bettini; Dufresne; Portheault.
14 × 23,3 cm

□ ———— « Résurrection de l'Opéra, caricatures par Cham. » (p. 28)

B p. 28

À quoi tiennent les succès d'un directeur de théâtre de vaudeville ? Ô puissance d'un grand nez !
Cham
8,8 × 7 cm

C p. 28

Le lion britannique défendant Jenny Lind contre les lions français.
Cham
9,4 × 15,8 cm

N° **237,** 11 septembre (suite)

D p. 28

Le nouveau répertoire.
Cham
8,7 × 9,6 cm

E p. 28

La façade de l'Opéra avant la restauration.
Cham
9 × 6,3 cm

F p. 28

La façade de l'Opéra après la restauration.
Cham
9 × 6,5 cm

N° **237,** 11 septembre (suite)

G p. 28

Nouvel ordre d'architecture inventé par la nouvelle direction.
Cham
9 × 6 cm

H p. 28

Améliorations introduites dans le vestibule pour le bien-être de MM. les domestiques.
Cham
9 × 5 cm

I p. 28

Une apparition de Rossini.
Cham
9 × 11 cm

N° **237,** 11 septembre (suite)

J p. 29

Nouvelle mesure prise pour l'entretien de la salle.
Cham
8,8 × 7,5 cm

K p. 29

Revue des nouvelles ouvreuses.
Cham
9,1 × 8 cm

L p. 29

L'entrée d'une loge à salon.
Cham
8,7 × 6,5 cm

N° **237,** 11 septembre (suite)

M p. 29

Le nouveau rideau.
Cham
8,4 × 7,5 cm

N p. 29

Réapparition du célèbre danseur Perrot dans le ballet de *Giselle*.
Cham
8,7 × 6,9

O p. 29

Le souffleur. — Robert, ô toi que j'aime !
La prima donna. — I do not understand.
Cham
8,5 × 7,7 cm

Nº **237,** 11 septembre (suite)

P p. 29

Charles VI aux directeurs : Comment diable voulez-vous que je chante : « Jamais en France l'Anglais ne régnera », puisque vous avez recruté toute votre troupe en Angleterre ?
Cham
8,8 × 7 cm

Q p. 29

L'empereur Sigismond d'autrefois.
Cham
9 × 4,4 cm

R p. 29

L'empereur Sigismond d'aujourd'hui. « La procession de *la Juive* sera augmentée. »
Cham
9 × 10,2 cm

□ Nº **238,** 18 septembre : « Chronique musicale. » (p. 37)

A p. 37

La salle de l'Opéra après sa restauration. — Reprise de *la Juive*.
15 × 21,2 cm

B p. 37

[La salle de l'Opéra après sa restauration.] Décoration des quatrièmes loges.
4,9 × 16,3 cm

C p. 37

[La salle de l'Opéra après sa restauration.] Décoration des deuxièmes loges.
4,3 × 11,5 cm

Nº **238,** 18 septembre (suite)

D p. 37

[La salle de l'Opéra après sa restauration.]
Décoration des troisièmes loges.
4,3 × 11,6 cm

☐ Nº **240,** 2 octobre : « Histoire de la semaine. » (p. 65)

A p. 65

Florence, le 12 septembre 1847, d'après un croquis de M. Levasseur.
13,5 × 20,5 cm

☐ Nº **242,** 16 octobre : « Courrier de Paris. » (p. 99)

A p. 100

Mademoiselle Cérito.
Henri Valentin
15,1 × 11 cm

☐ Nº **243,** 23 octobre : « Courrier de Paris. » (p. 115)

A p. 116

Théâtre des Variétés. — Les artistes campanologiens.
11,5 × 18 cm

☐ Nº **244,** 30 octobre : « Courrier de Paris. » (p. 132)

A p. 133

Foyer des acteurs du Théâtre royal de l'Opéra-Comique. Mme Blanchard; Chollet; Mademoiselle Prévost; Duvernoy; Mme Potier; Bussine; Carlo; Henri; Jourdan; Mlle Darcier; Mlle Revilly; Mlle Lavoye aînée; Mlle Lavoye jeune; Chaix; Roger; Émon; Mlle Delisle; Mocker; Hermann-Léon; Audran; Garcin; Moreau-Sainti; Victor; Grignon; Madame Félix; Sainte-Foix; Riquier; Palianti.
Henri Valentin
15,1 × 23,2 cm

☐ ———— « Chronique musicale. » (p. 141)

B p. 141

Académie royale de Musique. — *La Fille de Marbre*; acte Ier — Décoration de MM. Cambon et Thierry. — Fatma, madame Cerrito; Manassès, M. Saint-Léon; Alyatar, M. Desplaces; don Sandoval, M. Toussaint; le corrégidor, M. Berthier.
Henri Valentin
13,8 × 23 cm

□ N° **247,** 20 novembre : « Chronique musicale. » (p. 183)

A p. 184

Opéra-National. — *Aline, reine de Golconde*, acte Ier. Saint-Phar, M. Béraud; Sigiskar, M. Huré; Usbeck, M. Fosse; Osmin, M. J. Kelm; Oscar, M. Therasse; Aline, Mlle Petit-Brière; Zélie, Mlle Bourdet.
Henri Valentin
12,7 × 20,9 cm

B p. 184

Opéra-National. — *Gastibelza*, acte 2e. Chant : le roi, M. Junca; le comte, M. Pauly; don Alvar, M. Fosse; Matteo, M. Delsarte; Paquita, Mad. Hetzel. — Danse : M. Lerouge, Mlle Richard.
Henri Valentin
13,8 × 22,7 cm

C p. 185

Opéra-National. — Costumes des huissiers-placeurs et des ouvreuses de loges.
Henri Valentin
11,1 × 8,8 cm

N° **247,** 20 novembre (suite)

D p. 185

Opéra-National. — Loges d'avant-scène et dernière scène du prologue d'ouverture. *(Les Premiers Pas.)* Léonard, M. Cabel; Lucien, M. Legrand; Cretignac, M. Lebel; le génie du drame, M. Dupuis; François, Mme Cara; Frosine, Mlle Préti; Juliette, Mme Octave; le génie de la musique, Mme Soudan.
Édouard Renard, Henri Valentin
12,2 × 24,1 et 31,6 × 12,2 cm [en forme de L]

□ ———— « Félix Mendelsohn-Bartholdy. 1809-1847. » (p. 192)

E p. 192

[Félix Mendelsohn-Bartholdy.]
Geoffroy
12,8 × 10,5 cm

□ N° **249,** 4 décembre : « Histoire de la semaine. » (p. 209)

A p. 209

Installation de la Consulta, à Rome, d'après un croquis de M. Galofre.
Henri Valentin
13 × 20 cm

□ N° **249,** 4 décembre (suite) : « Fêtes maritimes. — La Sainte-Barbe. » (p. 213)

B p. 213

La Sainte-Barbe, à Toulon.
Pierre Letuaire
17,4 × 23,4 cm

□ ———— « Chronique musicale. » (p. 217)

C p. 217

M. Verdi.
Geoffroy
13,4 × 11,6 cm

D p. 217

Théâtre de l'Académie royale de musique. — *Jérusalem*, acte 3e, scène dernière. — Décoration de M. Cambon. Gaston, M. Duprez; le légat, M. Brémond; un écuyer, M. Barbot; un héraut, M. Molinier.
Henri Valentin
13,4 × 23,3 cm

□ Nº **250,** 11 décembre : « Chronique musicale. » (p. 227)

A p. 228

Mademoiselle Alboni.
Marie-Alexandre Alophe
12,7 × 11,6 cm

☐ Nº **253,** 1er janvier : « Le jour de l'an, caricatures par Cham. » (p. 284)

A p. 285

Le martyre de saint Janvier.
Cham
6,4 × 11 cm

☐ Nº **254,** 8 janvier : « Chronique musicale. » (p. 297)

A p. 297

Opéra-Comique. — *Haydée*, acte 2e. — Décoration de M. Cicéri. Loredan, M. Roger; Malipieri, M. Hermann-Léon; Andrea, M. Audran; Domenico, M. Ricquier; Raphaëla, mademoiselle Grimm; Haydée, mademoiselle L. Lavoye.
Henri Valentin
16,4 × 22,5 cm

☐ Nº **255,** 15 janvier : « Chronique musicale. » (p. 315)

A p. 316

Entrée des concerts du Conservatoire de Musique.
——[1]
13,6 × 14,6 cm

☐ Nº **256,** 22 janvier : « Étude par Valentin. » (p. 324)

A p. 324

Une halte de bohémiens dans les Vosges.
Henri Valentin[1]
15,5 × 21 cm

☐ Nº **258,** 5 février : « Chronique musicale. » (p. 357)

A p. 357

Fabrique d'instruments de musique de M. Sax. — Vue d'une partie de l'atelier du rez-de-chaussée.
Édouard Renard, Henri Valentin
13,4 × 14,3 cm

B p. 357

Fabrique d'instruments de musique de M. Sax. — Vue de l'atelier du second étage.
Édouard Renard, Henri Valentin
13,8 × 22,6 cm

□ Nº **258,** 5 février (suite) : « Esquisse d'une histoire de la mode depuis un siècle. Les femmes sous le règne de Louis XVI. » (p. 363)

C p. 365

Histoire de la mode. — N. 7. La loge de l'Opéra (1778).
Henri Valentin
13,7 × 11,1 cm

□ Nº **259,** 12 février : « Les Domestiques, études de mœurs par Cham. » [caricatures] (p. 380)

A p. 381

Monsieur et madame sont au concert.
Cham
7,1 × 12,9 cm

□ Nº **260,** 19 février : « Chronique musicale. » (p. 387)

A p. 388

Théâtre de l'Opéra-Comique. — *La Nuit de Noël.* — Deuxième acte, décoration de M. Cicéri. — Albert, Mocker; Henriette, mademoiselle Darcier.
Henri Valentin
12,4 × 16 cm

□ N° **260,** 19 février (suite) : « Le Bal de Petit-Bourg au Jardin d'Hiver. » (p. 400)

B p. 400

Exposition dans le Jardin d'Hiver des lots offerts aux dames par la commission du bal qui sera donné au profit de la colonie agricole de Petit-Bourg, le 22 février.
Bertrand
18,1 × 13,3 cm

□ N° **261,** 26 février : « Les Cinq Sens, ballet de l'Opéra où l'on trouve tous les sens imaginables, excepté le sens commun. — Analyse par Bertall. » [caricatures] (p. 405)

A p. 405

Premier tableau. 1. Corps de balais choisi au lorgnon par M. Duponchel.
Bertall
6,7 × 7,8 cm

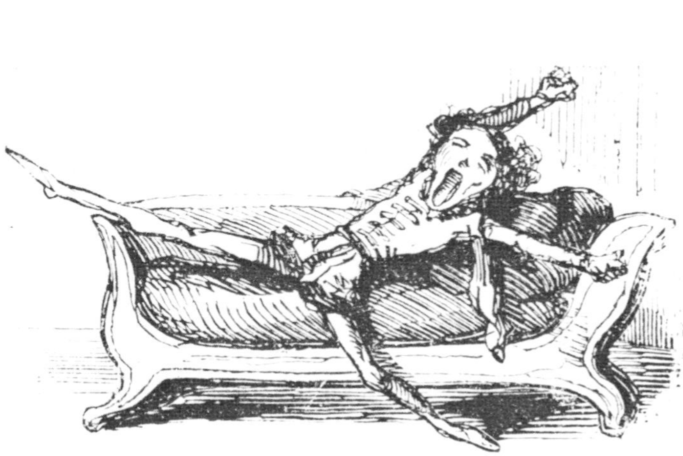

B p. 405

2. Elfrid couché s'embête.
Bertall
3,3 × 6,6 cm

Nº **261,** 26 février (suite)

C p. 405

3. Jacobus, qui ne manque pas d'un certain sens, approuve les agaceries provocatrices de ces dames.
Bertall
2,8 × 6,2 cm

D p. 405

4. Et applaudit à leur gracieuse gymnastique.
Bertall
5,6 × 7,8 cm

E p. 405

5. Un ambassadeur vient offrir à Elfrid la main et la couronne de sa souveraine.
Bertall
4,6 × 4,1 cm

Nº **261,** 26 février (suite)

F p. 405

6. Griseldis chippe la couronne d'or et y substitue sa couronne de fleurs et son portrait daguerréotypé.
Bertall
3,7 × 3,3 cm

G p. 405

7. Le prince se croit d'abord victime d'un vol au bonjour, mais à la vue du portrait il refuse couronne et princesse.
Bertall
4 × 2,7 cm

H p. 405

8. Le roi se fâche; le prince se précipite dans ses bras et il pardonne.
Bertall
4 × 4,2 cm

Nº **261,** 26 février (suite)

I p. 405

9. Pendant tout ce temps Griseldis fait les pointes les plus spirituelles.
Bertall
8 × 6,4 cm

J p. 405

Deuxième tableau. 10. Le prince, atteint et convaincu de manquer de sens, part pour en chercher avec Jacobus.
Bertall
3,5 × 4,2 cm

K p. 405

11. Griseldis lui chante un air avec accompagnement d'orgue de barbarie.
Bertall
3,5 × 4,5 cm

Nº **261,** 26 février (suite)

L p. 405

12. Elfrid, en regardant le portrait, trouve la voix très ressemblante; il a trouvé l'ouïe.
Bertall
3,2 × 4,6 cm

M p. 405

13. Jacobus qui n'entend pas... la plaisanterie, lui bouche les oreilles et l'entraîne.
Bertall
3,2 × 4,6 cm

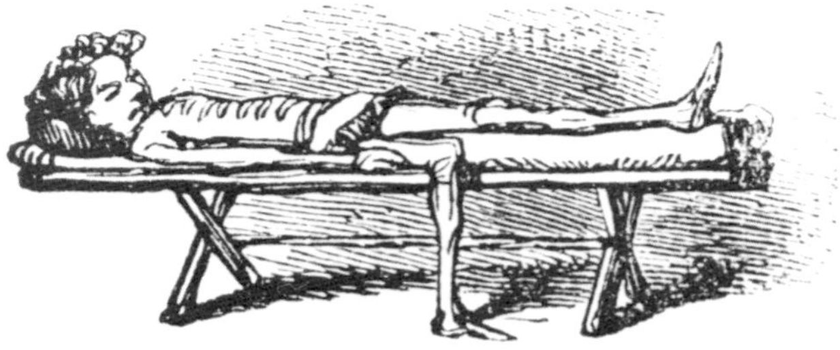

N p. 405

Troisième tableau. 14. Elfrid se couche sur un lit de sangle.
Bertall
1,7 × 4 cm

Nº **261,** 26 février (suite)

O p. 405

15. Griseldis lui révèle sa présence par le toucher.
Bertall
2,2 × 4 cm

P p. 405

16. Elle refait des pointes qui excitent l'enthousiasme d'Elfrid, mais font faire d'affreuses grimaces à ses souliers.
Bertall
4,5 × 2,9 cm

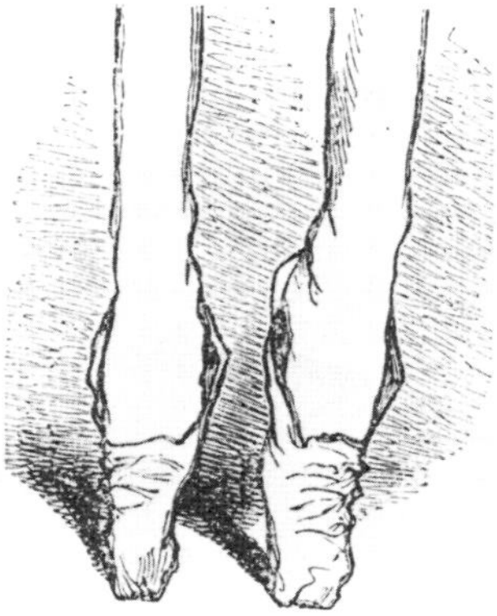

Q p. 405

17. Il cherche à voir les traits de sa bien-aimée et ne peut y réussir.
Bertall
4,5 × 4,3 cm

N° **261,** 26 février (suite)

R p. 405

18. Elle s'enfuit et le laisse au milieu de femmes charmantes mais qui ne sont point daguerréotypées dans son cœur.
Bertall
4,3 × 7,2 cm

S p. 405

Quatrième tableau. 19. Une chasse à cheval.
Bertall
4,6 × 3,7 cm

T p. 405

20. Comme il est nécessaire que le prince découvre son odorat on lui fait sentir des fleurs en papier qui ne sentent absolument rien.
Bertall
5,2 × 4,8 cm

Nº **261,** 26 février (suite)

U p. 405

21. Le goût arrive à propos de bottes. Le vicomte de Botherel vient lui annoncer une révolution dans les vins où il met beaucoup d'eau.
Bertall
4,5 × 3 cm

V p. 405

22. Sur ce, Griseldis a l'idée cocasse de magnétiser son cher ami.
Bertall
2,7 × 4,2 cm

W p. 405

23. Elle lui fait prendre les poses les plus ingénieuses par la seule force de sa volonté.
Bertall
2,1 × 4,2 cm

N° **261,** 26 février (suite)

X p. 405

24. Elle fait passer devant ses yeux des créatures pendues à des fils de fer et qui, grâce au chloroforme, n'éprouvent pas les moindres douleurs.
Bertall
2,5 × 4,3 cm

Y p. 405

25. Il se précipite entre ses bras, et comme il paie le cens, qu'il a ses cinq sens et plus, qu'elle apporte en dot plusieurs billets de cinq cents, il l'épouse à la face de plus de cinq cents citoyens.
Bertall
2,2 × 4 cm

Z p. 405

Cinquième tableau. 26. La princesse voilée vient chanter son air... Le prince reconnaît ses pointes à l'aide de son binocle.
Bertall
2,2 × 4,5 cm

N° **261,** 26 février (suite)

AA p. 405

Moralité. 27. M. Roqueplan à cheval sur son ballet, n'est pas, de sa Jérusalem, délivré, mais il prouve ce qu'il peut mettre de variété dans son répertoire.
Bertall
2,4 × 3,7 cm

□ Nº **262,** 4 mars : « De la magie et du magnétisme en Orient. Dessins de MM. Cournault et Adalbert de Beaumont. » (p. 11)

A p. 12

Danse des derwisches tourneurs, à Constantinople.
Cournault et Adalbert de Beaumont
13,5 × 21,5 cm

B p. 13

Scène de magnétisme en Afrique.
Cournault et Adalbert de Beaumont
13,4 × 17,6 cm

□ Nº **263,** 11 mars : « Chronique musicale. » (p. 31)

A p. 32

Madame Pleyel, d'après un portrait tiré du *Ménestrel*.
Marie-Alexandre Alophe
14,7 × 11,6 cm

☐ Nº **264,** 18 mars : « Banquet républicain donné le 12 mars 1848, dans la salle du Jeu de Paume, à Versailles. » (p. 36)

A p. 36

[Banquet et orchestre.]
15,8 × 22,5 cm

☐ Nº **265,** 25 mars : « La Réforme, caricatures par Cham. » (p. 60)

A p. 60

Réforme du jury de peinture.
Cham
9,3 × 11,3 cm

☐ Nº **266,** 1er avril : « Les grandes industries du jour, scènes de mœurs par Andrieux. » (p. 68)

A p. 68

Les chanteurs patriotes. — Mourir pour la patrie. *(Bis.)*
Clément-Auguste Andrieux
14,9 × 10,5 cm

☐ N° **268,** 15 avril : « Courrier de Paris. » (p. 99)

A p. 100

Théâtre de la République. — Représentation nationale du 6 avril 1848.
Édouard Renard, Henri Valentin
22 × 23,3 cm

☐ N° **269,** 22 avril : « Théâtre de Trianon. » (p. 127)

A p. 128

Représentation donnée, au profit des pauvres ouvriers, dans la salle de spectacle de Trianon, le 13 avril 1848.
E. Battanie
16,3 × 23 cm

☐ N° **270,** 29 avril : « Courrier de Paris. » (p. 131)

A p. 133

La danse aux flambeaux devant l'Arc de l'Étoile.
4,9 × 9,2 cm

☐ Nº **270,** 29 avril (suite) : « Le Salon de 1848, caricatures par Cham. » (p. 141)

B p. 141

Danseurs espagnols.
Cham
8 × 8 cm

☐ Nº **275,** 3 juin : « La Barbe et le Café en Orient. » (p. 219)

A p. 221

Un café en Turquie.
Camille Rogier
21 × 15,2 cm

☐ Nº **276,** 10 juin : « La maison d'Horace Vernet, à Versailles. » (p. 231)

A p. 233

Atelier de M. Horace Vernet.
16 × 22,6 cm

N° **276,** 10 juin (suite)

B p. 233

Les Piferari à Versailles.
Wassili Timm
11 × 10,9 cm

□ N° **282,** 22 juillet : « Le général Duvivier. » (p. 304, N° 281)

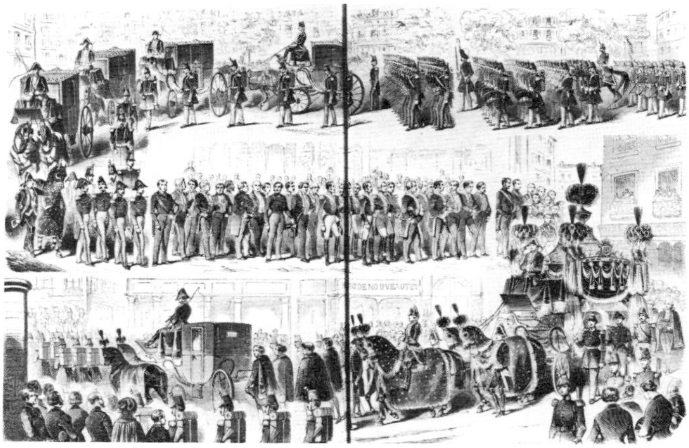

A pp. 312-313

Funérailles du général Duvivier.
Janet Lange
31 × 48 cm

□ N° **283,** 29 juillet : « Les troupes russes. » (p. 327)

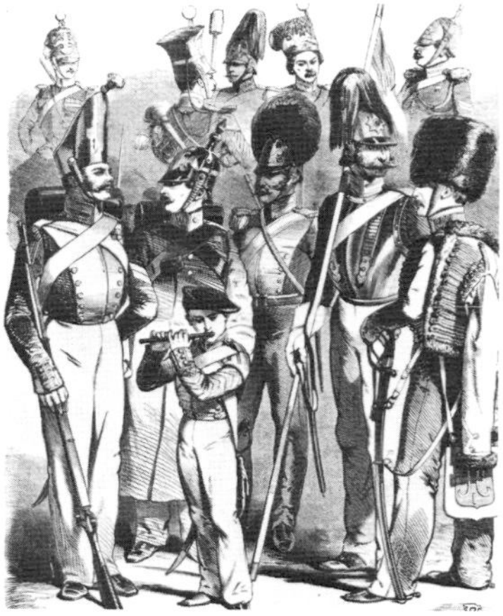

A p. 328

Armée russe. — Corps réguliers... Trompette des lanciers... Fifre de la garde...
______[32]

29 × 22,4 cm

☐ Nº **283,** 29 juillet (suite) : « À-propos politiques par Cham. » [caricatures] (p. 333)

B p. 333

— Rendez-moi ma lyre ! — Citoyen, encore une petite carmagnole, et je vous repasse votre guimbarde.
Cham
7 × 8,5 cm

☐ Nº **284,** 5 août : « Courrier de Paris. » (p. 339)

A p. 340

Salle de Bal du Parc d'Enghien.
16,1 × 22,8 cm

□ N° **292,** 30 septembre : « Un peu de tout. — Caricatures par Cham. » (p. 69)

A p. 69

Plus de mariage. — La salle des mariages de la mairie du 2e arrondissement envahie par les rats.
Cham
6,6 × 5,2 cm

□ ——— « Grand festival au Jardin de l'Élysée National (Élysée Bourbon). » (p. 80)

B p. 80

Grand festival donné dans le parc de l'Élysée National au profit de la caisse des artistes musiciens le 24 septembre 1848.
5,1 × 23,2 cm

□ N° **293,** 7 octobre : « Courrier de Paris. » (p. 91)

A p. 92

Fête donnée le 1er octobre 1848 dans le parc et le château de Neuilly au profit des pauvres de la Commune. — Concert exécuté dans l'orangerie du Château.
——— [30]
6,7 × 5,9 cm

□ Nº **294,** 14 octobre : « Un peu de tout. — Caricatures par Cham. L'humanité parvenue, selon Fourier, au dernier degré de la perfection phalanstérienne, sera dotée d'une queue terminée par un œil. Avantages et inconvénients de cet appendice. » (p. 109)

A p. 109

L'administration décidée à avoir des abonnés.
Cham
6,7 × 5,9 cm

B p. 109

Le régisseur garnissant ses loges pour faire la *répétition* du public.
Cham
6,7 × 10,8 cm

C p. 109

Il signor Lablache étonné de voir son nom sur l'affiche.
Cham
6,8 × 5,5 cm

☐ N° **295,** 20 [*sic*] octobre : « La République dans le grand-duché de Bade. » (p. 117)

A p. 117

Struve et les républicains allemands partant de Lœrrach pour Mülheim, d'après un croquis de M. Elliot.
16,1 × 23,1 cm

☐ N° **296,** 28 octobre : « Chronique musicale. » (p. 139)

A p. 140

Théâtre de l'Opéra. — *La Vivandière*, ballet. — Kathi, madame Fanny Cerrito; madame Robintzel, mademoiselle Aline Dorset; la baronne de Grinberg, mademoiselle Louise Marquet; Hans, Saint-Léon; le baron de Grinberg, Fusch; Robintzel, Berthier.
Bertall
14,8 × 22,8 cm

☐ N° **298,** 11 novembre : « La Hongrie et la Croatie. » (p. 167)

A p. 168

Danse croate.
Henri Valentin
9,6 × 23 cm

□ Nº **299,** 18 novembre : « Courrier de Paris. » (p. 179)

A p. 180

Les Invalides.
10 × 9,8 cm

□ ——— « Chronique musicale. » (p. 188)

B p. 188

Théâtre de l'Opéra. — *Jeanne la folle*, 4ᵉ acte. — Jeanne, mademoiselle Masson; Aïxa, mademoiselle Grimm; Philippe d'Autriche, M. Gueymard.
Henri Valentin
17,2 × 23,2 cm

C p. 189

Théâtre de l'Opéra-Comique. — *Le Val d'Andorre*, 3ᵉ acte. — Stephan, Audrand; Saturnin, Jourdan; le Joyeux, Mocker; Jacques, Bataille; Thérésa, madame Revilly; Rose, mademoiselle Darcier; Georgette, mademoiselle Lavoye. — Décorations de MM. Martin, Rubé, Cambon, Cicéri, etc., etc.
Henri Valentin
17,1 × 23,2 cm

□ Nº **300,** 25 novembre : « Courrier de Paris. » (p. 195)

A p. 197

Théâtre de La Rochelle. — *Lélia*, opéra. — Réga, Montrichard; Lambro Casani, Damoreau; Hassem, Nesmes; Lélia, madame Charton. — D'après un dessin de M. d'Hastrel.
Henri Valentin
10,5 × 17,6 cm

□ Nº **302,** 9 décembre : « Courrier de Paris. » (p. 231)

A p. 233

Les Chanteurs de Chansons politiques.
9 × 11,5 cm

□ Nº **303,** 16 décembre : « Théâtre du Cirque-National. — *La Poule aux Œufs d'or.* » (p. 244)

A p. 244

Théâtre du Cirque-National. — *La Poule aux Œufs d'or*, 3ᵉ acte, 23ᵉ tableau. — Le Séjour de l'Harmonie, décoration par M. Rivière, costumes de M. Bourdillat.
18,5 × 23,4 cm

1848 Volume XII

□ Nº **305,** 30 décembre : « Noël. Dessin allégorique par M. Walcher. » (p. 279)

A p. 280

Noël en Angleterre. — Chants populaires à la porte des maisons dans les villages, d'après l'*Illustrated London News*.
16,5 × 21,3 cm

□ N° **307,** 13 janvier : « Les plaisirs de l'hiver à Moscou et à Saint-Pétersbourg. » (p. 311)

A p. 313

Danse de Bohémiens moscovites.
32
10,4 × 14,5 cm

□ N° **308,** 20 janvier : « Chronique musicale. » (p. 335)

A p. 336

Teresa Milanollo.
15,7 × 13,4 cm

□ N° **309,** 27 janvier : « Chronique musicale. » (p. 339)

A p. 340

Théâtre de l'Opéra. — *Le Violon du Diable.* — 1er tableau, la Fascination.
Henri Valentin
9 × 13,2 cm

N° **309,** 27 janvier (suite)

B p. 340

[*Le Violon du Diable.*] 2ᵉ tableau, la Malédiction.
Henri Valentin
6 × 8,7 cm

C p. 340

[*Le Violon du Diable.*] 3ᵉ tableau, le Retour à la raison.
6,3 × 8,5 cm

D p. 340

[*Le Violon du Diable.*] 4ᵉ tableau, les apprêts du Ballet des Fleurs animées.
6 × 8,7 cm

Nº **309,** 27 janvier (suite)

E p. 340

[*Le Violon du Diable.*] 5e tableau, la Révolte des Fleurs.
Henri Valentin
6 × 8,5 cm

F p. 340

[*Le Violon du Diable.*] 6e et dernier tableau, le Royaume de la Rosée.
Henri Valentin
9,2 × 15 cm

□ Nº **310,** 3 février : « Courrier de Paris. » (p. 355)

A p. 357

Entrée du Bal de l'Opéra.
Henri Valentin
18,6 × 23,5 cm

☐ Nº **312,** 17 février : « Courrier de Paris. » (p. 387)

A p. 389

Le retour du Carnaval.
Henri Valentin
23,8 × 16,2 cm

☐ Nº **313,** 24 février : « Courrier de Paris. » (p. 403)

A p. 404

Le grand salon de l'Élysée-National pendant le bal donné par le Président de la République. — Dessin de Renard et Valentin.
22,8 × 21,3 cm

B p. 405

Nouveau pas exécuté par mademoiselle Maria dans une représentation de la *Jérusalem délivrée*. — Dessin de Tony-Johannot.
16,6 × 23,2 cm

☐ Nº **315,** 10 mars : « Lettres sur l'Inde. — Premier article. » (p. 23)

A p. 25

Fête de la Lune à Ceylan.
9,4 × 14,6 cm

☐ Nº **317,** 24 mars : « Un estaminet lyrique à Londres. — Étude de mœurs et de physionomies contemporaines tirées du *Punch.* » [caricature] (p. 64)

A p. 64

[Un estaminet lyrique à Londres.]
9,5 × 16,5 cm

☐ Nº **319,** 7 avril : « Bulletin du *Prophète*. — Petites nouvelles à la main par Bertall. » [caricatures] (p. 92)

A p. 92

M. Meyerbeer, retiré près du roi de Prusse, ne peut, en bon père, se décider à se séparer de ses deux petits derniers.
Bertall
7 × 6,8 cm

Nº **319,** 7 avril (suite)

B p. 92

Tous les peuples de la terre à la porte du maestro, le supplient de venir prophétiser ailleurs qu'à Berlin.
Bertall
6,7 × 8 cm

C p. 92

C'est la France, représentée par ces deux jolis garçons, qui obtient la préférence par la vertu de ce calembour : « Jean-Hus, le principal personnage de l'opéra, ne peut manquer de *ré-Hussite* à Paris. »
Bertall
6,7 × 7,5 cm

D p. 92

Les peuples désappointés se consolent en répétant le calembour et en le chantant sur l'air des Lampions, ce qui a fait beaucoup d'honneur aux directeurs de notre opéra, qui l'ont composé ensemble.
Bertall
6,6 × 7,6 cm

N° **319,** 7 avril (suite)

E p. 92

Cependant des personnages qui semblaient irréconciliables, en voyant la partition du *Prophète* se sont embrassés sous prétexte d'harmonie.
Bertall
6,7 × 5,9 cm

F p. 92

Malgré ces manifestations, M. Roqueplan décide M. Meyerbeer à accepter l'intervention des Romains, cette belle partie du public des premières représentations.
Bertall
6,5 × 8,7 cm

G p. 92

Les plus ingénieuses précautions sont prises aux répétitions pour s'assurer de la discrétion de messieurs les musiciens de l'orchestre.
Bertall
6,9 × 7,4 cm

N° **319,** 7 avril (suite)

H p. 92

Le corps de ballet qui n'adopte qu'avec une extrême froideur le divertissement du patin introduit dans l'Opéra, demande des *feux* exorbitants pour se livrer à cet exercice hyperboréen.
Bertall
6,5 × 6,5 cm

I p. 92

Le corps de ballet aux répétitions. — M. Roqueplan assure néanmoins qu'à la représentation tout ira comme sur des roulettes.
Bertall
6,8 × 8,3 cm

J p. 92

Aspect d'un danseur après la répétition du ballet des patins. — « Cependant, dit l'auteur, vous êtes invités à ne rien laisser transpirer. »
Bertall
6,6 × 5,7 cm

N° **319,** 7 avril (suite)

K p. 92

Pour l'exécution d'un chant des montagnes, les montagnards de l'Assemblée nationale qui vont se trouver sans ouvrage sur le pavé de Paris demandent à être engagés.
Bertall
6,5 × 6,2 cm

L p. 92

L'annonce de cette curiosité fait rechercher les places avec tant d'ardeur, qu'il devient imprudent de sortir le soir avec un coupon de loge dans son portefeuille.
Bertall
6,5 × 5,9 cm

M p. 92

Prophétie. — Le prophète possèdera pendant cent représentations successives une queue capable de voir, d'entendre et de sentir les beautés de la partition.
Bertall
6,7 × 5,3 cm

□ N° **320,** 14 avril : « Courrier de Paris. » (p. 99)

A p. 99

Mademoiselle Maria, de l'Académie nationale de musique.
Eustache Lorsay
10,6 × 7,5 cm

B p. 100

M. Darcier, chanteur à l'Estaminet lyrique.
Henri Valentin
14,2 × 11,8 cm

C p. 100

Estaminet lyrique du Passage Jouffroy.
Gustave Janet
15,3 × 12,7 cm

□ N° **320,** 14 avril (suite) : « La Polka en Angleterre. » [caricature] (p. 112)

D p. 112

[Danseurs de polka dans un salon anglais.]
14,1 × 16,6 cm

□ N° **321,** 21 avril : « Chronique musicale. » (p. 115)

A p. 116

Giacomo Meyerbeer.
13,7 × 12,7 cm

B p. 116

Madame Viardot-Garcia.
14 × 10,2 cm

N° **321,** 21 avril (suite)

C p. 116

M. Roger.
14,4 × 10,7 cm

☐ N° **322,** 28 avril : « Courrier de Paris. » (p. 131)

A p. 132

Théâtre de l'Opéra. — *Le Prophète*, 4e acte. — Couronnement de Jean de Leyde dans la cathédrale de Munster; — décoration de M. Cambon.
Henri Valentin
19 × 23 cm

☐ ———— « Lettres sur l'Inde. — Deuxième article. » (p. 135)

B p. 136

Procession de la déesse Kali.
Henri Valentin
14,9 × 22,8 cm

□ Nº **323,** 5 mai : « Saint-Pétersbourg monumental. » (p. 151)

A p. 153

Saint-Pétersbourg. — Le Grand-Théâtre.
11,6 × 22,5 cm

□ Nº **324,** 12 mai : [caricature non reliée à un article]

A p. 172

« Vous êtes invité à venir passer la soirée chez Madame***. — On fera de la musique et du thé. »
13,4 × 16,9 cm

□ Nº **325,** 19 mai : « Histoire de la Semaine. » (p. 177)

A p. 177

Entrée à Toulon par la porte de France du 6e bataillon de la garde mobile se rendant en Corse, d'après un croquis envoyé par M. Letuaire.
10,6 × 23,3 cm

☐ Nº **325,** 19 mai (suite) : « Courrier de Paris. » (p. 179)

B p. 181

Pose de la première pierre des cités ouvrières par monseigneur l'archevêque de Paris, le 8 mai 1849.
Henri Valentin
17 × 22,5 cm

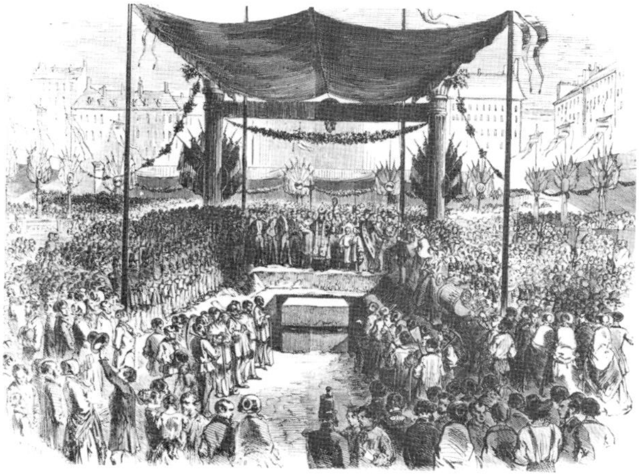

☐ Nº **329,** 16 juin : « Courrier de Paris. » (p. 243)

A p. 245

Nouvelle salle de spectacle élevée dans le jardin du Chalet aux Champs-Élysées.
15 × 14,8 cm

☐ Nº **330,** 23 juin : « Chronique musicale. » (p. 271)

A p. 272

Angelica Catalani, d'après un portrait peint en 1815 par Singry.
——33
13,6 × 12 cm

☐ N° **332,** 7 juillet : « Types populaires par M. Valentin. » (p. 304)

A p. 304

La chanteuse des rues.
Henri Valentin
13 × 10,1 cm

☐ N° **334,** 21 juillet : « Courrier de Paris. » (p. 327)

A p. 329

Gavarni à Londres. — À l'Opéra.
11,5 × 8,8 cm

☐ N° **335,** 28 juillet : « Salon de 1849. » (p. 339)

A p. 341

Salon de 1849. — [*Avant... la Soirée,*] tableau par M. Biard.
9,2 × 11,2 cm

☐ Nº **337,** 11 août : « Exposition de l'Industrie. Instruments de musique. » (p. 379)

A p. 380

Exposition des produits de l'Industrie. —
Instruments de musique.
22,9 × 5,6 cm

☐ Nº **339,** 25 août : « Courrier de Paris. » (p. 403)

A p. 404

Ce que l'on fait pour de l'argent.
A. Walcher
24,6 × 22,3 cm

□ N° **343,** 22 septembre : « Le Caucase pittoresque. » (p. 55)

A p. 56

Un jardin aux environs de Tiflis.
——[34]
16,5 × 22,3 cm

□ N° **346,** 13 octobre : « Chronique musicale. » (p. 99)

A p. 100

Théâtre de l'Opéra-Comique. — *La Fée aux Roses*. Acte 3ᵉ, scène dernière. — Décoration de MM. Cambon et Thierry. — Nérilha, madame Ugalde; Gulnare, mademoiselle Lemercier; Cadige, mademoiselle Meyer; le sultan, Audran; Atalmuc, Battaille; Aboulfaris, Sainte-Foix; Xaïtonne, Jourdan.
Janet Lange[34]
18,1 × 22,5 cm

□ ———— [gravure non reliée à un article]

B p. 112

L'Opéra à Genève en septembre 1849. — *Guillaume Tell*, acte deuxième. *Si parmi nous il est des traîtres !...* — Caricature par Stop.
17,6 × 15 cm

☐ N° **347,** 20 octobre : « Chronique musicale. » (p. 115)

A p. 116

Théâtre de l'Opéra. — *La Filleule des Fées*, ballet. — 1er tableau du 3e acte, décoration de M. Despléchin.
Janet Lange[16]
17,2 × 23 cm

☐ N° **348,** 27 octobre : « Frédéric Chopin. » (p. 144)

A p. 144

Frédéric Chopin, mort à Paris le 17 octobre 1849.
Jean-Auguste Marc d'après J. F. Antoine Bovy
11,8 × 11,5 cm

☐ N° **349,** 3 novembre : « Chronique musicale. » (p. 155)

A p. 156

Théâtre de l'Opéra. — Reprise du *Prophète*, acte 4e, scène dernière, M. Roger et madame Viardot.
Félix-Jean Gauchard
19,5 × 13,7 cm

□ N° **350,** 10 novembre : « Chronique musicale. » (p. 163)

A p. 164

Théâtre-Italien. — *I Capuletti*, acte IV, scène dernière. — Roméo, madame Angri; Giulietta, madame Persiani.
Henri Valentin
23,1 × 15,2 cm

□ N° **352,** 24 novembre : « Types grecs par Alexandre Bida. » (p. 196)

A p. 196

Famille grecque.
Alexandre Bida
14,8 × 11,2 cm

□ N° **353,** 1er décembre : « Courrier de Paris. » [caricatures] (p. 211)

A p. 213

Un acteur comique racontant comme quoi il était un des actionnaires présents à l'assemblée suivante.
13,6 × 17,3 cm

☐ Nº **354,** 8 décembre : « Courrier de Paris. » (p. 227)

A p. 228

Concert populaire donné dans la salle de la Fraternité, rue Martel, au profit des ouvriers constructeurs de la salle.
Henri Valentin
16 × 22,5 cm

☐ Nº **356,** 22 décembre : « Chronique musicale. » (p. 259)

A p. 260

Ronconi, rôle du comte de Chalaix dans *Maria di Rohan*.
11,3 × 10,2 cm

B p. 260

Ronconi, rôle de dom Taddeo dans l'*Italiana in Algeri*.
10,8 × 11 cm

N° **356,** 22 décembre (suite)

C p. 260

Ronconi, rôle de Dulcamara dans l'*Elisire d'Amore*.
11,5 × 9,8 cm

D p. 260

Ronconi, rôle du doge dans *I Due Foscari*.
12 × 10,7 cm

E p. 261

Lucchesi, rôle de Coraddino dans *Matilde di Shabran*.
14,7 × 11,7 cm

Nº **356,** 22 décembre (suite)

F p. 261

Mademoiselle Véra.
14,2 × 9,1 cm

G p. 261

Mademoiselle Angri.
13,4 × 9,8 cm

□ Nº **357,** 29 décembre : « Le théâtre d'Avignon. » (p. 277)

A p. 277

Nouveau Théâtre d'Avignon.
19,3 × 15 cm

☐ N° **359,** 12 janvier : « Aventures sentimentales et dramatiques de Mr Verdreau par Stop. » (p. 28)

A p. 29

Les arts sont un remède aux maux du cœur, l'âme de M. Verdreau trouve un écho dans celle de son instrument, qui fait pâmer d'aise son chat Nick.
Stop
9 × 9,3 cm

B p. 29

Pendant un point d'orgue où M. Verdreau intercale quelques soupirs, Nick hasarde une plaintive chromatique...
Stop
9 × 7,5 cm

C p. 29

Ce fut une révélation, et M. Verdreau se mit à roucouler comme le premier serin venu.
Stop
9,4 × 7,5 cm

Nº **359,** 12 janvier (suite)

D p. 29

Aussitôt un jeune et habile artiste lui compose une romance inédite du *Prophète* de Meyerbeer.
Sto-
9,2 × 7,4 cm

E p. 29

Avec accompagnement d'un tambour de basque.
9,5 × 7,5 cm

□ Nº **360,** 19 janvier : « Aventures de M. Verdreau, par Stop. » (p. 44)

A p. 44

Comme Orphée, dont la voix remuait des pierres, M. Verdreau remue et attire les plus insensibles.
Stop[16]
9,4 × 14,6 cm

N° **360,** 19 janvier (suite)

B p. 44

Nouvelle révélation d'un talent ignoré; M. Verdreau était né danseur.
Stop
9,4 × 6,7 cm

C p. 44

Ce fut alors la Polka...
Stop
9,2 × 7,3 cm

D p. 44

Avec de nouvelles figures...
Stop[16]
9 × 7,2 cm

N° **360,** 19 janvier (suite)

E p. 44

Les danses espagnoles...
Stop
9,1 × 6,7 cm

F p. 45

... Et le pas des Bayadères en costume national.
Stop
9,7 × 7,6 cm

❑ N° **361,** 26 janvier : « Aventures de M. Verdreau, par Stop. » (p. 60)

A p. 61

Un jour enfin, M. Verdreau endort un jeune artiste.
Stop
9,3 × 4,6 cm

Nº **361,** 26 janvier (suite)

B p. 61

Le jeune artiste joua pendant quatre heures de suite le *Trémolo* de Bériot.
Stop
9 × 4,8 cm

C p. 61

L'opération fut pénible pour les nerfs du jeune artiste...
Stop
9,8 × 7,5 cm

□ Nº **363,** 9 janvier : « Courrier de Paris. » (p. 83)

A p. 84

Bal à l'Ambassade Ottomane, le 1er février 1850.
Janet Lange
16,5 × 23,3 cm

☐ Nº **364,** 16 février : « Propos de Carnaval. — Souvenirs du Bal de l'Opéra en 1850, par Foulquier. » [caricatures] (p. 100)

A p. 100

— Dis donc, Titine, je ne sais pas où sont les deux autres, mais voilà bien une des trois *grasses* !
Jean-Antoine-Valentin Foulquier
14,2 × 11 cm

B p. 100

— Tu as trop bu de punch, ô Roméo !
Jean-Antoine-Valentin Foulquier
14,2 × 10,1 cm

C p. 100

— Eh ! Jolivet, tu n'es donc plus dans la nouveauté; tu donnes dans le bric-à-brac.
Jean-Antoine-Valentin Foulquier
14,9 × 10,7 cm

Nº **364,** 16 février (suite)

D p. 100

— Je croyais encore entendre ronfler les trombones; mais les trombones ont cessé de ronfler.
Jean-Antoine-Valentin Foulquier[16]
14,5 × 10,5 cm

□ ———— « L'hiver dans les Vosges. » (p. 103)

E p. 104

L'hiver dans les Vosges. — *La lourre*, veillée; par M. Valentin.
——[16]
14,7 × 23,3 cm

□ Nº **366,** 2 mars : « Chronique musicale. » (p. 133)

A p. 133

Théâtre de l'Opéra. — *Stella*, ballet. 2e acte, dernier tableau, décoration de M. Thierry et Cambon. — La Sicilienne, madame Cerrito et M. Saint-Léon.
Henri Valentin
14,2 × 22,9 cm

☐ Nº **367,** 9 mars : « Chronique musicale. » (p. 149)

A p. 149

Mademoiselle Teresa Parodi.
10 × 7,5 cm

B p. 149

Madame Sontag, comtesse Rossi.
Marie-Alexandre Alophe
12,5 × 11,2 cm

☐ Nº **369,** 23 mars : « Lettres sur l'Écosse. Suite... » (p. 183)

A p. 185

Écosse. — *Les joueurs de cornemuse*, dessin de Gavarni.
21,7 × 16 cm

□ Nº **369,** 23 mars (suite) : « Les Beaux-Arts travestis, — par Andrieux. » [caricatures] (p. 188)

B p. 188

La Musique.
Clément-Auguste Andrieux
15 × 10 cm

□ Nº **370,** 30 mars : « Étymologie illustrée des Sept Jours de la Semaine, par Stop. » [caricatures] (p. 205)

A p. 205

Dimanche *(dies Dominica)*.
Stop
9,4 × 10,4 cm

□ Nº **372,** 13 avril : « L'Olympe au coin de la rue, par Damourette et Th. Gersan. » [caricatures] (p. 236)

A p. 237

Te voilà donc, dieu déchu de la lyre !
Apollon, méprisé depuis que l'on sait lire !
Ton instrument ne rend qu'un son poussif,
Tes vers sont remplacés par le législatif.
Damourette
14 × 10,5 cm

□ N° **374,** 27 avril : « Courrier de Paris. » (p. 259)

A p. 261

Théâtre de la Reine, à Londres. — Mademoiselle Esther.
illisible
13,6 × 11,8 cm

B p. 261

Théâtre des Variétés. — *La petite Fadette*. 1er acte, la petite Fadette, mademoiselle Thuillier; Madelon, mademoiselle Morel; Landry, M. Pérey; Baucadet, M. Neuville.
Henri Valentin
11,6 × 17,2 cm

□ N° **376,** 11 mai : « L'Olympe au coin de la rue, par Damourette et Th. Gersan. (Suite.) » [caricatures] (p. 300)

A p. 301

Voilà ce qui charmait et faisait à la fois
Fuir le prudent Ulysse; aujourd'hui,
[je conçois
Les *sirènes* étant à celles-ci pareilles,
Que le prudent Ulysse eût peur pour
[ses oreilles.

Damourette
13 × 10,6 cm

☐ Nº **381,** 15 juin : « Journal d'un Colon. » (p. 375)

A p. 377

Promenades nocturnes et musicales des Espagnols.
Vivant Beaucé
11,9 × 15,2 cm

☐ Nº **382,** 22 juin : « Courrier de Paris. » (p. 387)

A p. 388

Théâtre de la Reine, à Londres. — *La Tempesta*, opéra de Scribe et Halévy. Lablache, rôle de Caliban, d'après un croquis de M. Régnier, de la Comédie française.
Henri Valentin
12,7 × 9 cm

☐ Nº **383,** 29 juin : « Les Steppes de la mer Caspienne. » (p. 407)

A p. 409

Danse kalmouke.
Henri Valentin
13,6 × 23,2 cm

☐ Nº **384,** 6 juillet : « La Saint-Éloi à Toulon. » (p. 7)

A p. 8

Fête de Saint-Éloi à Toulon. — Les aubades.
Janet Lange
12,7 × 13,4 cm

☐ Nº **387,** 27 juillet : « Chronique musicale. » (p. 59)

A p. 60

Théâtre de l'Opéra-Comique. — *Giralda, ou la nouvelle Psyché*. — 2e acte. Giralda, mademoiselle Félix Miolan; Manoël, M. Andran; Ginez, Sainte-Foix; le Roi, Bussine; don Japhet, Ricquier. Décoration de MM. Martin, Rubé et Nolau.
6,9 × 21,8 cm

☐ Nº **388,** 3 août : « Les Steppes de la mer Caspienne. » (p. 71)

A p. 73

Solennité religieuse chez les Kalmouks.
Henri Valentin
13,8 × 23,2 cm

□ N° **391,** 24 août : « Curiosités de l'Angleterre. V. Les tavernes. » (p. 119)

A p. 120

Taverne chantante dans le Strand.
14,3 × 23.8 cm

B p. 121

Taverne de matelots.
14,2 × 23,2 cm

□ N° **392,** 31 août : « Courrier de Paris. » (p. 131)

A p. 132

Parc d'Asnières. — Fête de l'Alliance des Lettres et des Arts. — Distribution des médailles aux députations d'orphéonistes des départements.
16,5 × 22,8 cm

□ Nº **400,** 26 octobre : « Courrier de Paris. » (p. 259)

A p. 260

Madame Branchu, rôle de la Vestale.
Geoffroy
14,3 × 13 cm

❐ Nº **403,** 16 novembre : « Chronique musicale. » (p. 309)

A p. 309

Ouverture du Théâtre-Italien. — Madame Sontag, rôle d'Amina dans la *Sonnambula*.
Janet Lange
18,5 × 15 cm

❐ Nº **404,** 23 novembre : « Courrier de Paris. » (p. 323)

A p. 324

Nouveau théâtre de Oriente à Madrid.
3,5 × 15,3 cm

Nº **404,** 23 novembre (suite)

B p. 325

Jenny Lind, d'après une épreuve photographique.
21,7 × 12,5 cm

C p. 325

Vente à l'encan des billets pour les représentations de Jenny Lind en Amérique.
8 × 17,5 cm

☐ ———— « *La Sonnambula* au Théâtre-Italien. — Croquis par Marcelin. » (p. 332)

D p. 332

[Dans la salle] Une Anglaise mélomane.
Marcelin
6 × 7,5 cm

N° **404,** 23 novembre (suite)

E p. 332

[Dans la salle] Brâââva, Brâââva !
Marcelin
5,3 × 7,1 cm

F p. 332

[Dans la salle] Deux ténors de société.
Marcelin
9,6 × 7,2 cm

G p. 332

[Dans la salle] Une loge découverte. — Lettre R.
Marcelin
5,8 × 7,5 cm

N° **404,** 23 novembre (suite)

H p. 332

[Dans la salle] Blasé.
Marcelin
5,6 × 7 cm

I p. 332

[Dans la salle] Qui n'y comprend rien.
Marcelin
4,5 × 4 cm

J p. 332

[Dans la salle] Des gens très-riches.
Marcelin
8,2 × 11,5 cm

ᴺ° **404,** 23 novembre (suite)

K p. 332

Dans la salle] Un monsieur qu'on lorgne.
Marcelin
,8 × 4,8 cm

L p. 332

Dans la salle] Petit chaperon rouge.
Marcelin
4 × 4,4 cm

M p. 332

[Dans la salle] Profil politique.
Marcelin
4,9 × 4,8 cm

Nº **404,** 23 novembre (suite)

N p. 332

[Dans la salle] Treizième arrondissement
Marcelin
10 × 11,7 cm

O p. 332

[Dans la salle] Wery well.
Marcelin
4,3 × 4,8 cm

P p. 332

[Dans la salle] D'après la bosse.
Marcelin
5 × 4,5 cm

N° **404,** 23 novembre (suite)

Q p. 333

[Sur la scène] *Maestro di capella.*
Marcelin
,5 × 5,2 cm

R p. 333

[Sur la scène] Prima donna.
Marcelin
,9 × 5,8 cm

S p. 333

[Sur la scène] Ténor.
Marcelin
0,1 × 4,6 cm

Nº **404,** 23 novembre (suite)

T p. 333

[Sur la scène] Bah, rit-on !
Marcelin
11,3 × 5 cm

U p. 333

[Sur la scène] La secunda donna.
Marcelin
6,6 × 5,4 cm

V p. 333

[Sur la scène] Valet et dame de chœurs.
Marcelin
6,5 × 11 cm

Nº **404,** 23 novembre (suite)

W p. 333

[Sur la scène] *Che vedo !* La confidente.
Marcelin
6,5 × 5,8 cm

X p. 333

[Dans les couloirs] La grande chartreuse.
Marcelin
9,4 × 11,4 cm

Y p. 333

[Dans les couloirs] Cavaliers à pied.
Marcelin
10 × 10,8 cm

☐ Nº **406,** 7 décembre : « Les tériakis et les fumeurs d'opium. » (p. 355)

A p. 356

Intérieur d'un établissement où l'on fume de l'opium.

____[5]

7,7 × 8 cm

☐ Nº **407,** 14 décembre : « Courrier de Paris. » (p. 371)

A p. 372

La Salle de bal à l'Hôtel-de-Ville.
Henri Valentin
18,3 × 26 cm

☐ ———— « Chronique musicale. » (p. 373)

B p. 373

Théâtre de l'Opéra. — *L'Enfant prodigue*. — 3e acte. — Décoration de MM. Cambon et Thierry. — Azaël, M. Roger; Nephté, madame Laborde; Bocchoris, M. Obin; Lia, mademoiselle Plunkett.
16,5 × 22,5 cm

□ Nº **408,** 21 décembre : « Chronique musicale. » (p. 388)

A p. 388

Mademoiselle La Grua, artiste du théâtre de Dresde.
illisible
14,3 × 11,3 cm

B p. 389

Madame Fiorentini, artiste du Théâtre-Italien.
20,5 × 12,2 cm

C p. 389

La loge de la Reine au théâtre de Oriente, à Madrid.
Vincente Urrabieta Ortiz
9,7 × 14,3 cm

☐ N° **408,** 21 décembre (suite) : « Actualités. — Caricatures par Stop. » (p. 396)

D p. 396

Stratagème employé par un dilettante pour entendre la première représentation de *l'Enfant prodigue*.
Stop
9,1 × 6,4 cm

E p. 396

Un chœur supprimé dans la partition.
Stop
8,9 × 7,6 cm

F p. 396

— J'arrive exprès de province pour voir *l'Enfant prodigue*. — Hélas ! mon bon, tous les enfants prodigues de Paris ayant voulu voir leur patron, les places sont retenues pour toutes les représentations.
Stop
9 × 7,6 cm

☐ N° **410,** 4 janvier : « Courrier de Paris. » (p. 3)

A p. 4

Restauration de la Salle du Gymnase.
Henri Valentin
17,3 × 13,6 cm

☐ ———— « Épiménide. » (p. 14)

B p. 16

À la mémoire de l'année 1850. — Priez pour elle.
Stop
17,7 × 22,7 cm

☐ N° **411,** 11 janvier : « Chronique musicale. » (p. 21)

A p. 21

Félix Godefroid.
14,7 × 11,6 cm

Nº **411,** 11 janvier (suite)

B p. 21

Théâtre de l'Opéra-Comique. — *La Dame de Pique*. — 2e acte, décoration de M. Nolau et Rubé. — La Princesse, madame Ugalde; Lisanka, mademoiselle Meyer; le prince Zizianow, M. Couderc.
Henri Valentin
14,8 × 22,7 cm

□ Nº **412,** 18 janvier : « Chronique musicale. » (p. 37)

A p. 37

Théâtre-Italien. — M. Duprez et mademoiselle Caroline Duprez.
21,1 × 14,7 cm

□ Nº **414,** 1er février : « Courrier de Paris. » (p. 67)

A p. 68

Bal donné le 25 janvier 1851 dans les galeries du bazar Bonne-Nouvelle par les associations réunies des artistes, peintres, sculpteurs et musiciens.
16,5 × 22,6 cm

□ N° **414,** 1er février (suite) : « Le jeune violoniste Julien, âgé de 10 ans, lauréat du Conservatoire de musique. » (p. 69)

B p. 69

[Portrait de Paul Julien]
13,8 × 10,3 cm

□ N° **415,** 8 février : « Courrier de Paris. » (p. 83)

A p. 84

Spontini.
8,6 × 6,8 cm

B p. 84

Fête annuelle des bouviers célébrée à Grenoble le 23 janvier, d'après un croquis de M. Gustave Vallier.
14,5 × 23 cm

□ Nº **415,** 8 février (suite) : « Salon de 1850. (4e article.) » (p. 87)

C p. 88

L'Ariero. — Souvenir de la Sierra-Nevada, tableau par M. Eugène Giraud.
14,3 × 10,6 cm

□ Nº **417,** 22 février : « Salon de 1850. (6e article.) » (p. 119)

A p. 121

Salon de 1850. — *Épisode du mariage d'Henry IV*, tableau par M. E Isabey.
Henri Valentin
13,5 × 17 cm

□ Nº **418,** 1er mars : « Courrier de Paris. » (p. 131)

A p. 133

Dona Petra Camara, première danseuse du théâtre de Madrid, dansant le pas du *Vito*, dans le ballet de la Foire de Séville; — d'après un dessin de M. de Ribellès.
Henri Valentin
24 × 22,4 cm

□ N° **418,** 1er mars (suite) : »Le Bal de l'Opéra en 1851, — par Marcelin. » [caricatures] (p. 140)

B p. 140

Le pékin sérieux, personnage muet.
Marcelin
4,2 × 3,5 cm

C p. 140

Le vieux pékin, père de famille, en goguette.
Marcelin
4,7 × 4,2 cm

D p. 140

Le pékin à la fleur de l'âge (en 2e au lycée Bonaparte).
Marcelin
4,2 × 3,3 cm

Nº **418,** 1er mars (suite)

E p. 140

Le pékin d'Allemagne.
Marcelin
4,5 × 3,8 cm

F p. 140

Le pékin d'Italie.
Marcelin
4,8 × 3,9 cm

G p. 140

Le pékin d'Angleterre.
Marcelin
5 × 3,6 cm

851 Volume XVII

N° **418,** 1er mars (suite)

H p. 140

Le fond de la langue. — Je te connais. — Non. — Si. — Non. — J'ai faim. — Zut.
Marcelin
6,9 × 5,4 cm

p. 140

Une femme charmante ou un homme charmant.
Marcelin
,6 × 4,7 cm

J p. 140

Le lion guettant sa proie.
Marcelin
7,2 × 5,1 cm

Nº **418,** 1er mars (suite)

K p. 140

Deux jeunes premiers.
Marcelin
7,5 × 7,8 cm

L p. 140

Comment font-ils donc pour s'amuser tant que ça là-dedans ?
Marcelin
6,8 × 4,2 cm

M p. 140

Escargotte sympathique et son escargot.
Marcelin
7,3 × 5

N° **418,** 1er mars (suite)

N p. 140

Les belles dents ! ! ! — C'est pour mieux manger, mon enfant.
Marcelin
6,8 × 6,2 cm

O p. 140

Le diable n'y perd rien.
Marcelin
6,6 × 7,1

P p. 140

Musard fils, successeur de son père.
Marcelin
7 × 4,5 cm

N° **418,** 1er mars (suite)

Q p. 140

Chef iroquois et ses gardes.
Marcelin
7,1 × 8 cm

R p. 140

Quand on jouit d'un beau torse.
Marcelin
7,1 × 2,5 cm

S p. 140

Nobles étrangers en costume de caractère.
Marcelin
7,7 × 7,4 cm

ᴶᵒ **418,** 1er mars (suite)

` p. 141

ᵖierrot philosophe.
ᴵarcelin
× 3,6 cm

J p. 141

ᵖierrot romain.
ᴵarcelin
× 4,1 cm

ᵛ p. 141

ᵖierrot napolitain.
ᴵarcelin
,7 × 3,5 cm

N° **418,** 1er mars (suite)

W p. 141

Pierrot français.
Marcelin
4,6 × 3 cm

X p. 141

Pierrot dandy.
Marcelin
5,1 × 4,1 cm

Y p. 141

Pierrot bourgeois.
Marcelin
5 × 4,7 cm

Nº **418,** 1er mars (suite)

Z p. 141

Civilité puérile d'un commissaire aux vivres à l'égard d'un hussard de la garde.
Marcelin
7 × 6,8 cm

AA p. 141

Orphelin.
Marcelin
7,2 × 3,1 cm

BB p. 141

Inspecteur du macadam.
Marcelin
8 × 3,4 cm

N° **418,** 1er mars (suite)

CC p. 141

Ah ça ! Pierrot, vous n'avez donc jamai[s]
vu une femme comme il faut ?
Marcelin
8 × 7,7 cm

DD p. 141

Moraliste.
Marcelin
5 × 3,5 cm

EE p. 141

Quand on a des épaules.
Marcelin
4,6 × 3,4 cm

N° **418,** 1er mars (suite)

FF p. 141

Quand on n'en a pas.
Marcelin
4,6 × 3 cm

GG p. 141

Philosophie éclectique sur un chapeau.
Marcelin
4,4 × 8,2 cm

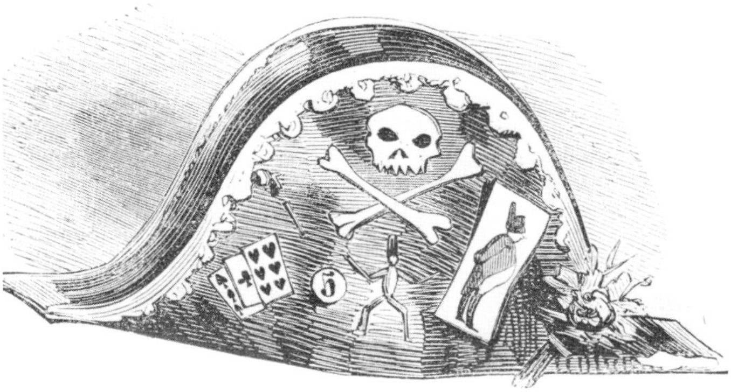

HH p. 141

Aide-moraliste.
Marcelin
5 × 4,2 cm

Nº **418,** 1er mars (suite)

II p. 141

5 heures $^{1}/_{2}$ du matin. Ces superbes chicards, qu'on voyait autrefois, Pleins d'une ardeur si noble, obéir à sa voix, L'œil morne, maintenant, et la tête baissée...
Marcelin
8 × 10 cm

JJ p. 141

6 heures du matin. Et nous n'en sortirons que par la force des baïonnettes.
Marcelin
8,3 × 11,8 cm

□ Nº **420,** 15 mars : « Chronique musicale. » (p. 175)

A p. 176

Moriani.
15 × 13.2 cm

□ Nº **422,** 29 mars : « Types de concerts, — par Marcelin. » [caricatures] (p. 205)

A p. 205

Ténor léger.
Marcelin
8,6 × 4,3 cm

B p. 205

Soprano aigu.
Marcelin
8,5 × 7,3 cm

C p. 205

Basse attaquant la note haute.
Marcelin
8 × 5,9 cm

N° **422,** 29 mars (suite)

D p. 205

Contralto en pleine maturité.
Marcelin
8,5 × 6,3 cm

E p. 205

Le Hautbois. Variation originale et entièrement inédite.
Marcelin
9,1 × 5,2 cm

F p. 205

Le Piano. Cet âge est sans pitié.
Marcelin
8,2 × 4,9 cm

Nº **422,** 29 mars (suite)

G p. 205

Le Violoncelle. Rend l'homme vertueux et demande un tempérament lymphatique.
Marcelin
9 × 6,2 cm

H p. 205

Le Cornet à piston. Convient aux caractères violents et aux marchands de robinets.
Marcelin
8,5 × 4,5 cm

I p. 205

Garniture de banquette. Six places à son premier concert envoyées par le jeune Picktouchmann, pianiste plein d'avenir.
Marcelin
7,3 × 22,7 cm

☐ Nº **424,** 12 avril : « Salon de 1850. (10ᵉ article.) Sculpture. » (p. 231)

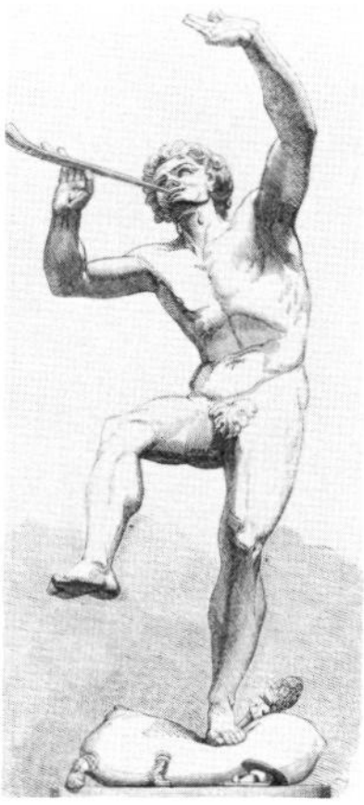

A p. 232

Faune dansant, statue en plâtre, par M. Lequesne.
17,2 × 8,3 cm

☐ ———— « Chronique musicale. » (p. 237)

B p. 237

Buste de madame Malibran, par M. Ch. de Bériot.
____[35]
12,5 × 7,2 cm

C p. 237

Statue de Geefs sur le tombeau de madame Malibran.
____[1,2,36]
13,6 × 6,2 cm

Nº **424,** 12 avril (suite)

D p. 237

Tombeau de madame Malibran dans le cimetière de Laeken.
11,5 × 7,4 cm

E p. 237

Ch. de Bériot.
13,7 × 10,5 cm

□ Nº **426,** 26 avril : « Chronique musicale. » (p. 259)

A p. 260

Théâtre de l'Opéra. — *Sapho*. — 1er acte, — décoration de M. Séchan. — Sapho, madame Viardot; Phaon, M. Gaymard; Pytheas, M. Brémond; Alcée, M. Marié.
Henri Valentin
15,1 × 22,3 cm

☐ Nº **426,** 26 avril (suite) : « La journée d'un Cavalier. » (p. 263)

B p. 264

La cavalerie en paix. — Le réveil.

____37

7,7 × 9,8 cm

☐ Nº **427,** 3 mai : « Polka, par Monsieur Marcailhou. » [pièce pour piano ornée de deux illustrations] (p. 284)

A p. 284

[Bal en plein air]
Henri Valentin
6 × 22 cm

B p. 285

Fête de mariage en Bretagne, tableau par Goodall.
14,9 × 21 cm

□ Nº **431,** 31 mai : « Une salle de théâtre inconnue à Paris. » (p. 339)

A p. 340

Vue intérieure du nouveau théâtre construit par M. Barthélemy, rue Neuve-Saint-Nicolas à Paris.
Édouard Renard, Henri Valentin
24,3 × 22,1 cm

□ Nº **433,** 14 juin : « Chronique musicale. » (p. 371)

A p. 372

Théâtre de l'Opéra-Comique. — *Raymond*, 2e acte. — Scène de la pastorale.
18 × 22,3 cm

□ ________ « Exposition universelle (p. 379)... Sculptures en bois. M. Geerts, de Louvain. » (p. 381)

B p. 381

Anges en adoration devant la Vierge, groupe sculpté par M. Geerts, de Louvain.
13 × 9,9 cm

□ N° **435,** 28 juin : « Entrée d'un nouvel Alexandre dans une Babylone moderne. » (p. 416)

A p. 416

Procession d'éléphants à New-York, d'après un dessin envoyé par M. Victor Prévost.
Eugène Forest
12,7 × 23 cm

☐ Nº **436,** 5 juillet : « Chronique musicale. Grand Festival de Lille. » (p. 15)

A [p. 1]

Grand Festival donné par la ville de Lille les 29, 30 juin, 1er et 2 juillet 1851.
30
18 × 22,5 cm

☐ ———— « La Fête-Dieu à Aix et à Marseille. » (p. 7)

B p. 9

Cérémonies de la Fête-Dieu à Aix. — Consécration des jeux dans l'église de Saint-Sauveur, d'après un croquis envoyé par M. H. Révoil.
14,6 × 10,6 cm

☐ Nº **439,** 26 juillet : « Fête de l'indépendance aux États-Unis, anniversaire du 4 juillet 1776. » (p. 55)

A p. 56

Défilé des milices américaines, d'après un dessin de M. Victor Prevost.
Janet Lange
8,1 × 22,3 cm

□ Nº **439,** 26 juillet (suite) : « Les fêtes écossaises à Holland-House (Kensington). » (p. 59)

B p. 60

Fête écossaise à Holland-parc (Kensington). — La danse des claymores.
Vivant Beaucé
9,3 × 12,2 cm

□ ———— « Comme on fait son lit on se couche. — Moralité. » (p. 61)

C p. 61

[Femme au piano avec admirateur]
4,6 × 7 cm

□ Nº **444,** 30 août : « Mœurs et coutumes du Berry. » (p. 135)

A p. 136

La bourrée. — Dessin de M. Maurice Sand.
______[38]
13,2 × 14,6 cm

N° **444,** 30 août (suite)

B p. 137

.a fête du chou. — Dessin de M. Maurice Sand.

____38

7,3 × 13,3 cm

☐ ________ « Les théâtres à New-York. Castle-Garden et l'Opéra-Italien... » (p. 139)

C p. 140

Castle-Garden. — Théâtre-Italien de New-York, vue extérieure, d'après un dessin de M. Th. Lacombe.

____39

0,5 × 21,8 cm

D p. 140

Castle-Garden. — Vue intérieure de la salle, d'après un dessin de M. Th. Lacombe.

5,2 × 22,7 cm

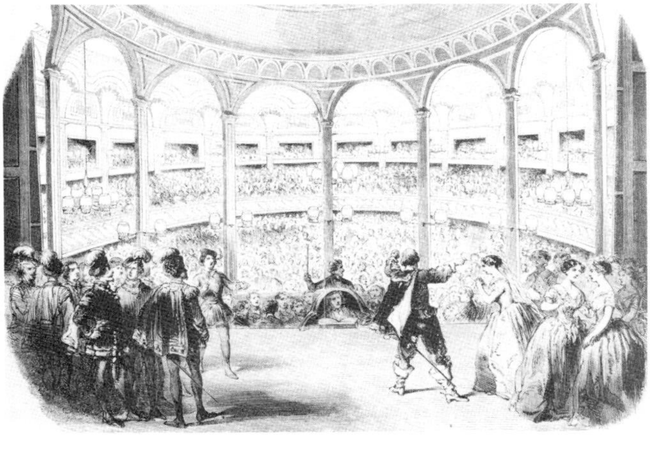

☐ N° **444,** 30 août (suite) : « 30 août. — La fête des Jardiniers. — Légende de saint Fiacre. » (p. 141)

<u>**E** p. 141</u>

La Saint-Fiacre. — Le cortège se rendan
à l'église.
Jean-Auguste Marc
13,3 × 22,4 cm

☐ N° **445,** 6 septembre : « Les Chinois aux Variétés, — par Marcelin. » [caricatures] (p. 149)

<u>**A** p. 149</u>

Le théâtre représente le couvercle de votr
boîte à thé.
Marcelin
8,8 × 22,6 cm

<u>**B** p. 149</u>

Mélodie chinoise, paroles et musique de
Confucius.
Marcelin
1,7 × 6,9 cm

N° **445,** 6 septembre (suite)

C p. 149

.e fond de la musique chinoise.
Marcelin
,6 × 7,5 cm

☐ ________ « Scènes de mœurs arabes. » (p. 151)

D p. 153

Soirée sous la tente.
Henri Valentin[40]
,5 × 13,6 cm

☐ N° **446,** 13 septembre : « Scènes de mœurs arabes. » [suite] (p. 167)

A p. 168

Danses arabes.
Henri Valentin
,3 × 22,6 cm

Nº **446,** 13 septembre (suite)

B p. 169

Les Ghellabs.
Henri Valentin
12 × 12,9 cm

☐ Nº **449,** 4 octobre : « Chronique musicale. » (p. 219)

A p. 220

Mademoiselle Alajino.
11,8 × 12 cm

☐ Nº **452,** 25 octobre : « Courrier de Paris. » (p. 259)

A p. 260

Incendie du théâtre de San-Pedro d'Alcantara à Rio-Janeiro, le 9 août 1851.
11,3 × 15,6 cm

□ Nº **456,** 22 novembre : « La Reine de Chypre, les acteurs et les spectateurs, — par Marcelin. » [caricatures] (p. 332)

A p. 332

Métronome frappant... de ressemblance du chef d'orchestre de l'Opéra.
Marcelin
3,2 × 4,8 cm

B p. 332

Beau page ! mon beau page ! quell' culott' vous portez !
Marcelin
6,2 × 3,7 cm

C p. 332

Ce qui manque aux premiers sujets de l'Opéra, ce n'est pas l'ampleur.
Marcelin
11 × 12,7 cm

N° **456,** 22 novembre (suite)

D p. 332

Divertissement nouveau, réglé par M. Saint-Léon.
Marcelin
3,6 × 4,8 cm

E p. 332

De l'ostéologie dans ses rapports avec l'Opéra.
Marcelin
6 × 4,7 cm

F p. 333

Hommes d'armes, d'après Gaignières.
Marcelin
3,3 × 5 cm

Nº **456,** 22 novembre (suite)

G p. 333

Dame noble.
Marcelin
6,1 × 4,2 cm

H p. 333

Des chevaliers français, Massol est le modèle.
Marcelin
11,1 × 12,5 cm

I p. 333

Conseil tenu par les sénateurs.
Marcelin
5,3 × 5 cm

Nº **456,** 22 novembre (suite)

J p. 333

Gentilhomme Cypriote.
Marcelin
6,1 × 4,4 cm

K p. 332

[Comment le Roy et la Royne de l'isle de Chypre s'en vont à la messe.] Messieurs les sénateurs de Venise.
Marcelin
6,7 × 4,6 cm

L p. 332

[Comment le Roy et la Royne de l'isle de Chypre s'en vont à la messe.] Messieurs les officiers de la bouche.
Marcelin
6,1 × 7,7 cm

Nº **456,** 22 novembre (suite)

M p. 332

[Comment le Roy et la Royne de l'isle de Chypre s'en vont à la messe.] Le Roy et La Royne.
Marcelin
6,3 × 7,1 cm

N p. 332

[Comment le Roy et la Royne de l'isle de Chypre s'en vont à la messe.] Les pages.
Marcelin
5,1 × 5 cm

O p. 333

[Comment le Roy et la Royne de l'isle de Chypre s'en vont à la messe.] Messieurs les marguilliers de la paroisse.
Marcelin
6,6 × 5,7 cm

Nº **456,** 22 novembre (suite)

c.

P p. 333

[Comment le Roy et la Royne de l'isle de Chypre s'en vont à la messe.] Les acolytes.
Marcelin
4,9 × 3,3 cm

Q p. 333

[Comment le Roy et la Royne de l'isle de Chypre s'en vont à la messe.] Les hallebardiers.
Marcelin
6,4 × 6,6 cm

R p. 333

[Comment le Roy et la Royne de l'isle de Chypre s'en vont à la messe.] Messire le connétable.
Marcelin
6,4 × 2,8 cm

Nº **456,** 22 novembre (suite)

S p. 333

[Comment le Roy et la Royne de l'isle de Chypre s'en vont à la messe.] Les sonneurs de trompe.
Marcelin
6,1 × 3,6 cm

T p. 332

À l'Opéra par intérim.
Marcelin
6,6 × 5,1 cm

U p. 332

La conquête de l'Angleterre par X...
Marcelin
5,3 × 5,3 cm

Nº **456,** 22 novembre (suite)

V p. 332

Rodogune ! Eldegonde !
L'une brune, l'autre blonde !
(Gaietés champêtres.)
Marcelin
6,6 × 6,1 cm

W p. 332

Robinson Crusoé.
Marcelin
6,5 × 5 cm

X p. 333

Le philosophe sans le savoir.
Marcelin
7,3 × 7,2 cm

° **456,** 22 novembre (suite)

p. 333

ions de France et d'Afrique nés à la mé-
agerie. — Il est expressément défendu
'exciter ces animaux féroces.
Iarcelin
,3 × 14,5 cm

p. 333

insi finit la comédie.
Iarcelin
,3 × 5,2 cm

N° **458,** 6 décembre : « Les Cafés chantants. » (p. 363)

p. 364

e ténor.
,7 × 7,1 cm

Nº **458,** 6 décembre (suite)

B p. 364

La prima donna.
4,8 × 11 cm

C p. 364

Le baryton.
9,8 × 4,8 cm

D p. 364

L'orchestre.
10 × 14,8 cm

° **458,** 6 décembre (suite)

p. 365

a marchande de bouquets.
1 × 5 cm

p. 365

es habitués.
5 × 10,2 cm

p. 365

e garçon de café.
× 4,7 cm

Nº **458,** 6 décembre (suite)

H p. 365

Les consommateurs.
14,8 × 10,6 cm

☐ Nº **459,** 13 décembre : « Théâtre de l'Opéra. — *Vert-Vert*, ballet. — Analyse par Marcelin. » [caricatures] (p. 380)

A p. 380

À la faveur d'habits masculins, trois pages se glissent chez les filles d'honneur de la reine.
Marcelin
6 × 8,3 cm

B p. 380

Mais madame de Navailles arrive à temps.
Marcelin
6,5 × 8,4 cm

N° **459,** 13 décembre (suite)

C p. 380

Ce qui permet à la jeune Blanche de venir pleurer son perroquet, mort à la fleur de l'âge.
Marcelin
6,4 × 4,9 cm

D p. 380

S'il est mort, il faut l'enterrer.
« Il est porté-z-en terre
« Par quatre-z-officières. »
Marcelin
6 × 6,3 cm

E p. 380

Entre le vicaire de Wakefield suivi de Vert-Vert, son élève.
Marcelin
5,9 × 6,5 cm

Nº **459,** 13 décembre (suite)

F p. 380

Vert-Vert galant.
Marcelin
14 × 9,6 cm

G p. 380

Auquel Vert-Vert ces demoiselles font mille amabilités. Blanche reporte sur lui toute l'affection qu'elle avait vouée à son perroquet.
Marcelin
6 × 6,é cm

H p. 380

Mais Vert-Vert part pour un long voyage; Blanche se décide à fuir pour finir ses malheurs et le premier acte.
Marcelin
5,6 × 6,5 cm

Nº **459,** 13 décembre (suite)

I p. 380

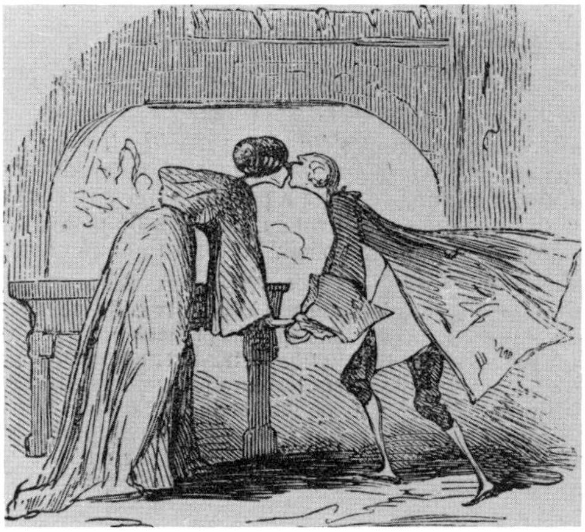

Bonheur de se revoir après 20 minutes d'absence.
Marcelin
,1 × 6,4 cm

J p. 380

Arrive dans la même auberge qui a réuni es amants, une troupe de comédiens nonades.
Marcelin
,8 × 10,2 cm

K p. 380

Dont le directeur paraît mécontent. Sa première danseuse a mal au pied, Blanche offre de la remplacer.
Marcelin
,2 × 5,5 cm

Nº **459,** 13 décembre (suite)

L p. 381

Une foule de naïfs villageois vient assister à la représentation.
Marcelin
5,7 × 6,5 cm

M p. 381

Sous la surveillance de la marétropchaussée.
Marcelin
6,5 × 4,6 cm

N p. 381

À la suite de ce pas, Vert-Vert met le comble à ses forfaits en culottant une pipe.
Marcelin
6,2 × 4,7 cm

Nº **459,** 13 décembre (suite)

O p. 381

Mais un crime toujours amène un commissaire. Celui-ci fait reconduire Blanche chez les filles d'honneur.
Marcelin
6 × 6,2 cm

P p. 381

Mais Vert-Vert s'empare de la clef du dortoir, qui se trouve par hasard dans la poche de son précepteur.
Marcelin
5,7 × 6,2 cm

Q p. 381

Blanche la brune.
Marcelin
13,4 × 9,7 cm

N° **459,** 13 décembre (suite)

R p. 381

À l'aide de cette clef, Vert-Vert et quelques-uns de ses amis pénètrent dans le dortoir.
Marcelin
5,5 × 6,6 cm

S p. 381

Mais l'attitude fière et résignée de ces demoiselles leur donne à réfléchir. Qui s'y frotte s'y pique.
Marcelin
5,8 × 6,6 cm

T p. 381

Si bien que tout finit par un mariage.
Marcelin
5,7 × 5,6 cm

Nº **459,** 13 décembre (suite)

U p. 381

Célébré par des réjouissances avec calottes de satin bleu.
Marcelin
6,4 × 9,6 cm

V p. 381

Terminé par un pas politique en faveur de la Hongrie.
Marcelin
6,7 × 5,9 cm

□ N° **463,** 10 janvier : « Le retour du carnaval et des bals de l'Opéra, par Valentin. » [caricatures] (p. 21)

A p. 21

L'esprit de ces aimables vivants se trouve chez le marchand de vin.
Henri Valentin
7 × 8 cm

B p. 21

Qui du prix d'une course de voiture 1 50
Ôte le prix du cirage 10
Reste à consommer 1 40
Henri Valentin
7 × 6,6 cm

C p. 21

Au bureau, 10 fr. — Chez le coiffeur, 6 fr. 50 le billet d'entrée et le coup de peigne par dessus le marché.
Henri Valentin
7 × 8 cm

Nº **463,** 10 janvier (suite)

D p. 21

La danse nouvelle.
Henri Valentin
6 × 5,5 cm

E p. 21

Après une polka.
Henri Valentin
7,3 × 7,6 cm

F p. 21

[Scène de carnaval.]
Henri Valentin
16,2 × 11,8 cm

Nº **463,** 10 janvier (suite)

G p. 21

Autre espèce de danse.
Henri Valentin
5,9 × 5,6

H p. 21

Après le bal.
Henri Valentin
7,1 × 5,9 cm

I p. 21

Celui qui ne s'est jamais amusé.
Henri Valentin
8,5 × 6,5 cm

Nº **463,** 10 janvier (suite)

J p. 21

Suites d'une contredanse orageuse.
Henri Valentin
6,8 × 6 cm

K p. 21

L'œil de la Providence.
Henri Valentin
5,7 × 4,6 cm

L p. 21

Celui qui s'est trop amusé.
Henri Valentin
8,1 × 5,1 cm

☐ Nº **463,** 10 janvier (suite) : « Les montagnards des Vosges. » (p. 23)

M p. 25

L'appariteur de village.
Henri Valentin
14,5 × 10,5 cm

☐ Nº **465,** 24 janvier : « Mascate et son imam. » (p. 53)

A p. 53

Danse de nègres à Mascate.
11,4 × 15,4 cm

☐ Nº **468,** 14 février : « Le bal à Paris. — Caricatures, par Cham. » (p. 109)

A p. 109

Madame, les musiciens demandent encore à boire. — Ces gaillards-là croient donc qu'on les paye pour faire danser mes bouteilles.
Cham
8,7 × 7,4 cm

□ N° **469,** 21 février : « Une fête publique à Haïti. » (p. 123)

A p. 124

Danse du vaudou.
10,7 × 14,6 cm

□ N° **475,** 3 avril : « Chronique musicale. » (p. 219)

A p. 220

H. Léonard.
Jean-Auguste Marc
14,8 × 10,3 cm

B p. 220

Mlle Wilhelmine Clauss.
Jean-Auguste Marc
15 × 15,2 cm

□ N° **476,** 10 avril : « Courrier de Paris. » (p. 227)

A p. 229

Les chanteurs de Pâques en Normandie.
Henri Valentin
17,6 × 15 cm

□ N° **479,** 1er mai : « Chronique musicale. » (p. 279)

A p. 280

Théâtre de l'Opéra. — Mlle Emmi La Grua. — Rôle d'Irène, dans le *Juif Errant*. — Dessin de Marc, gravure de Fessart.
14,5 × 11,3 cm

B p. 280

Théâtre de l'Opéra. — Le *Juif Errant*. — Troisième acte. Décoration de M. Cambon. — Dessin de Janet-Lange; gravure de Best, Hotelin et Regnier.
22,5 × 15,5 cm

] N° **480,** 8 mai : « Inauguration d'un théâtre à Étampes, le dimanche 2 mai. » (p. 292)

p. 292

Iouveau théâtre d'Étampes. Élévation de
façade. — Dessin de Marc; gravure
e Best, Hotelin et Cie.
0 × 17 cm

p. 292

ıauguration du nouveau théâtre
'Étampes, le 2 mai 1852. — Dessin de
enard et Valentin; gravure de Best, Ho-
elin et Cie.
6,5 × 15,9 cm

] ———— « Le secret de la comédie, par Eustache Lorsay. — Gravure de M. Adrien Lavieille. » [caricatures] (p. 300)

p. 300

Avant-scène.] Le manuscrit revient de la
ensure.
ustache Lorsay[38]
,5 × 5,5 cm

N° **480,** 8 mai (suite)

D p. 300

[Avant-scène.] *L'Affiche*. Mettez des caractères plus gros.
Eustache Lorsay[38]
6,5 × 4,2 cm

E p. 300

[Avant-scène.] Défense aux acteurs de fumer dans leurs loges.
Eustache Lorsay[38]
6,5 × 5,7 cm

F p. 300

[Avant-scène.] Un auteur voudrait parler au directeur.
Eustache Lorsay[38]
6,2 × 4,5 cm

ᴺº **480,** 8 mai (suite)

ᴳ p. 300

Avant-scène.] Une pièce reçue à condi-
ion... que l'auteur n'en fera plus.
ᴱustache Lorsay[38]
,5 × 7 cm

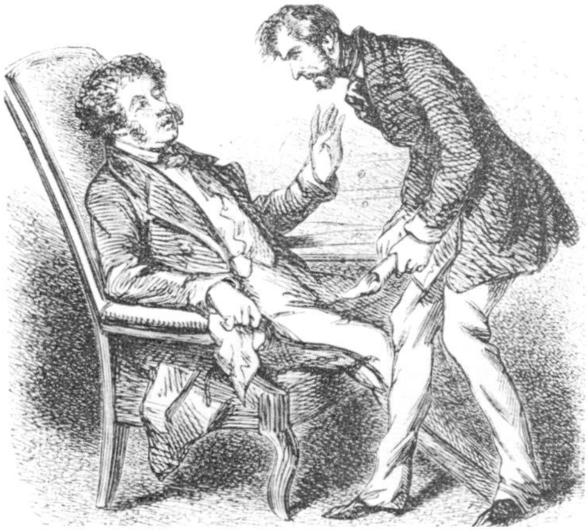

I p. 300

Avant-scène.] Antichambre du direc-
eur. — Le chef de claque n'attend pas.
ᴱustache Lorsay[38]
,6 × 3,8 cm

p. 300

Avant-scène.] *Instruction :* Applaudir
vant la fin de l'air; le ténor ne donnera
pas la note.
ᴱustache Lorsay[38]
,5 × 4,3 cm

Nº **480,** 8 mai (suite)

J p. 300

[Avant-scène.] Directeur de la scène, ré-gisseur et acteur, jouant tous les rôle dans le même costume.
Eustache Lorsay[38]
6,6 × 5,2 cm

K p. 300

[Répétitions.] L'acteur en retard qui s'es oublié au café.
Eustache Lorsay[38]
6,5 × 4,8 cm

L p. 300

[Répétitions.] Le régisseur à la jeune première : Faites donc la révérence, en refusant la politesse de M. le comte.
Eustache Lorsay[38]
6,5 × 5,8 cm

º **480,** 8 mai (suite)

I p. 300

Répétitions.] Répétition avec les accessoires et la figuration.
ustache Lorsay[38]
,6 × 6,9 cm

N p. 300

[Répétitions.] 4 heures sur ses jambes à a répétition; 5 actes à jouer le soir; s'habiller 7 fois. Métier de fainéant ! disent-ils.
Eustache Lorsay[38]
,4 × 7,8 cm

O p. 300

Variétés historiques.] Le chef de claque à a répétition générale.
ustache Lorsay[38]
,5 × 6,8 cm

Nº **480,** 8 mai (suite)

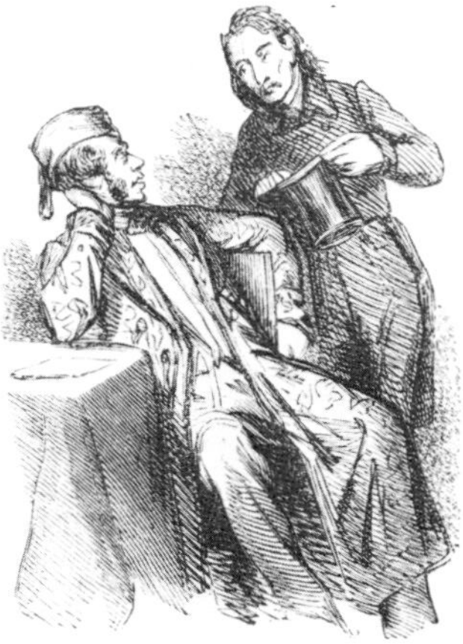

P p. 300

[Variétés historiques.] Le chef de claque chez lui.
Eustache Lorsay[38]
6,2 × 4,3 cm

Q p. 300

[Variétés historiques.] Les collaborateurs : Le petit a fait la pièce; il ne sera pas nommé.
Eustache Lorsay[38]
6,7 × 6,3 cm

R p. 300

[Variétés historiques.] Le directeur conseille à l'acteur malade 40 sangsues, afin de le rendre dispos pour le lendemain.
Eustache Lorsay[38]
6,3 × 3,3 cm

Nº **480,** 8 mai (suite)

S p. 301

[Le café des claqueurs.] Le lieutenant.
Eustache Lorsay[38]
6,1 × 3,2 cm

T p. 301

[Le café des claqueurs.] L'*Intime*. — Claqueur non payant.
Eustache Lorsay[38]
5,7 × 3,5 cm

U p. 301

[Le café des claqueurs.] Le *Lavable*. — Claqueur payant moitié prix.
Eustache Lorsay[38]
6,5 × 4 cm

Nº **480,** 8 mai (suite)

V p. 301

[Le café des claqueurs.] Le *Solitaire*. — Achète un billet de claqueur, mais n'est pas tenu d'applaudir.
Eustache Lorsay[38]
6,5 × 4 cm

W p. 301

[Le café des claqueurs.] La *Consigne*. Celui qui fera un signe d'improbation… enlevé !
Eustache Lorsay[38]
5,8 × 5 cm

X p. 301

[Le café des claqueurs.] Celui qui crie à la porte. — Le rieur. — Le pleureur.
Eustache Lorsay[38]
6,5 × 5,3 cm

N° **480,** 8 mai (suite)

Y p. 301

[Derrière le rideau.] L'armurier n'a pas livré les armes. — On jouera sans épée. — Mais il y a un duel.
Eustache Lorsay[38]
6,6 × 6,1 cm

Z p. 301

[Derrière le rideau.] Je n'ai pas encore ma culotte, et je suis de la troisième scène.
Eustache Lorsay[38]
6,6 × 4,6 cm

AA p. 301

[Derrière le rideau.] Une poupée bien habillée; on lui coud sa robe sur le corps.
Eustache Lorsay[38]
6,5 × 6,5 cm

N° **480,** 8 mai (suite)

BB p. 301

[Derrière le rideau.] Au trou du rideau : Tiens, v'là Jules Janin ! — Où ça ?
Eustache Lorsay[38]
6 × 4,7 cm

CC p. 301

[Physionomies diverses.] Figurant du Cirque condamné aux Autrichiens, par punition.
Eustache Lorsay[38]
6,6 × 4,4 cm

DD p. 301

[Physionomies diverses.] Celui qui aboie, qui imite le chant du coq et le cri de l'âne dans la cantonnade.
Eustache Lorsay[38]
6,2 × 3,3 cm

Nº **480,** 8 mai (suite)

EE p. 301

[Physionomies diverses.] Un marquis du théâtre Lazari.
Eustache Lorsay[38]
6 × 3,2 cm

FF p. 301

[Physionomies diverses.] Le dernier des Frontins.
Eustache Lorsay[38]
6,6 × 2,5 cm

GG p. 301

[Physionomies diverses.] Le tambour du *Chalet*.
Eustache Lorsay[38]
5,5 × 2 cm

N° **480,** 8 mai (suite)

HH p. 301

[Physionomies diverses.] Un honnête homme qui s'est fourvoyé au milieu des claqueurs.
Eustache Lorsay[38]
6,1 × 6,2 cm

II p. 301

[Auteurs et journalistes.] Deux lieues dans les coulisses, pendant la 1re représentation de sa pièce.
Eustache Lorsay[38]
6,4 × 3,1 cm

JJ p. 301

[Auteurs et journalistes.] Celui-ci se grise au café.
Eustache Lorsay[38]
5,5 × 4 cm

Nº **480,** 8 mai (suite)

KK p. 301

[Auteurs et journalistes.] Cet autre assiste à la représentation.
Eustache Lorsay[38]
5,5 × 2,6 cm

LL p. 301

[Auteurs et journalistes.] Un quatrième part pour la campagne.
Eustache Lorsay[38]
6,2 × 4,7 cm

MM p. 301

[Auteurs et journalistes.] Le journaliste qui doit rendre compte de la pièce fume son cigare sur le boulevard.
Eustache Lorsay[38]
,7 × 2,1 cm

Nº **480,** 8 mai (suite)

NN p. 301

[Auteurs et journalistes.] Succès; on s'embrasse. 200 fr. de recette à la seconde représentation.
Eustache Lorsay[38]
5,7 × 4,6 cm

□ Nº **482,** 22 mai : « Courrier de Paris. » (p. 339)

A p. 340

Représentation sur le théâtre des Tuileries, le 12 mai 1852. — Dessin de Valentin; gravure de Best, Hotelin et Cie.
23,7 × 18,8 cm

□ Nº **484,** 5 juin : « Histoire de la semaine. » (p. 369)

A p. 369

Assemblée politique à Posieux, canton de Fribourg, le 24 mai 1852. — Dessin de Janet-Lange; gravure de Best, Hotelin et Cie.
16,9 × 22,2 cm

] N° **484,** 5 juin (suite) : « Les Fêtes de charité à Bordeaux. (2, 3 et 4 mai 1852.) » (p. 374)

B p. 376

Entrée de la salle de bal.
,3 × 12,5 cm

C p. 377

La salle de bal.
,4 × 12,8 cm

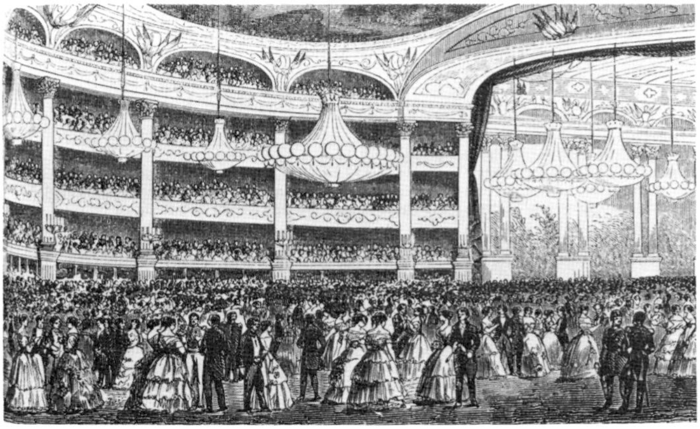

□ N° **490,** 17 juillet : « Histoire de la Semaine. » (p. 33)

A p. 33

Les élections en Angleterre. — Dessin de Janet-Lange; gravure de Best, Hotelin et Cie.
15,4 × 22,8 cm.

□ ———— « *Souvenirs d'Égypte*, par Alex. Bida et E. Barbot. Album in-folio, composé de 25 planches, costumes et paysages lithographiés à deux teintes par A. Bida et Eugène Ciceri. Paris, 1852; Gihaut et Hauser. » (p. 37)

B p. 37

Joueuse de tarabouka. [Dessin de Bida; gravure de Fessart.]
16 × 8,2 cm

C p. 37

Danseuse (almée). [Dessin de Bida; gravure de Fessart.]
15,7 × 8,5 cm

N° **491,** 24 juillet : « Le Royaume de Dahomey. Relation du voyage de M. le lieutenant de vaisseau Auguste Bouët, envoyé en mission près du roi de Dahomey, en mai 1851. (Suite.) » (p. 59)

p. 60

ıstruments de musique guerrière.
enri Valentin d'après Auguste Bouët
1 × 7,5 cm

N° **492,** 31 juillet : « Les Charmettes. » (p. 69)

p. 69

Ime de Warens. — Dessin de Marc; gra-
ıre de Best, Hotelin et Cie.
1,5 × 7,9 cm

N° **493,** 7 août : « Bortniansky, compositeur russe. » (p. 95)

p. 96

ortniansky, compositeur russe. — Des-
n de Marc; gravure de Best, Hotelin et
ie.
4,5 × 11,5 cm

☐ Nº **496,** 28 août : « Funérailles de Henry Clay. » (p. 129)

A p. 129

Obsèques de M. Henry Clay, à New York. — Dessin de M. Forest, d'aprè M. Yan Dargent.
17,4 × 19 cm

☐ Nº **497,** 4 septembre : « Histoire de la semaine. » (p. 145)

A p. 145

Inauguration de la statue du marécha Bugeaud, à Alger, le 14 août 1852, — Dessin de Janet-Lange, d'après M. Ch. Ameller; gravure de Best et Hotelin.
17,2 × 22,5 cm

☐ ———— « Paris la nuit, par Eustache Lorsay. » [caricatures] (p. 156)

B p. 157

Le chanteur de salon revenant d'une soirée bourgeoise.
Eustache Lorsay
7,2 × 7,1 cm

] N° **499,** 18 septembre : « Histoire de la semaine. » (p. 177)

. p. 177

ête de nuit offerte par les amiraux et commandants de l'escadre d'évolution, à 'aples, le 24 août.
6,3 × 22,8 cm

] ———— « Congrès de troubadours provençaux dans la ville d'Arles. » (p. 179)

; p. 180

'astil-Blaze.
× 8,2 cm

] N° **503,** 16 octobre : « Voyage du Président de la République. Quatrième semaine. » (p. 247)

. p. 249

'oncert nocturne sur la place du Capitole, Toulouse.
6,2 × 22,3 cm

☐ Nº **505,** 30 octobre : « Courrier de Paris. » (p. 275)

A p. 273

Représentation extraordinaire à la Comédie-Française, le 22 octobre 1852.
19 × 23 cm

☐ Nº **506,** 6 novembre : « Courrier de Paris. » (p. 291)

A p. 289

Abd-el-Kader rendant visite au Prince Président, dans sa loge, à la représentation extraordinaire donnée à l'Opéra, le 28 octobre 1852.
Janet Lange[41]
21 × 17 cm

☐ Nº **510,** 4 décembre : « Scènes et croquis de voyage. Les gens de Medio Pelo et les esclaves au Pérou. » (p. 359)

A p. 361

Fête des Amancaës. — Campagne de Lima.
Ph. Blanchard
15,4 × 23 cm

1852 Volume XX

Nº **510,** 4 décembre (suite)

B p. 361

La samacueca, danse nationale du Pérou à la fête des Amancaës. — D'après les dessins de M. Max. Radiguet.
Ph. Blanchard[40]
12,4 × 16,5 cm

❑ Nº **512,** 18 décembre : « Courrier de Paris. » (p. 387)

A p. 388

Salle des voyageurs à l'hospice de Grimsel.
Adolphe ou Amédée Varin
14,4 × 22,4 cm

❑ Nº **513,** 25 décembre : « *Les Papillons*. 2 vol. in 8º, ornés de gravures. Paris, 1852. De Gonet, éditeur, rue des Beaux-Arts, 6. » (p. 416)

A p. 416

Morpho-adonis. — Zygène du Languedoc.
Adolphe ou Amédée Varin
10,7 × 8,3 cm

□ Nº **514,** 1er janvier : « Chronique musicale. » (p. 3)

A p. 4

Théâtre impérial de l'Opéra-Comique. — *Marco Spada*, acte 3e, scène dernière.
Henri Valentin
17,2 × 22,5 cm

□ ———— « Théâtre-Lyrique. — *Tabarin*. Opéra-comique en deux actes; musique de M. Georges Bousquet, paroles de MM. Alboize et Andrél. » (p. 5)

B p. 5

Théâtre-Lyrique. — *Tabarin*, acte 2e, scène dernière.
Janet Lange[41]
17 × 22,8 cm

□ Nº **515,** 8 janvier : « Chasses impériales, à Compiègne. » (p. 21)

A p. 21

[Sonneur de cor.]
Jean-Auguste Marc
12,9 × 5,6 cm

1853 Volume XXI

☐ Nº **515,** 8 janvier (suite) : « Chronique musicale. » (p. 29)

B p. 29

Académie impériale de musique. — *Orfa*, ballet; 1er acte. Décoration de M. Thierry.
18,1 × 22,6 cm

☐ Nº **516,** 15 janvier : « Le Cirque Napoléon. » (p. 48)

A p. 48

Vue extérieure du nouveau *Cirque Napoléon*, boulevard des Filles-du-Calvaire.
_____[41]
16,2 × 15,3 cm

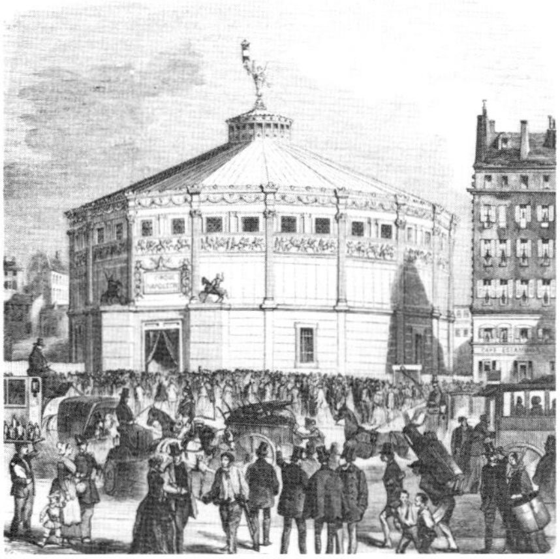

☐ Nº **521,** 19 février : « Vente d'une collection de dessins et de croquis originaux par J. J. Grandville. » (p. 125)

A p. 125

Autopsie du cerveau d'un pêcheur à la ligne. — Dessin inédit de Grandville.
Eugène Forest[41]
13,6 × 11 cm

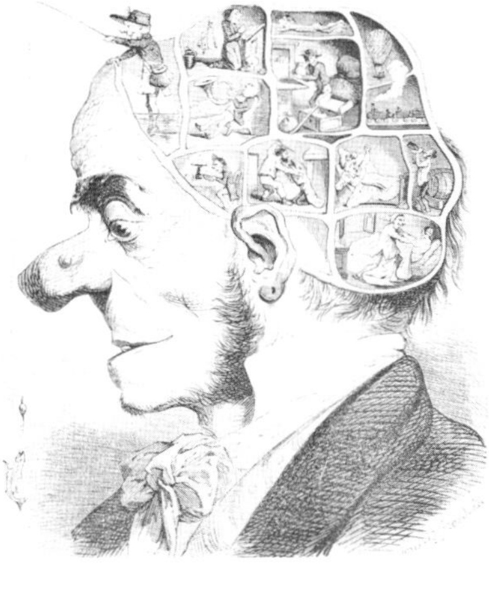

☐ Nº **523,** 5 mars : « Le Pérou et la Bolivie. Deuxième article. » (p. 155)

A p. 157

Indien en fête jouant de la flûte.
13,7 × 6,6 cm

B p. 157

Indien en fête, jouant de la flûte.
13,6 × 6,5

☐ Nº **525,** 19 mars : « Salon de madame Viardot. » (p. 183)

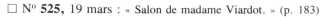

A p. 184

Salon de Mme Viardot.
Henri Valentin[40]
20 × 23 cm

1853 Volume XXI

□ Nº **528,** 9 avril : « Inauguration de la statue de Belzunce, à Marseille. » (p. 240)

A p. 240

Inauguration de la statue de l'évêque Belzunce, à Marseille, le 28 mars 1853. — D'après MM. Loubou et Roux.
18,6 × 15,4 cm

□ Nº **530,** 23 avril : « Types qui s'effacent. Les conducteurs de diligences avant l'invention des chemins de fer, par M. Maritoux. » [caricatures] (p. 268)

A p. 268

La fanfare du retour.
Maritoux
9 × 7,2 cm

□ Nº **531,** 30 avril : « Histoire des peintres de toutes les écoles. » (p. 279)

A p. 281

La Conversation galante, tableau par Lancret.
A. Paquier[43]
21 × 16 cm

□ Nº **533,** 14 mai : « Chronique musicale. » (p. 307)

A p. 308

Théâtre de l'Opéra. — *La Fronde*, 4e acte. — Décoration de MM. Naulo et Rubé. — Loïse, Mlle Lagrua; Richard, M. Roger; le duc de Beaufort, M. Obin.
19,5 × 22,6 cm

□ Nº **534,** 21 mai : « La danse des tables. » (p. 324)

A p. 325

Le tabouret de piano.
Eugène Forest
8,2 × 13 cm

□ ———— « La Suède et ses costumes nationaux. » (p. 327)

B p. 328

Dalécarlie. — Habitants de Leksand.
Janet Lange
10,2 × 9,6 cm

□ Nº **540,** 2 juillet : « Histoire de la semaine. » (p. 1)

A [p. 1]

La messe au camp de Satory.
Ph. Blanchard
15,5 × 22,5 cm

□ Nº **541,** 9 juillet : « Salon de 1853. (6ᵉ article.) » (p. 19)

A p. 20

Chartreux jouant du violoncelle, tableau par M. Moyse.
_____[44,45]
9,2 × 7,9 cm

B p. 20

Danse dans une posada de Grenade, tableau par M. E. Giraud.
11,2 × 15,1 cm

☐ Nº **541,** 9 juillet (suite) : « Orland de Lassus. » (p. 32)

C p. 32

Orland de Lassus, statue par M. Frison.
Jean-Auguste Marc
15,2 × 7,4 cm

☐ Nº **542,** 16 juillet : « Virginia et Carolina Ferni, jeunes violonistes italiennes. » (p. 36)

A p. 36

[Virginia et Carolina Ferni.]
14,7 × 12,5 cm

☐ Nº **543,** 23 juillet : « Les mendiants du Midi, par H. Richard. » (p. 60)

A p. 61

[Musicien ambulant.]
Eugène Forest
12,8 × 7,4 cm

☐ Nº **543,** 23 juillet (suite) : « La danse aux camps. » (p. 64)

B p. 64

[Camp militaire, petit orchestre.]
11,6 × 17,2 cm

☐ Nº **546,** 13 août : « Courrier de Paris. » (p. 99)

A p. 112

Café chantant aux Champs-Élysées.
16,5 × 23 cm

☐ Nº **552,** 24 septembre : « Histoire de la semaine. » (p. 193)

A p. 193

L'Hippodrome au camp de Satory, le 16 septembre 1853.
Jules Gaildrau
16 × 22,2 cm

☐ Nº **552,** 21 septembre (suite) : « La danse à Java. » (p. 197)

B p. 197

Rong-gings (danseuses) de l'intérieur de Java.
Janet Lange d'après A. Van Pers
11,4 × 17 cm

C p. 197

Le topping (danse masquée), à Batavia. — D'après les dessins de M. A. Van Pers.
Janet Lange
11,1 × 16,2 cm

☐ Nº **560,** 19 novembre : « Chronique musicale. » (p. 325)

A p. 325

H. Reber.
Janet Lange
14 × 11,2 cm

N° **560,** 19 novembre (suite)

B p. 325

Onslow.
ean-Auguste Marc
4,6 × 10,7 cm

C p. 325

Zimmerman.
ean-Auguste Marc
4,5 × 10,7 cm

N° **565,** 24 décembre : « Noël. » (p. 422)

A p. 421

Les chanteurs de Noël en Bretagne. — Dessin de M. Penguilly-Lharidon.
46
3 × 21,5 cm

☐ N° **571,** 4 février : « Chronique musicale. » (p. 67)

A p. 68

Mme Frezzolini, au Théâtre-Italien.
Jean-Auguste Marc[47]
13,2 × 10,2 cm

☐ N° **572,** 11 février : « Restauration des salons de l'Hôtel de Ville de Strasbourg; Bal d'inauguration. » (p. 95)

A p. 96

La Musique. [Panneaux peints par M. Haffner, à l'Hôtel de Ville de Strasbourg. — Gravés d'après les dessins de M. Lallement.]
Stop
13,1 × 10,2 cm

B p. 96

La Danse. [Panneaux peints par M. Haffner, à l'Hôtel de Ville de Strasbourg. — Gravés d'après les dessins de M. Lallement.]
Stop
13,1 × 10,5 cm

] N° **574,** 25 février : « Chronique musicale. » (p. 117)

A p. 117

'héâtre de l'Opéra-Comique. *L'Étoile du* *Iord*. — Mlle Caroline Dupré, rôle de Catherine. — D'après un portrait peint par 1. A. Fay.
ean-Auguste Marc[48]
5 × 11 cm

B p. 117

'Étoile du Nord. Acte deuxième.
anet Lange[41]
5,8 × 22,2 cm

] N° **575,** 4 mars : « Chronique musicale. » (p. 133)

A p. 133

Л^{me} Bosio.
____[49]
3,2 × 10,2 cm

☐ Nº **575,** 4 mars (suite) : « État actuel de l'armée persane. » (p. 135)

B p. 136

Musique des zemboureks.
Jules Didier
9 × 21,5 cm

☐ ———— « Une mascarade à Quito. » (p. 143)

C p. 144

El toro de Esieros (le taureau paillasson).
— Dessin d'Ernest Charton.
——[50]
15 × 22,5 cm

☐ Nº **576,** 11 mars : « Cavalcade de charité à Toulon. » (p. 147)

A p. 148

La danse des quenouilles, exécutée à Toulon le 26 février 1854.
Jules Worms
11 × 22,5 cm

] Nº **576,** 11 mars (suite) : « Aventures posthumes de Paganini. III. » (p. 155)

B p. 157

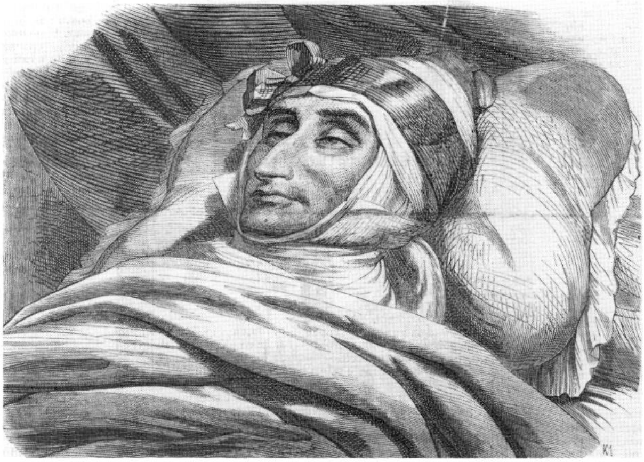

.e baron Paganini après son décès, le 27 nai 1840. — D'après M. Dutertre.
ean-Auguste Marc
0,9 × 14,4 cm

C p. 157

Enlèvement du corps de Paganini, dans a nuit du 15 août 1843. — D'après M. Alph. Nègre.
h. Blanchard
,6 × 22,7 cm

] Nº **577,** 18 mars : « Giam-Battista Rubini. » (p. 165)

A p. 165

Rubini, mort à Romano le 2 mars 1854.
ean-Auguste Marc
1,1 × 9,3 cm

□ N° **577,** 18 mars (suite) : « Les Roumavagis en Provence. » (p. 173)

B p. 173

L'aubado.
Richard
8,6 × 13 cm

C p. 173

Le violon.
Richard
11,5 × 6,4 cm

D p. 173

Le tambourin.
Richard
12,1 × 6,2 cm

Nº **577,** 18 mars (suite)

E p. 173

Le falandoulo.
Richard
3,6 × 5,3 cm

❑ Nº **578,** 25 mars : « Chronique musicale. » (p. 187)

A p. 188

Mlle Nau, de l'Académie Impériale de musique.
16,9 × 11,2 cm

B p. 188

Mlles Sophie et Isabelle Dulcken.
14,8 × 14 cm

☐ Nº **578,** 25 mars (suite) : « Saltimbanques. » (p. 189)

C p. 189

Le nouveau grimacier.
illisible
14,3 × 10,6 cm

☐ Nº **580,** 8 avril : « Histoire de la semaine. » (p. 209)

A p. 213

Uniformes de l'armée anglaise. Tambour…
Jules Gaildrau
3,8 × 9,5 cm

☐ ———— « Chronique musicale. » (p. 219)

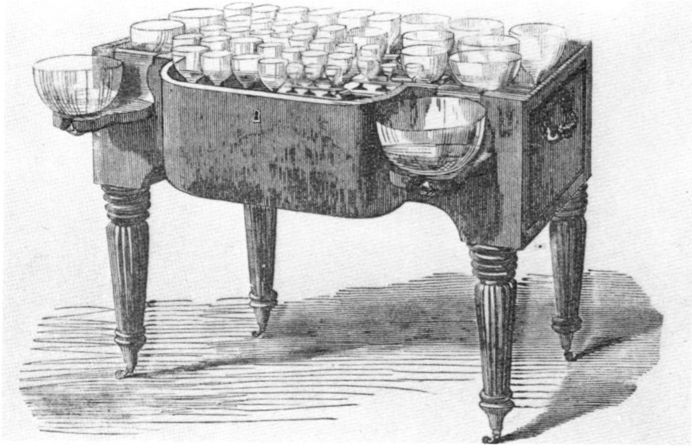

B p. 219

Le mattauphone.
7,5 × 10,5 cm

□ Nº **580,** 8 avril (suite) : « L'Auvergne pittoresque. » (p. 220)

C p. 220

La bourrée, les jours de fête.
Jules Worms
14 × 21,8 cm

□ ———— « Les pèlerins chanteurs. » (p. 221)

D p. 221

Grand'messe chantée à l'église de Saint-Merry, par les chanteurs montagnards. — Dessin de M. C. Mayer.
13,5 × 22,3 cm

□ Nº **581,** 15 avril : « Histoire de la semaine. » (p. 226)

A p. 233

Uniformes de l'armée anglaise.
Janet Lange
21,1 × 31,5 cm

□ Nº **582,** 22 avril : « Courrier de Paris. » (p. 243)

A p. 245

Chanteurs de la campagne du Bocage bas-normand, le jour du vendredi saint.
Gustave Janet
16 × 21,5 cm

□ Nº **584,** 6 mai : « Courrier de Paris. » (p. 275)

A p. 276

Représentation dramatique à l'Hôtel de ville, le 27 avril 1854.
Gustave Janet[51]
18,5 × 22,2 cm

□ Nº **585,** 13 mai : « La garde impériale. » (p. 299)

A p. 300

Tambour et tambour-major.
Joseph-Louis-Hippolyte Bellangé[52]
14,8 × 11,2

□ N° **586,** 20 mai : « La garde impériale. » (p. 307)

A p. 308

Ancienne garde impériale. Timbaliers des chevau-légers polonais. Trompette des chasseurs à cheval.
Joseph-Louis-Hippolyte Bellangé[53]
17,5 × 13,3 cm

□ N° **590,** 17 juin : « Courrier de Paris. » (p. 371)

A p. 372

Théâtre du Palais-Royal. — La Pepa Vargas, danseuse espagnole.
Pierre-François-Eugène Giraud
17 × 10,6 cm

□ N° **591,** 24 juin : « Georges Bousquet. » (p. 403)

A p. 404

Georges Bousquet.
Jean-Auguste Marc
14,8 × 15,7 cm

□ Nº **592,** 1er juillet : « Vely-Eddin-Rifaat-Pacha, ambassadeur de la Porte Ottomane à Paris. » (p. 4)

A p. 4

Chanteurs et musiciens nocturnes pendant le Ramazan, à Constantinople. — D'après M. Dulong.
____41
14,3 × 22,6 cm

□ ________ « La fête du Saut-du-Doubs. » (p. 15)

B p. 16

La fête du Saut-du-Doubs.
Constant Mayer
18,6 × 22,5 cm

□ Nº **595,** 22 juillet : « Le Birman. » (p. 55)

A p. 57

Musiciens et danseurs birmans.
11,1 × 16,6 cm

1854 Volume XXIV

□ Nº **597,** 5 août : « Fête musicale de Winterthur. » (p. 84)

A p. 85

Salle construite à Winterthur, pour la fête helvétique du chant. — D'après M. Labhardt.
Jules Gaildrau
12,9 × 22,7 cm

B p. 85

Médaille commémorative de la fête, par M. J. Aberli.
_____ [51]
4 × 8,8 cm

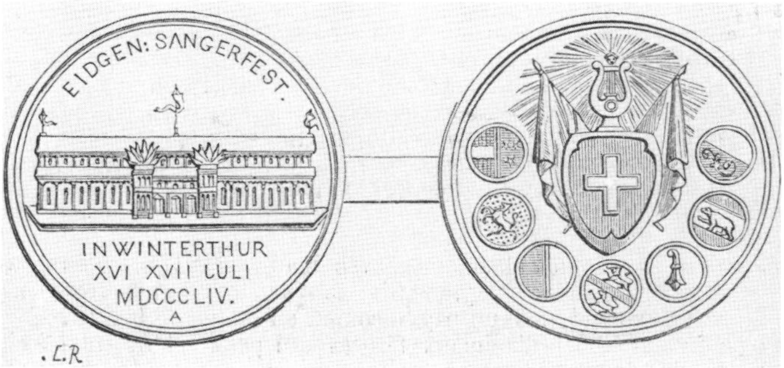

□ Nº **598,** 12 août : « Une excursion en Nubie. » (p. 107)

A p. 109

Fêtes et réjouissances à l'occasion de la circoncision, au Caire.
11,8 × 23 cm

☐ Nº **599,** 19 août : « Histoire de la semaine. » (p. 113)

A p. 113

Fête du 15 août. — Concert sur le bassin devant le palais des Tuileries.
14,7 × 22,3 cm

☐ Nº **600,** 26 août : « Obsèques de Mme Sontag, à Mexico. » (p. 144)

A p. 144

Obsèques de Mme Sontag, dans le cloître de San-Fernando, à Mexico. — D'après M. E. Rivière.
Édouard Renard
14,6 × 23 cm

☐ Nº **601,** 2 septembre : « Exposition des Beaux Arts à Bruxelles en 1854. La grande peinture. » (p. 148)

A p. 148

Faust et Wagner. — Tableau par M. Leys.
Jean-Auguste Marc
13,6 × 22,6 cm

Nº **601,** 2 septembre (suite)

B p. 148

La messe d'Adrien Willaert. — Tableau par M. Hamman.
10,8 × 16,2 cm

☐ Nº **602,** 9 septembre : « Une promenade avec ma cousine. — Par Stop. » [caricatures] (p. 172)

A p. 172

Ce pauvre chien émeut le bon cœur de ma cousine. Je ne peux pas lui donner moins de cent sous.
Stop
6,6 × 6 cm

☐ Nº **603,** 16 septembre : « Exposition de Bruxelles. Troisième article. — La peinture de genre. » (p. 199)

A p. 201

Exposition de Bruxelles. — *La famille du prisonnier,* tableau par M. Gallait.
5,3 × 5,1 cm

☐ N° **607,** 14 octobre : « Restauration du théâtre de Strasbourg. Prologue d'ouverture. » (p. 259)

A p. 260

Vue intérieure de la salle restaurée du théâtre de Strasbourg.
11,5 × 22,8 cm

☐ N° **610,** 4 novembre : « Courrier de Paris. » (p. 307)

A p. 308

La bénédiction des chasseurs et des chiens, à l'église de Saint-Hubert, en Belgique, le 1er novembre, jour de la Saint-Hubert.
18,5 × 22,5 cm

☐ ———— « Deux compositions d'Alfred Rethel. » (p. 313)

B p. 313

La Mort vengeresse.
Alfred Rethel
15,3 × 15,5 cm

☐ Nº **610,** 4 novembre (suite) : « Chronique musicale. » (p. 315)

C p. 316

M. Bonetti, chef d'orchestre du Théâtre-Italien.
4,5 × 10,7 cm

D p. 316

Nouveau rideau du Théâtre-Italien, composé et peint par M. Auguste Feyen.
5,1 × 23 cm

☐ Nº **611,** 11 novembre : « Courrier de Paris. » (p. 323)

A p. 324

Concert donné à Londres par la musique des Guides. — D'après un croquis de M. C. Wirgman.
Jules Gaildrau
4,6 × 11,3 cm

☐ Nº **611,** 11 novembre (suite) : « Almanach de l'Illustration, annuaire pour 1855. — Douzième année de la publication. Calendrier par Cham. » [caricatures] (p. 336)

B p. 336

[Janvier.] Un enfant qui sera tapageur.
Cham
5,1 × 3,4 cm

□ Nº **619,** 6 janvier : « Le Répertoire de 1854. — Revue dramatique, par Marcelin. » [caricatures] (p. 8)

A p. 8

Le château de Chenonceaux, état actuel.
Marcelin
6,7 × 3,8 cm

B p. 8

Le page de la reine de Navare.
Marcelin
6,4 × 6 cm

C p. 8

Opéra. — *Les Huguenots*. Pas huguenot.
Marcelin
6,4 × 4,8 cm

N° **619,** 6 janvier (suite)

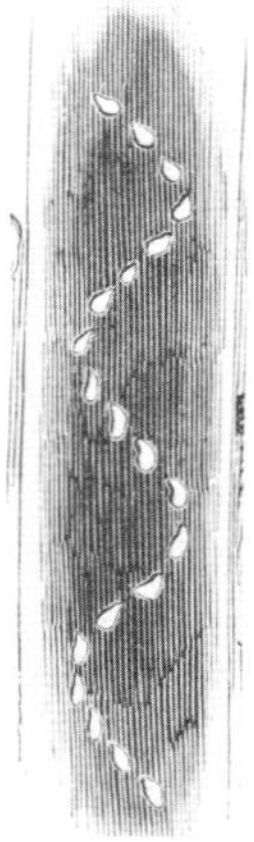

D p. 8

La noce aux flambeaux.
Marcelin
6,6 × 1,3 cm

E p. 8

Le doux moment, l'heureux mystère ! (4e acte.)
Marcelin 6,6 × 3,9 cm

F p. 8

Finale.
Marcelin
6,1 × 3,1 cm

Nº **619,** 6 janvier (suite)

G p. 8

Opéra. — *La Vestale*. Une mise décente est de rigueur.
Marcelin
6,1 × 3,1 cm

H p. 8

Opéra. — *La Vestale*. Le trombone du régiment.
Marcelin
4 × 3,2 cm

I p. 8

Opéra. — *La Nonne sanglante*. Séance de fantasmagorie, par M. Comte et M. Scribe.
Marcelin
11 × 12,6 cm

N° **619,** 6 janvier (suite)

J p. 8

[Opéra. — *La Nonne sanglante.*] Le beau décor du 3e acte.
Marcelin
3,6 × 3 cm

K p. 8

[Opéra. — *La Nonne sanglante.*] Est-ce que ce beau casque ne te fait rien ? —Si, ça me fait loucher.
Marcelin
3,6 × 3,1 cm

L p. 8

Le répertoire des *Italiens*.
Marcelin
6,2 × 6,2 cm

Nº **619,** 6 janvier (suite)

M p. 8

Opéra-Comique. — *L'Étoile du Nord.* Une patrouille de quatre femmes et un caporal.
Marcelin
9,5 × 7,6 cm

N p. 8

Opéra-comique. *Le Pré aux Clercs.* Succès qui grandit en vieillissant.
Marcelin
4,9 × 2,6 cm

O p. 8

Pourquoi la musique de *l'Étoile du Nord* est-elle si bruyante ? — Pour empêcher d'entendre les paroles.
Marcelin
3,2 × 4,6 cm

N° **619,** 6 janvier (suite)

P p. 9

Licences poétiques de l'exposition.
Marcelin
5,2 × 3,8 cm

Q p. 9

Théâtre-Lyrique. *Le Promis de la Promise*.
Marcelin
2,6 × 3,1 cm

R p. 9

Théâtre-Lyrique. Un bijou trouvé dans le bijou perdu.
Marcelin
5,2 × 3,3 cm

□ Nº **619,** 6 janvier (suite) : « Danse taïtienne, d'après un dessin de feu Dupouy, capitaine de vaisseau. » (p. 15)

S p. 16

Les Upa-Upa, danse taïtienne. — D'après un dessin de feu M. le capitaine Dupouy (voyage de l'Algérie dans les mers du sud).
22 × 25 cm

□ Nº **620,** 13 janvier : « Études sur les arts en Allemagne. De l'érudition musicale. » (p. 27)

A p. 28

M. Schnyder de Wartensée.
9 × 7,6 cm

B p. 28

Mme Louise Farrenc.
8,9 × 6,9 cm

Nº **620,** 13 janvier (suite)

C p. 28

M. A. P. F. Boëly.
8,7 × 7,6 cm

D p. 29

Duo pour violon et violoncelle, par Xaver Schnyder de Wartensée. [Vignette ornant morceau de musique]
30,5 × 23 cm

□ Nº **622,** 27 janvier : « Incendie du Théâtre royal de la Monnaie, à Bruxelles. » (p. 63)

A p. 64

Incendie du théâtre de Bruxelles, le 21 janvier. — Dessin de M. F. Stroobant.
15 × 19,5 cm

1855 Volume XXV

□ N° **624,** 10 février : « Chronique musicale. » (p. 93)

A p. 93

M. A. Fumagalli.
Jean-Auguste Marc
13,5 × 9,7 cm

B p. 93

M. Baucardé.
Jean-Auguste Marc
13,5 × 9,7 cm

C p. 93

M. Graziani.
Jean-Auguste Marc[41]
13,5 × 9,7 cm

☐ Nº **624,** 10 février (suite) : « Les Petits Guides illustrés à 1 franc. » (p. 95)

D p. 96

Un café chantant.
5,2 × 6,3 cm

☐ Nº **626,** 24 février : « Courrier de Paris. » (p. 115)

A p. 116

Une mascarade rustique à Sceaux, près Paris, le mardi gras.
Henri Valentin
16,4 × 22,6 cm

☐ Nº **627,** 3 mars : « Courrier de Paris. » (p. 131)

A p. 132

Théâtre des *Folies-Nouvelles*. Loges et galeries.
Henri Valentin
23 × 14,7 cm

Nº **627,** 3 mars (suite)

B p. 132

Théâtre des *Folies-Nouvelles*. L'orchestre. — Dessins de Valentin.
15,2 × 22,8 cm

☐ Nº **629,** 17 mars : « Un journal californien. » (p. 165)

A p. 165

Une maison de jeu chinoise en Californie.
7,7 × 11 cm

B p. 165

Un fandango de mineurs indiens.
7,5 × 11,8 cm

□ Nº **631,** 31 mars : « Une soirée juive à Oran. » (p. 204)

A p. 204

La salle de bal. — D'après les croquis de MM. Jules Sarrians et Ernest Leclerc.
15,8 × 22,5 cm

□ Nº **634,** 21 avril : « Courrier de Paris. » (p. 243)

A p. 244

Le chien savant sans pattes.
14,8 × 11 cm

B p. 244

Les guitaristes bohêmes.
14,5 × 10,7 cm

□ Nº **636,** 5 mai : « Courrier de Paris. » (p. 275)

A p. 276

Les chants du mois de mai dans les Vosges.
Henri Valentin
17,5 × 22,8 cm

□ Nº **637,** 12 mai : « Petits Guides illustrés à 1 franc. — *Guide dans les théâtres.* » (p. 304)

A p. 304

Battaille et Mlle Dupré (de l'Opéra-Comique), dans *l'Étoile du Nord*.
Eustache Lorsay[54]
5 × 6,5 cm

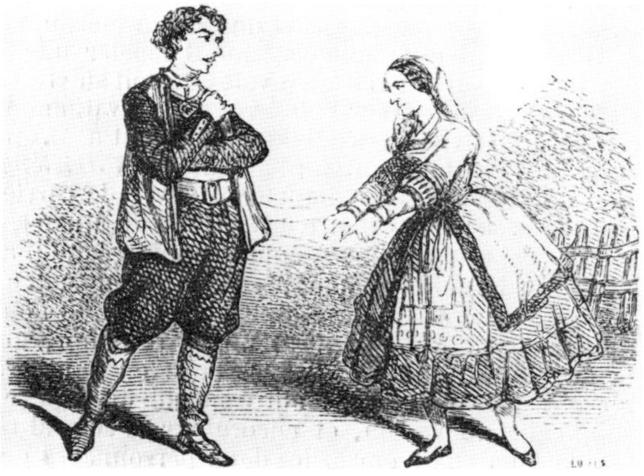

B p. 304

Théâtre de l'Odéon.
5 × 6 cm

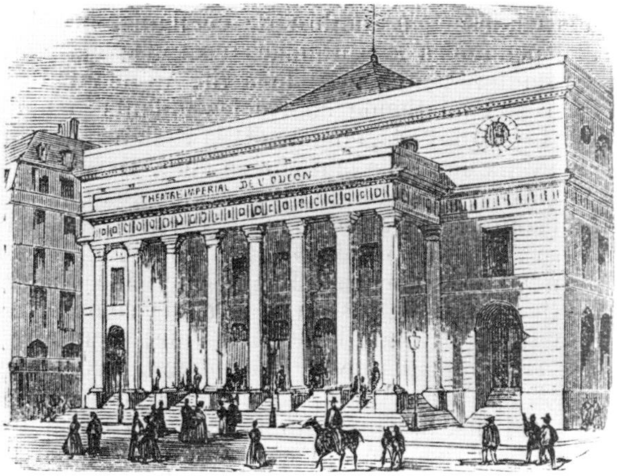

Nº **637,** 12 mai (suite)

C p. 304

Baucardé, Mme Frezzolini, Graziani (du Théâtre-Italien), dans *Il Trovatore*.
5 × 6,5 cm

☐ Nº **638,** 19 mai : « Soirée chez un artiste » (p. 308)

A p. 308

Extase somnambulique.
13,5 × 22,5 cm

☐ ———— « Jack in the green. » (p. 309)

B p. 309

[Défilé]
Edmond Morin
14,1 × 21,1 cm

1855 Volume XXV

□ Nº **639,** 26 mai : « Récréation au camp, devant Sébastopol, le 4 mai 1855. » (p. 325)

A p. 325

La scène pendant la représentation des *Anglaises pour rire*.
Henri Valentin
13,2 × 22,4 cm

□ Nº **640,** 2 juin : « Pentecôte. » (p. 347)

A p. 348

Procession votive des saints dansants, à Echternach.
15,3 × 23,2 cm

□ Nº **641,** 9 juin : « Sébastopol. — La Crimée. » (p. 359)

A pp. 360-361

Le bivouac du général Bosquet devant Sébastopol. — D'après M. Protais.
Jules Worms
8,2 × 36,7 cm

☐ Nº **641,** 9 juin (suite) : « Industrie française. — Fabrication des pianos. — M. Camille Pleyel. » (p. 364)

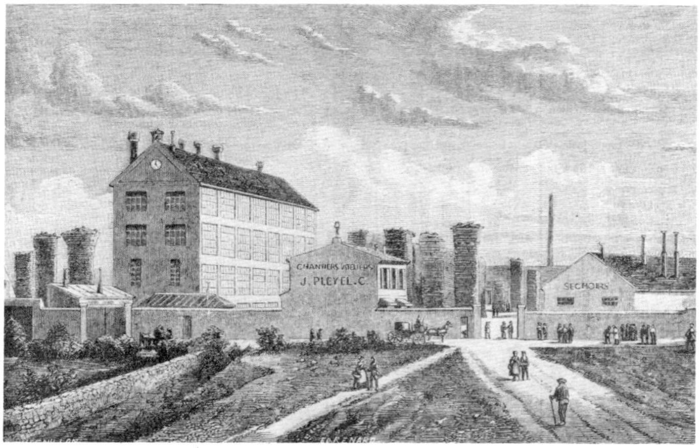

B p. 364

Dépôt et scierie des bois dans le chantier de Clignancourt.
Édouard Renard[55]
9,6 × 15,9 cm

C p. 364

Construction des caisses.
Édouard Renard[55]
8,9 × 11 cm

D p. 364

Fabrication des claviers.
Édouard Renard[55]
9 × 10,8 cm

N° **641,** 9 juin (suite)

E p. 364

Atelier des tableurs.
Édouard Renard[55]
11,2 × 15,6 cm

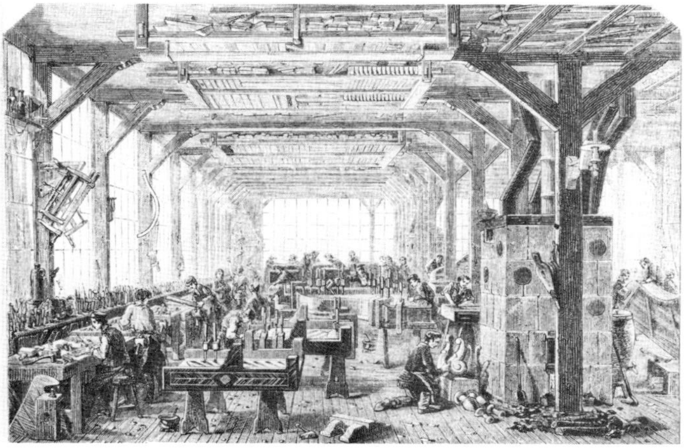

F p. 365

Salle de concert, rue Rochechouart.
Édouard Renard[55]
10,2 × 15,7 cm

G p. 365

Façade de l'établissement principal, sur la rue Rochechouart, n° 22.
Édouard Renard[55]
9,1 × 22,6 cm

Nº **641,** 9 juin (suite)

H p. 365

Salon principal de la succursale, rue de Richelieu, nº 95.
Édouard Renard
11,6 × 15,3 cm

□ Nº **642,** 16 juin : « Courrier de Paris. » (p. 371)

A p. 372

Séance de l'Orphéon au Cirque-Napoléon, le 10 juin. — Dessin de M. Renard.
Jules Worms
26,3 × 22,7 cm

□ Nº **643,** 23 juin : « Exposition universelle des Beaux-Arts. » (p. 391)

A p. 393

Une noce juive au Maroc, tableau par E. Delacroix.
12,7 × 16,9 cm

□ N° **647,** 21 juillet : « Mélanges industriels. Fabrication des instruments de musique. — Établissement de M. Gautrot, 60, rue Saint-Louis, au Marais. » (p. 43)

A p. 44

Fabrication des instruments de musique. — Établissement de M. Gautrot. — Atelier des soudeurs et des pavillonneurs.
Édouard Renard[55]
12,2 × 17 cm

B p. 44

Atelier des facteurs.
Édouard Renard[55]
15,5 × 22,9 cm

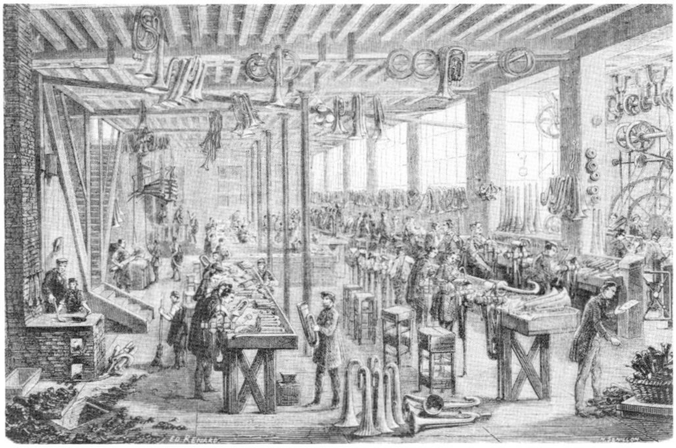

C p. 45

Vue d'une partie des magasins de l'établissement Gautrot.
Édouard Renard[55]
15,5 × 22,5 cm

Nº **647,** 21 juillet (suite)

D p. 45

Atelier de fabrication des instruments à vent en bois, et des instruments à cordes.
Édouard Renard[55]
12,1 × 16,9 cm

☐ ———— « Études sur les arts en Allemagne. » (p. 47)

E p. 48

Maison de campagne à Lechwitz, habitée jadis par C. M. Weber, et aujourd'hui par L. Richter.
Jules Laurens
9,7 × 15,5 cm

☐ ———— « La peinture réaliste de M. Courbet, par Quillenbois. Au Salon. Intra Muros. » [caricatures] (p. 52)

F p. 52

M. Courbet chantant sa gloire.
Quillenbois
5,6 × 5,4 cm

□ Nº **650,** 11 août : « Revue des théâtres, par Marcelin. » [caricatures] (p. 108)

A p. 108

Le Livret. — Suivez le texte italien de l'œil droit, la traduction de l'œil gauche, et regardez la scène de l'œil qui vous reste.
Marcelin
2 × 7,1 cm

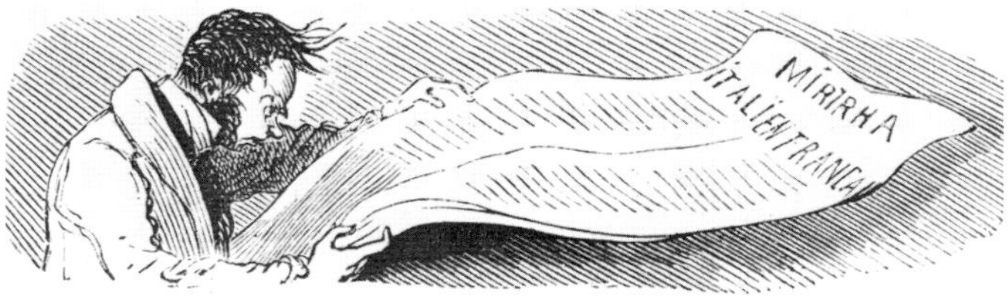

B p. 109

Henry de Montfort, garde national du XIIIᵉ siècle. (Costume dessiné par M. Scribe l'historien.)
Marcelin
6,7 × 3,6 cm

C p. 109

[*Opéra. — Les Vêpres Siciliennes.*] Les bras de Mlle Cruvelli, intermède mêlé de chant.
Marcelin
6,7 × 3,6 cm

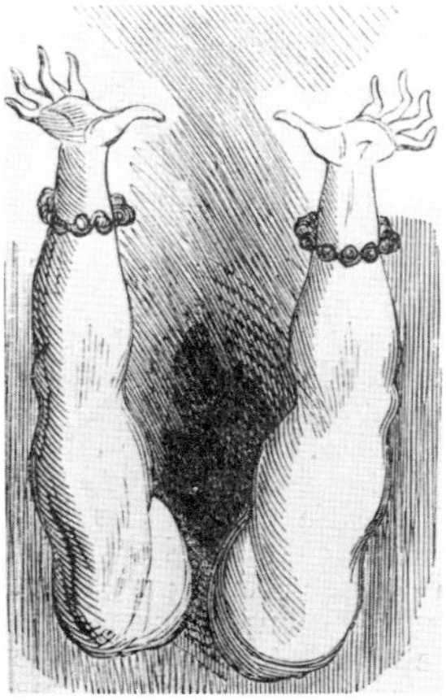

N° **650,** 11 août (suite)

D p. 109

[*Opéra. — Les Vêpres Siciliennes.*] La nymphe et le faune (pas du télégraphe).
Marcelin
6,7 × 7 cm

E p. 109

Un satellite du tyran.
Marcelin
6,4 × 4,2 cm

BIS REPETITA PLACENT :

—

Quand on prend des diamants,
On n'en saurait trop prendre.
(JENNY BELL.)

Quand on prend du ruban,
On n'en saurait trop prendre.
(*L'Etoile du Nord.*)

Quand on prend des diamants
On n'en saurait trop prendre.
(*Les Diamants de la couronne.*)

Quand on prend des petits verres,
On n'en saurait trop prendre.
(*Le Soldat laboureur.*)

EXTRAIT DU RÉPERTOIRE
DE M. SCRIBE.

F p. 109

Extrait du répertoire de M. Scribe.
Marcelin
6,5 × 4 cm

N° **650,** 11 août (suite)

G p. 109

Jaguarita, une vraie Vénus de Milo avec des bras.
Marcelin
5,3 × 4,1 cm

H p. 109

De la cave au grenier, une roulade de Mme Cabel.
Marcelin
2,3 × 4,2 cm

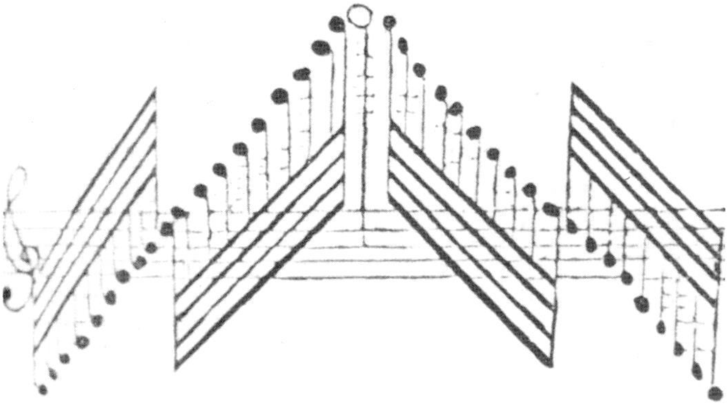

I p. 109

Théâtre-Lyrique. — Jaguarita, ou l'Indienne mauvais teint. Grand chœur des Anacocasses.
Marcelin
8,7 × 10,5 cm

Nº **650,** 11 août (suite)

J p. 109

Papa-Mamma-Jumbo.
Marcelin
8,6 × 4 cm

K p. 109

Sauvages ignorant l'art de feindre de se moucher.
Marcelin
4,3 × 3,4 cm

L p. 109

Un monsieur qui perd la tête.
Marcelin
3,5 × 3,6 cm

□ Nº **650,** 11 août (suite) : « L'été à Bade. » (p. 111)

M p. 112

La nouvelle salle des bals et concerts aux eaux de Bade.
Henri Valentin[56]
10,4 × 16,3 cm

□ Nº **651,** 18 août : « Chronique musicale. » (p. 125)

A p. 125

Monument élevé à la mémoire de Donizetti.
_____[41]
29 × 16,5 cm

□ Nº **652,** 25 août : « Entrée de S. M. la Reine d'Angleterre à Paris. » (p. 139)

A p. 140

Passage de la reine d'Angleterre sous l'arc de triomphe dressé par les artistes de l'Opéra, et devant le trophée élevé par les artistes de l'Opéra-Comique.
Jules Gaildrau
14 × 22,5 cm

☐ Nº **654,** 8 septembre : « Une soirée musicale et chorégraphique donnée par les prisonniers russes dans le cirque du Havre. » (p. 163)

A p. 164

Ronde cosaque chantée par un chœur de prisonniers russes.
Jules Worms
9,1 × 15,8 cm

B p. 164

La *trigannka*, danse exécutée par les prisonniers russes au son de la *balalayka*. D'après les croquis de M. E. Rion.
Jules Worms
17,1 × 22,9 cm

☐ Nº **656,** 22 septembre : « *Victoire.* » (p. 208)

A p. 208

Victoire ! Cantate de M. Michel Carré, musique de M. A. Adam, chantée par MM. Jourdan, Faure, Delaunay-R. et Bussine, sur le théâtre de l'Opéra-Comique, dans la représentation gratuite donnée par ordre de S. M. l'Empereur, à l'occasion de la prise de Sébastopol.
Jules Worms
13,4 × 22,3 cm

☐ Nº **666,** 1er décembre : « Exposition universelle des beaux-arts. Hollande. » (p. 363)

A p. 364

Un jeune ménage et une vieille tante, tableau par M. Blés.
Henri Valentin
11,8 × 16 cm

B p. 365

Moines de l'ordre de saint François chantant un Te Deum, tableau par M. Bosboom.
11,3 × 16,7 cm

☐ Nº **667,** 8 décembre : « Honduras (Amérique centrale). » (p. 379)

A p. 381

Une fête à Honduras. — D'après les dessins de M. Hitchcock.
Jules Worms
13,1 × 22,6 cm

□ Nº **667,** 8 décembre (suite) : « *Musée des anciens costumes musulmans*, publiés par M. Brindesi — 22 planches coloriées. » (p. 383)

B p. 384

Janissaire de corps de garde. Officier payeur. Chef de chambrée. Sous-officier de corps de garde. Marmiton en chef. Officiers marmitons. Marmite des janissaires. Porteur d'eau, officier. (d'après les dessins du *Musée des anciens costumes musulmans*, publiés par M. Brindesi.)
10,8 × 22,9 cm

□ Nº **668,** 15 décembre : « Incendie du théâtre des Variétés à Bordeaux. » (p. 400)

A p. 400

Incendie du théâtre des Variétés, à Bordeaux. — D'après un croquis de M. Philippe.
13 × 15 cm

□ Nº **670,** 29 décembre : « Noël. » (p. 421)

A p. 421

Chanteurs de Noël dans les villes de basse Bretagne. — D'après les croquis de M. Max Radiguet.
Jules Worms
13,7 × 22,6 cm

1856 Volume XXVII

□ Nº **672,** 12 janvier : « Revue des Théâtres de 1855, par Marcelin. » [caricatures] (p. 28)

A p. 28

Le théâtre *Infélix*, à New-York.
« Vous chantiez ! j'en suis bien aise;
« Eh bien ! dansez maintenant. »
Marcelin
8,5 × 8,8 cm

B p. 28

Le *Miserere* du *Trovatore*. Duo pour cloche et soprano.
Marcelin
4,5 × 5,4 cm

C p. 28

[Italiens. — *Le Trovatore*.] Crinoline moyen âge, chantée par Mme Frezzolini.
Marcelin
8,9 × 7,6 cm

N° **672,** 12 janvier (suite)

D p. 28

[Italiens. — *Le Trovatore*.] Les coiffures de Mario. Nous savons si peu l'italien que nous n'avons rien pu y comprendre.
Marcelin
2,6 × 5,5 cm

E p. 28

Italiens. — *Fiorina*.
... Si votre ramage
Ressemble à votre plumage !
Marcelin
4,5 × 3,9 cm

F p. 28

Opéra-Comique. Décidément *l'Étoile du Nord* est une étoile fixe.
Marcelin
2,6 × 3,8 cm

N° **672,** 12 janvier (suite)

G p. 28

Opéra-Comique. Le Hussard de Berquinade, croqué ffffffysiqu'ment.
Marcelin
8,6 × 5,2 cm

H p. 28

Bouffes-Parisiens. — *Les Deux Aveugles*. Dans le royaume des aveugles Pradeau est roi.
Marcelin
9,3 × 7 cm

I p. 28

Au concert de Berlioz. Ce qu'il y avait de plus piquant, c'était le froid.
Marcelin
3,8 × 5,6 cm

Nº **672,** 12 janvier (suite)

J p. 29

Jadis les directeurs de l'Opéra faisaient chanter leurs artistes; aujourd'hui c'est le contraire.
Marcelin
5,3 × 6,1 cm

K p. 29

Pourquoi les étrangers ont-ils si bien compris l'opéra de M. Scribe ? — Parce qu'ils ne savent pas le français.
Marcelin
2,4 × 6,1 cm

L p. 29

[Opéra — *Les Vêpres siciliennes.*] Le traître Procida. Un vilan oiseau !
Marcelin
8,6 × 4,3 cm

Nº **672,** 12 janvier (suite)

M p. 29

[Opéra — *Les Vêpres siciliennes.*] Henry de Montfort faisant des crevés à sa tunique pour ne plus ressembler à un garde national.
Marcelin
8,6 × 6,3 cm

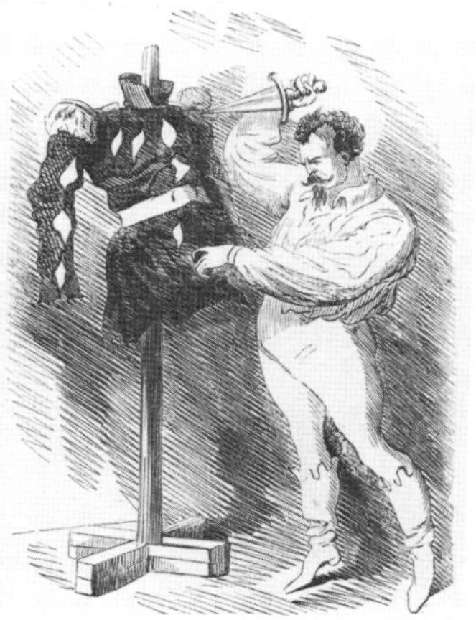

N p. 29

Comprends-tu, l'auteur qui voulait nous faire porter des arquebuses au treizième siècle ! — C'est pour qu'on ne dise pas qu'il n'a pas inventé la poudre.
Marcelin
8,5 × 4,8 cm

□ Nº **677,** 16 février : « Souvenirs de la Suisse. » (p. 107)

A p. 108

Paysanne de Sion (Valais). La trompe des Alpes.
______57
10,3 × 13,2 cm

□ Nº **678,** 23 février : « Les Soirées, études par Damourette. » (p. 121)

A p. 121

À la ville.
Damourette
15,2 × 22,5 cm

□ Nº **681,** 15 mars : « Incendie du théâtre de Covent-Garden. » (p. 166)

A p. 165

Incendie du théâtre de Covent-Garden, à Londres, le lundi 4 mars 1856. — Sortie d'un bal costumé. — D'après un croquis de M. Wirgman.
18,2 × 23,1 cm

□ Nº **682,** 22 mars : « Incendie du théâtre de Bourges. » (p. 196)

A p. 196

Incendie du théâtre de Bourges. — D'après un croquis de M. Matharel.
13,8 × 18,4 cm

□ N° **683,** 29 mars : « Les destinées humaines, par Stop. » [caricatures] (p. 209)

A p. 209

Chantera Guillaume Tell à l'Opéra.
Stop
9,5 × 7 cm

□ N° **685,** 12 avril : « La Torciata à Sienne. » (p. 233)

A p. 233

La prima donna Maria Piccolomini. Rôle de la Traviata.
Jean-Auguste Marc d'après M. Colombari
14,7 × 12,2 cm

B p. 233

Torciata (marche aux flambeaux) de Maria Piccolomini dans les rues de Sienne. — D'après les croquis de M. Colombari.
Jules Worms
16,2 × 22,3 cm

☐ Nº **687,** 26 avril : « Courrier de Paris. » (p. 263)

A p. 268

Représentation dramatique donnée à l'Hôtel de ville, dans la grande galerie des fêtes, le 14 avril 1856.
22,5 × 32,5 cm

☐ Nº **688,** 3 mai : « Peintures de Jean Fouquet, artiste français, conservées à Francfort-sur-le-Mein. » (p. 287)

A p. 288

Maistre Estienne Chevalier.
Jean Fouquet
12,1 × 8,9 cm

☐ Nº **689,** 10 mai : « Grande revue de Spithead. » (p. 295)

A p. 305

Bal donné au Royal-Yacht-Club, dans l'île de Whigt.
15,3 × 22,9 cm

☐ Nº **691,** 24 mai : « Beaux-Arts... Récréation de soldats russes, par M. Gérôme. » (p. 345)

A p. 345

Musique et danse russes, tableau par M. Gérôme.
Jean-Auguste Marc
13,4 × 22,3 cm

☐ Nº **692,** 31 mai : « Mlle Bochkoltz-Falconi. » (p. 359)

A p. 360

Mlle Bochkoltz-Falconi, cantatrice de la cour de Saxe-Cobourg-Gotha.
Jean-Auguste Marc
15,7 × 11,4 cm

☐ ———— « Chronique musicale. » (p. 370)

B p. 372

Buste, d'après M. Aimé Yrvoi, de Mlle Rosati, de l'Académie impériale de musique.
Jean-Auguste Marc
13,9 × 10,2 cm

☐ Nº **693,** 7 juin : « Festival allemand de Strasbourg. » (p. 375)

A p. 376

Types des chanteurs du grand festival choral de Strasbourg (1er juin 1856).
Martin-Jacques-Charles Lallemand
13,3 × 22,6 cm

B p. 376

Cortège des chanteurs du grand festival de Strasbourg. Vue prise du pont du Corbeau.
Martin-Jacques-Charles Lallemand
17 × 23 cm

☐ Nº **696,** 28 juin : « Vivier. » (p. 435)

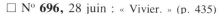

A p. 436

Le corniste Vivier.
Jean-Auguste Marc
14 × 12 cm

□ Nº **697,** 5 juillet : « L'Opéra dans la rue. — Le Pain quotidien. » (p. 4)

A p. 4

L'opéra dans la rue.
Henri-Joseph Harpignies
10,8 × 15 cm

□ Nº **698,** 12 juillet : « Revue des théâtres, par Marcelin. » [caricatures] (p. 28)

A p. 28

[Opéra-Comique. — *Manon Lescaut.*]
Monsieur Scribe *arrangeant* Manon Lescaut.
Marcelin
8,9 × 7 cm

B p. 28

[Opéra-Comique. — *Manon Lescaut.*]
Manon Lescaut s'habille et se déshabille... Couleur locale.
Marcelin
4 × 3,5 cm

N° **698,** 12 juillet (suite)

C p. 28

[Opéra-Comique. — *Manon Lescaut.*] Manon Lescaut se préparant à la mort.
Marcelin
3,6 × 3,8 cm

D p. 28

[Opéra-Comique. — *Manon Lescaut.*] Le marquis Dérigny, un séducteur-Montyon.
Marcelin
3,5 × 2, cm

E p. 28

[Opéra-Comique. — *Manon Lescaut.*] *Le dernier tableau.* — Le théâtre représente le sein d'un désert. À droite, un rocher; à gauche, un simple.
Marcelin
8,5 × 7 cm

Nº **698,** 12 juillet (suite)

F p. 28

Les deux reprises de *Richard-Cœur de Lion*. Ô Richard, ô mon roi ! L'univers t'abandonne ! Sur la terre il n'est *plus* que toi Qui s'intéresse à ta personne.
Marcelin
8,6 × 6,8 cm

G p. 28

Concerts-Musard. — *Un programme intelligent*. Beaucoup de femmes, et presque pas de musique.
Marcelin
3,8 × 7,5 cm

H p. 28

Concerts Musard. — *Une attention délicate*. Des salons inacoustiques sont disposés pour recevoir les amateurs qui n'aiment pas la musique.
Marcelin
3,6 × 7,6 cm

N° **698,** 12 juillet (suite)

I p. 29

[Opéra — *Le Corsaire*.] Le déjeuner du corsaire. Des fleurs et un cure-dent.
Marcelin
8,8 × 6,4 cm

J p. 29

[Opéra — *Le Corsaire*.] *La Caravane du corsaire*. Item : Un chameau à roulettes, un Arabe et son coursier, ces trois objets proprement empaillés.
Marcelin
4,5 × 8,3 cm

K p. 29

[Opéra — *Le Corsaire*.] Le quinquet de la tempête, rôle de la lune. C'est lui qui met un frein à la fureur des flots.
Marcelin
2,6 × 4 cm

Nº **698,** 12 juillet (suite)

L p. 29

[Opéra — *Le Corsaire*.] *Une naïveté du livret.* « Le théâtre représente les bains des femmes du pacha; des draperies en en interceptent la vue. »
Marcelin
2,6 × 3,8 cm

□ Nº **701,** 2 août : « Fêtes et concert fédéral à Genève. » (p. 75)

A p. 76

Arrivée, à Genève, du bateau à vapeur conduisant les Sociétés de musique au grand concert fédéral helvétique.
Charles Du Bois
7,4 × 23 cm

B p. 76

Concert sacré donné dans la cathédrale de Genève.
Charles Du Bois
14 × 11,6 cm

Nº **701,** 2 août (suite)

C p. 76

Fête donnée à la villa Bartholony, à l'occasion du concert fédéral. — D'après les dessins de M. Charles Du Bois.
9,6 × 23 cm

☐ Nº **702,** 9 août : « Mlle Maria Spezia. » (p. 96)

A p. 96

Mlle Spezia, rôle de Violetta dans la *Traviata*.
D'après photographie, [illisible]
15 × 12,2 cm

☐ Nº **703,** 16 août : « Le Jardin Mabille et le Château des Fleurs. » (p. 99)

A p. 100

Porte d'entrée du *Jardin Mabille*, aux Champs-Élysées.
Édouard Renard
14,8 × 15,9 cm

N° **703,** 16 août (suite)

B p. 100

L'orchestre et la salle de danse au *Château des Fleurs*.
Édouard Renard
16,6 × 22,8 cm

☐ N° **704,** 23 août : « Histoire de la Semaine. » (p. 113)

A p. 113

Fête du 15 août 1856. Concert dans la grande allée dite de *Méléagre*, aux Tuileries.
17,8 × 22,7 cm

B p. 120

Fête du 15 août 1856. *Te Deum* chanté dans l'église de Notre-Dame de Paris.
Jules-Descartes Ferat
15,1 × 22,7 cm

☐ Nº **707,** 13 septembre : « La liberté des cultes à Constantinople. » (p. 162)

A p. 161

Service funèbre célébré dans la synagogue de Galata, en l'honneur des israélites morts en Crimée dans les rangs de l'armée française. — D'après M. E. Todeschini.
19 × 23,1 cm

☐ ———— « Antiquités mexicaines. » (p. 175)

B p. 176

Antiquités mexicaines rapportées par M. Pingret.
17,3 × 22,8 cm

☐ Nº **708,** 20 septembre : « Chronique littéraire » (p. 178)

A p. 180

Fête vénitienne donnée par la société des Orphéonistes d'Arras (Pas-de-Calais). — D'après un dessin de M. Eug. Gluck.
Godefroy Durand
22,6 × 12,8 cm

□ Nº **711,** 11 octobre : « Visite de don Pédro à la *Poursuivante.* » (p. 231)

A p. 232

Défilé de l'équipage de la *Poursuivante* devant l'empereur du Brésil. — D'après les dessins de M. A. Frémy.
Jules Worms
9,8 × 25,7 cm

□ ———— « Chronique musicale. » (p. 235)

B p. 236

Usine et machine à vapeur pour la fabrication des orgues-melodium de MM. Alexandre père et fils.
Tirpeau et Jules Gaildrau[46,58]
13,4 × 22,9 cm

C p. 236

Salons de vente de la maison Alexandre père et fils, rue Meslay, nº 39, à Paris.
Tirpeau et Jules Gaildreau[46,58]
15 × 22,8 cm

N° **711,** 11 octobre (suite)

D p. 237

L'orgue Alexandre pour les églises.
Tirpeau et Jules Gaildreau[46]
13,5 × 16 cm

E p. 237

L'orgue Alexandre. Dans la mansarde. Au salon.
Jules Worms[46]
13,2 × 20,7 cm

□ N° **712,** 18 octobre : « Le Riff et le Maroc en 1856. » (p. 245)

A p. 245

Sidi Mohammed, Riffain, domestique à Tanger.
Jean-Antoine-Valentin Foulquier
10,7 × 5,5 cm

856 Volume XXVIII

] N° **714,** 1er novembre : « Histoire de la semaine. » (p. 274)

p. 273

.a curée aux flambeaux dans la cour du hâteau de Compiègne.
ules Worms
8,2 × 23 cm

] N° **716,** 15 novembre : « Une chasse à courre à Bade. » (p. 309)

p. 309

.a curée chaude du daim. — Dessins de 1. Lallemant.
1,7 × 15 cm

] N° **721,** 20 décembre : « Chronique musicale. » (p. 389)

p. 389

1me Steffenone (Théâtre-Italien.)
ean-Auguste Marc
4,7 × 11 cm

Nº **721,** 20 décembre (suite)

B p. 389

Mme Borghi-Mamo (théâtre de l'Opéra).
Jean-Auguste Marc
14,6 × 10,8 cm

□ N° **723,** 3 janvier : [gravure non reliée à un article]

A p. 16

Paysage par Corot.
François-Louis Français[38]
12,9 × 17,2 cm

□ N° **724,** 10 janvier : « Le roi boit, tableau de Jordaëns. Reproduction d'une gravure en taille-douce. » (p. 19)

A p. 20

Le roi boit. — D'après le tableau de Jordaëns.
______[62]
20,6 × 31,2 cm

□ ———— « Expédition scientifique du prince Napoléon dans les mers du nord. » (p. 21)

B p. 21

Industrie islandaise. Vase en bois pour le lait, guitare, violon, gourde, gobelet en ivoire, pipe en fer.
Godefroy Durand
9,3 × 5,5 cm

Nº **724,** 10 janvier (suite)

C p. 21

Industrie groënlandaise, islandaise et suédoise. Violon groënlandais, vase d'argent pour le lait, vase suédois, en argent, pour la bière.
9,8 × 5,5 cm

□ Nº **725,** 17 janvier : « Travaux militaires à Bâle. » (p. 39)

A p. 41

Armée fédérale suisse. Infanterie. Tambour. Tambour-major.
9,7 × 6,1 cm [détail]

B p. 41

[Armée fédérale suisse. Cavalerie.] Trompette de dragons.
10,7 × 5 cm [détail]

□ Nº **727,** 31 janvier : « Les artistes de la rue. » (p. 68)

A p. 69

Le jeune aveugle du pont des Arts.
8 × 9 cm

B p. 69

La vieille aveugle du pont des Arts.
60
8 × 9 cm

C p. 69

Les symphonistes allemands.
60
6,1 × 5,7 cm

N° **727,** 31 janvier (suite)

D p. 69

Le vieux chanteur.
12,5 × 9,8 cm

E p. 69

Le joueur de vielle.
____60
6 × 5,3 cm

☐ ———— « Scènes de la vie persane. » (p. 74)

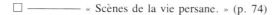

F p. 73

Scènes de la vie persane. Une halte à Kaswin. — D'après M. Pasini.
Jules Worms
22,6 × 32 cm

□ Nº **727,** 31 janvier (suite) : « Revue des théâtres, par Marcelin. » [caricatures] (p. 76)

G p. 76

Théâtre-Italien. — Mme Alboni dans la *Cenerentola*. « Il était une fois une belle personne, que les fées avaient douée d'un don singulier : quand elle chantait, ceux qui l'écoutaient croyaient voir sortir de sa bouche un ruisseau de perles et de diamants. » *(Un conte de fée.)*
Marcelin[48]
10,2 × 11,6 cm

H p. 76

[Théâtre-Italien. *La Traviata*, débuts de Mlle Rigolomini.] Comme elle a été bien zentille, on apporte du nanan à sa petite Traviata.
Marcelin
5,3 × 3,8 cm

I p. 76

[Théâtre-Italien. *La Traviata*, débuts de Mlle Rigolomini.] Un port de mouchoir vraiment royal.
Marcelin
5 × 2,1 cm

N° **727,** 31 janvier (suite)

J p. 76

[Théâtre-Italien. *La Traviata*, débuts de Mlle Rigolomini.] *Le grand air du père.* On regrette ici la belle musique de M. Delannoy.
Marcelin
5 × 3,8 cm

K p. 76

[Théâtre-Italien. *La Traviata.*] Armand Duval, *en italien :* Germondi.
Marcelin
3 × 2,8 cm

L p. 76

[Théâtre-Italien. — *La Traviata.*] Le commissionario, genre Louis XIII.
Marcelin
3,1 × 2,5 cm

Nº **727,** 31 janvier (suite)

M p. 76

[Théâtre-Italien. — *La Traviata.*] Musique du 99e de ligne, passant dans le fond pendant l'agonie.
Marcelin
2,8 × 2,5 cm

N p. 76

Je veux débuter aux Italiens. — Y penses-tu ? tu n'es pas seulement vicomtesse !
Marcelin
2,7 × 2,6 cm

O p. 77

[Opéra. — *Les Elfes ou l'Âme transmise.*] « Femme le jour, la nuit statue. » — Pourquoi pas le contraire ! s'écria le jeune prince.
Marcelin
10 × 5,8 cm

Nº **727,** 31 janvier (suite)

P p. 77

[Opéra. — *Les Elfes ou l'Âme transmise.*] *Manifestation chorégraphique en faveur de la Pologne.* — Que font donc ces dames là-haut ? — Ce sont des âmes qui se transmettent.
Marcelin[61]
10 × 11,7 cm

Q p. 77

Opéra. — *Hautes nouveautés.* Aujourd'hui : 600e représentation de la *Favorite.* Demain : 700e représentation des *Huguenots.*
Marcelin
3 × 4,5 cm

R p. 77

Une affiche de l'Opéra : On demande une cantatrice.
Marcelin
3 × 2,6 cm

Nº **727,** 31 janvier (suite)

S p. 77

En attendant la 5e représentation de la *Rose Saint-Flourrance*.
Marcelin
2,8 × 1,7 cm

T p. 77

Opéra-Comique. — Reprise de *Zampa*. Zampa et Zampette. Il y a là-dedans de bien jolis motifs — de pendule.
Marcelin
9,6 × 7,1 cm

U p. 77

Opéra-Comique. — Encore l'*Étoile du nord*. Les hussardes de la garde.
Marcelin
4,4 × 7,4 cm

N° **727,** 31 janvier (suite)

V p. 77

Mocker, chef de brrrigands.
Marcelin
3 × 2,6 cm

W p. 77

Un morceau du *Torreador*. — Ah ! que Battaille joue bien, des jambes surtout !
Marcelin
3,5 × 2,2 cm

X p. 77

Une rime riche de l'*Étoile du nord*.
Le bonnet sur l'oreil-*le*
Et la pipe à la bou-*che*.
Marcelin
3,2 × 2,3 cm

Nº **727,** 31 janvier (suite)

Y p. 77

Théâtre-Lyrique. — *La Fanchonnette* et son jeune ami. — Voilà madame Miolan qui commence son point d'orgue du 2e acte; nous avons le temps d'aller prendre un grog et de revenir avant qu'elle ait fini. (Historique.)
Marcelin
10 × 7,3 cm

Z p. 77

Folies-Nouvelles. — La *Petra Camera*. Quels yeux ! quelles dents ! quelle taille ! quelle jambe ! quelle Espagnole enfin !
Marcelin
6,5 × 4,2 cm

□ Nº **729,** 14 février : « Chronique musicale. » (p. 111)

A p. 112

Théâtre-Italien. — *Rigoletto*, scène du quatuor au dernier acte. — Mesd. Frezzolini et Alboni; MM. Mario et Corsi.
17,8 × 22,8 cm

□ Nº **730,** 21 février : « Le Lancier, nouveau quadrille. — Dessins de Cham. » [caricatures] (p. 125)

A p. 125

Tu m'agaces, avec ton éternel pas du Lancier; je vais t'apprendre le pas des Zouaves.
Cham
7,8 × 7,2 cm

B p. 125

Le Lancier ! mais je connaissons ça ! On appelions ça cheu nous *faire un fromage*.
Cham
7,8 × 6,4 cm

C p. 125

Troisième figure du Lancier. — Ici les mamans n'ont rien à dire.
Cham
7,8 × 9 cm

Nº **730,** 21 février (suite)

D p. 125

Monsieur est mon maître de danse; j'apprends le Lancier. — Madame, je n'aime pas cette figure-là !
Cham
7,9 × 5,7 cm

E p. 125

Mademoiselle m'accordera-t-elle l'honneur d'une polka ? — Une polka ! mais pourquoi pas la gavotte ? Je ne danse que le Lancier.
Cham
7,6 × 8,2 cm

F p. 125

Le quadrille du Lancier, tel qu'on se le figure en basse Bretagne. — Cavalier reconduisant sa dame.
Cham
7,8 × 8,3 cm

□ Nº **732,** 7 mars : « Chronique musicale. » (p. 157)

A p. 157

Théâtre de l'Opéra-Comique. — *Psyché*, dernière scène du premier acte. — Dessin de M. Gustave Doré.
18 × 22,7 cm

□ Nº **734,** 21 mars : « L'Illustre Théâtre. » (p. 187)

A p. 188

Un couloir de l'Opéra pendant le bal de la mi-carême.
Jules Worms, Lavis photographié sur bois[62]
15 × 23 cm

□ Nº **735,** 28 mars : « Courrier de Paris. » (p. 195)

A p. 196

Le tirage au sort en Alsace. — D'après un croquis de M. Henri Schmidt.
Jules Worms
16,7 × 32,6 cm

□ N° **735,** 28 mars (suite) : « Mme Ferraris. » (p. 208)

B p. 208

Mme Ferraris, d'après un buste de M. Lanzirotti.
14,8 × 10,2 cm

□ N° **736,** 4 avril : « Courrier de Paris. » (p. 211)

A p. 212

Bal de charité donné à Péra.
16,5 × 22,8 cm

□ N° **737,** 11 avril : « Chronique musicale. » (p. 229)

A p. 229

Théâtre de l'Opéra. — *Marco Spada*, ballet, acte 3e, scène dernière. — Décor de MM. Cambon et Thierry, machiné par M. Sacré.
Godefroy Durand
24 × 22,7 cm

☐ Nº **737,** 11 avril (suite) : « Un encyclopédiste à la foire. » (p. 240)

B p. 240

L'encyclopédiste forain. — D'après un croquis de M. Jules Lecœur.
Gustave Janet
18,2 × 22,5 cm

☐ Nº **743,** 23 mai : « De Nijni-Novgorod à Tiflis, sur le Volga. » (p. 332)

A p. 333

Chants exécutés à Astrakan par un chœur de jeunes Kalmouks. — D'après les dessins de M. P. Blanchard.
Godefroy Durand
13,8 × 22,8 cm

☐ Nº **745,** 6 juin : « La fête du pont du Gard au lundi de Pentecôte. » (p. 355)

A p. 356

Fête du pont du Gard. L'orchestre.
Godefroy Durand
16,8 × 15,5 cm

□ Nº **750,** 11 juillet : « Inauguration de la statue de Henri IV à la Flèche. » (p. 20)

A p. 20

Inauguration de la statue de Henri IV à la Flèche. — D'après un croquis envoyé par M. J. Dauban.
Jules Worms[41]
16,7 × 32,2 cm

□ Nº **751,** 18 juillet : « Béranger. » (p. 45)

A p. 45

[Portrait de Béranger entouré d'illustrations de ses chansons.]
Henri Valentin
28,7 × 22,7 cm

□ Nº **752,** 25 juillet : « Courrier de Paris. » (p. 51)

A p. 52

Théâtre de l'Hippodrôme. *Les vieilles Chansons françaises*.
Jules Worms
14,6 × 32,8 cm

□ N° **752,** 25 juillet (suite) : « Le tir fédéral, à Berne. » (p. 52)

B p. 53

Passage du cortége du tir fédéral de Berne, par la porte d'Aarberg.
____63
11,9 × 16 cm

□ ———— « Salon de 1857. Cinquième article. » (p. 61)

C p. 61

N° 385. *Un saltimbanque au moyen âge*, tableau par M. Brion.
illisible
15,4 × 22,6 cm

□ N° **754,** 8 août : « La ligne Lesguine. » (p. 87)

A p. 88

Bayadères persanes à Tchekhmakly. — D'après M. Ph. Blanchard.
17,4 × 22,7 cm

1857 Volume XXX

□ Nº **756,** 22 août : « Salon de 1857. Neuvième article. » (p. 123)

A p. 124

Nº 258 : *Musiciens tsiganes*, tableau et dessin par M. Valerio.
16,6 × 11,2 cm

□ Nº **757,** 29 août : « Salon de 1857. Dixième article. » (p. 139)

A p. 141

Nº 834 : *Las Seguidillas*, tableau et dessin par M. Ant. Dumas.
10,8 × 15,5 cm

□ Nº **758,** 5 septembre : « Théâtre militaire du premier régiment de grenadiers de la garde impériale, à Courbevoie. » (p. 159)

A p. 160

Le théâtre militaire des grenadiers de la garde, à la caserne de Courbevoie.
18 × 23 cm

☐ Nº **759,** 12 septembre : « Le pape à Florence. » (p. 172)

A p. 173

Grand concert offert à Sa Sainteté par le gonfalonier de Florence, dans la salle des Cinq-Cents, au Palais-Vieux. — D'après les dessins de M. Levasseur.
Jules Worms
15,4 × 22,7 cm

☐ Nº **760,** 19 septembre : [gravure non reliée à un article]

A p. 188

Présentation des produits nationaux par les députés des villes de la haute Hongrie à l'empereur d'Autriche, dans la ville de Presbourg. — D'après un dessin de M. Kanitz.
Jules Worms
22,5 × 32,5 cm

☐ ———— « Salon de 1857. Douzième article. » (p. 183)

B p. 189

Le bal champêtre, reproduction en relief d'une gravure en taille-douce, d'après le tableau de Watteau, de la galerie de M. A. Dumont.
15,2 × 20,4 cm

☐ Nº **761,** 26 septembre : « Camp de Châlons. » (p. 202)

A p. 196

Camp de Châlons. Le quadrille des lanciers, dansé par les soldats.
Godefroy Durand
12 × 16,2 cm

B p. 196

Fête du mariage arabe, figurée par les zouaves du camp de Châlons, le 17 septembre. — D'après les croquis envoyés par M. Worms.
Janet Lange
14 × 22,9 cm

☐ Nº **762,** 3 octobre : « Chronique musicale. » (p. 221)

A p. 221

Théâtre de l'Opéra. Le *Cheval de Bronze*, 3e acte, ballet; décoration de MM. Cambon et Thierry.
Godefroy Durand
16,8 × 22, 8 cm

□ N° **763,** 10 octobre : « Salon de 1857. Quinzième article. » (p. 235)

A p. 236

Salon de 1857. Sculpture. N° 2729. *La lyre chez les Berbères*, groupe en bronze par M. Bartholdi.
8 × 10,5 cm

□ ———— « Le théâtre des nouveaux salons de Bade. » (p. 247)

B pp. 248-249

Le théâtre des nouveaux salons de Bade.
Martin-Jacques-Charles Lallemand[44]
23,4 × 32,4 cm

□ ———— « Revue des théâtres, par Marcelin. » [caricatures] (p. 252)

C p. 252

Vaudeville. — *Dalila*. Roswein, *jouant sur l'orgue un air trop connu*. « Marco, qu'aimes-tu donc ? « Ni le chant de l'alouette, « Ni la voix de Roméo... »
Marcelin
4,3 × 6,5 cm

N° **763,** 10 octobre (suite)

D p. 252

Opéra-Comique. — *Joconde, ou les Coureurs*. Abricots, plein vent !
Marcelin
9,8 × 7,6 cm

E p. 252

Opéra-Comique. — *Les Dames Capitaines*. Ces dames aiment l'odeur de la poudre — de riz.
Marcelin
4,5 × 6 cm

F p. 252

Reprise d'*Haydée*. À la réussite des matelottes.
Marcelin
4,1 × 3,4 cm

Nº **763,** 10 octobre (suite)

G p. 252

Jeannette. « Si l'on couronne la beauté, « Vous êtes digne, en vérité, « D'avoir ici la préférence. » *(Joconde à Mme Lefèvre.)*
Marcelin
3,6 × 2,6 cm

H p. 252

[Théâtre-Lyrique. — *Obéron.*] Le ténor serait parfait, s'il avait des sous-de-pied.
Marcelin
3,7 × 3,2 cm

I p. 252

[Théâtre-Lyrique. — *Obéron.*] La jeune sultane courant après son nez.
Marcelin
4 × 3,2 cm

N° **763,** 10 octobre (suite)

J p. 253

Le jeune Lodbrog retirant ses bottes pour son pas d'amour.
Marcelin
6,3 × 3,8 cm

K p. 253

Opéra. — *Orfa*. Les sept péchés capitaux (sept péchés bien mignons !) viennent tenter Orfa; elle se laisse aller à la paresse, sur la pointe d'un orteil.
Marcelin
6,3 × 11,8 cm

L p. 253

Le père Obin et ses bretelles scandinaves.
Marcelin
6 × 3,7 cm

Nº **763,** 10 octobre (suite)

M p. 253

Guillaume Tell. « Maître renard, sur la gamme perché, « Tient dans son bec un beau fromage. »
Marcelin
6 × 3,2 cm

N p. 253

Marco Spada. Il est beau comme un Schnetz de la première manière.
Marcelin
6,7 × 4,3 cm

O p. 253

Opéra. — *Marco Spada.* Un duel au pied entre madame Ferraris et madame Rosati.
Marcelin
6,4 × 10,2 cm

Nº **763,** 10 octobre (suite)

P p. 253

Une patrouille sur l'air du *Tra déri déra*, commandée par le colonel Mérante.
Marcelin
6,6 × 8,3 cm

Q p. 253

Le pas des poignards. Ce qu'on craint, ce ne sont pas les poignards, ce sont les coudes.
Marcelin
6,2 × 8 cm

□ Nº **765,** 24 octobre : « La Géorgie. — Tiflis. » (p. 275)

A p. 277

Illumination ambulante des corporations à Tiflis. — [D'après les dessins de M. Ph. Blanchard.]
15,6 × 22,7 cm

Nº **765,** 24 octobre (suite)

B p. 277

Bal de la noblesse, à Tiflis. Le Darbaz, la Lesguinka. — D'après les dessins de M. Ph. Blanchard.
Godefroy Durand
15,5 × 22,6 cm

□ Nº **767,** 7 novembre : « L'Inde. — Les Thugs. » (p. 311)

A p. 313

Les thugs (étrangleurs) de l'Inde. — D'après un tableau de M. Schaeft, exposé au salon de 1857.
Godefroy Durand[41]
22,8 × 32,6 cm

□ Nº **768,** 14 novembre : « Modes de saison. » (p. 335)

A p. 336

[Gravure de modes : femmes dans un salon, autour d'un piano.]
Jules Worms
16,6 × 22,9 cm

N° **769,** 21 novembre : « Chronique musicale. » (N° 768, p. 335)

A p. 340

Théâtre-Lyrique. *Margot*, scène et décor; scène VIII du deuxième acte.
11,8 × 22,6 cm

□ N° **772,** 12 décembre : « Baillot. » (p. 387)

A p. 400

Baillot (Pierre-Marie-François de Salles). — Dessin de M. Pérignon, d'après le buste de M. Briant jeune, récemment placé au musée de Versailles.
10,4 × 7,1 cm

□ N° **773,** 19 décembre : « Chronique musicale. » (p. 403)

A p. 404

Théâtre de l'Opéra-Comique. *Le Carnaval de Venise*, 2e acte, dernier tableau.
Janet Lange
19,2 × 22,8 cm

☐ N° **775,** 2 janvier : « Hôtel pompéien. » (p. 7)

A p. 9

Un chasseur. (Peintures décoratives par M. Cornu.)
8 × 5,6 cm

☐ N° **776,** 9 janvier : « Revue des grands théâtres, par Marcelin. » [caricatures] (p. 29)

A p. 29

Opéra. — *La Somnambule*. Quelle mime adorable que Mme Rosati ! Il ne lui manque que la parole !
Marcelin
6 × 4 cm

B p. 29

La direction utilisant ses deux ténorettini. Marié et Boulo.
Marcelin
6,2 × 6,7 cm

Nº **776,** 9 janvier (suite)

C p. 29

Opéra. — *Le Cheval de bronze*. Ce jeune Chinois résiste aux séductions de Mme Ferraris et du corps de ballet; ce n'est donc pas un homme !
Marcelin
6 × 11,7 cm

D p. 29

Italiens. — *Ernani. Les conspirateurs du 4e acte*. Qu'on se rassure ! La police a l'œil sur eux !
Marcelin
6,2 × 8,1 cm

E p. 29

Italiens. *Mario dans Rigoletto*. « Sempre amabile ! »
Marcelin
6 × 6 cm

Nº **776,** 9 janvier (suite)

F p. 29

Italiens. *Mario dans Don Pasquale.* « Com' è gentile ! »
Marcelin
6,1 × 3,1 cm

G p. 29

Italiens. — Une attention bien délicate de la direction, de nous distribuer ainsi le programme ! — Oui ! le programme du lendemain !
Marcelin
6 × 5,3 cm

H p. 29

Opéra-Comique. — *Le Carnaval de Venise.* Ce n'est pas une pièce, c'est une partie de dominos, — gagnée par Mme Cabel.
Marcelin
6,2 × 4 cm

1858 Volume XXXI

□ Nº **777,** 16 janvier : « Le roi des Gnomes. » (p. 44)

A p. 45

[Gnomes musiciens.]
Julius Bakof, Genève[62]
21 × 14,9 cm

□ Nº **778,** 23 janvier : « Histoire de la semaine. » (p. 50)

A [p. 49]

Attentat contre LL. MM. Impériales devant le péristyle de l'Opéra, dans la soirée du 14 janvier 1858.
Godefroy Durand
18,5 × 22,6 cm

□ Nº **781,** 13 février : « Louis Lablache. » (p. 107)

A p. 108

Lablache, mort à Naples le 23 janvier 1858.
Jean-Auguste Marc
12,2 × 10,4 cm

☐ N° **782,** 20 février : « Courrier de Paris. » (p. 114)

A p. 113

Bal donné au palais du Sénat, par M. le grand référendaire, le 13 février 1858.
17,7 × 22,4 cm

B pp. 120-121

Le mardi gras et le mercredi des cendres.
Jules-Descartes Ferat
32,5 × 48,4 cm

C p. 128

Le bal de M. et Mme Mirès. Salle improvisée par M. Arveuf, architecte, construite par MM. Jaud et Lassarre, peinte par M. Cambon, ornée de statues par M. Cruchet.
Jules Worms
20 × 22,5 cm

☐ N° **782,** 20 février (suite) : « La Sainte-Épissoire à Toulon. » (p. 125)

D p. 125

Toulon. Fête de Sainte-Épissoire. — D'après un croquis de M. Letuaire.
14,7 × 22,8 cm

☐ N° **784,** 6 mars : « Chronique musicale. » (p. 147)

A p. 148

Mademoiselle Artot, de l'Académie impériale de musique.
15 × 11 cm

B p. 148

Théâtre-Italien. — *Marta*, acte 2ᵉ. Lionello, Mario — Plunkett, Graziani — Enrichetta. Mme Saint-Urbin — Nancy, Mme Nantier-Didiée.
Godefroy Durand
15,4 × 22,7 cm

□ Nº **785,** 13 mars : « La folle semaine. » (p. 167)

A pp. 168-169

Bal chez S. A. I. la grande-duchesse Marie Nicolaievna, le 2/14 février 1858. (D'après les dessins envoyés par M. P. Blanchard.)
Godefroy Durand
20,1 × 20,3 cm

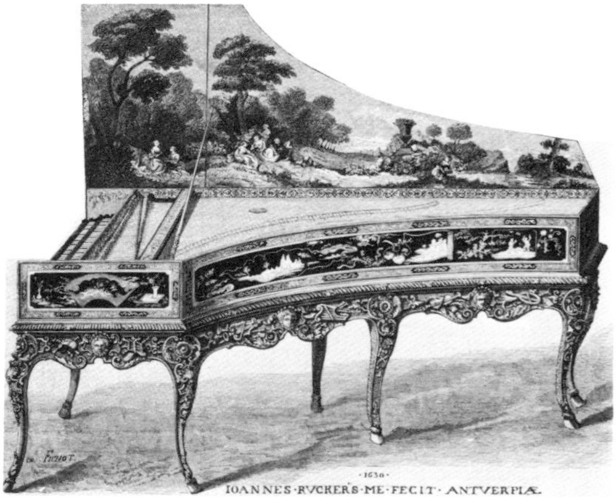

B p. 172

Clavecin de 1630 [Johannes Ruckers], tiré du cabinet de M. Félix Pigeory.
Michel-Charles Fichot
18,8 × 22,6 cm

□ Nº **786,** 20 mars : « Chronique musicale. » (p. 190)

A p. 189

Théâtre-Lyrique. — *La Perle du Brésil*, acte 3e. — Décoration de M. Cheret.
F. Lefman
16,4 × 22,5 cm

☐ N° **787,** 27 mars : « Chronique musicale. » (p. 198)

A p. 197

Théâtre de l'Académie impériale de musique. *La Magicienne*, opéra de M. Halévy, 5ᵉ acte; décor de MM. Cambon et Thierri.
Janet Lange[41]
22,7 × 32 cm

☐ N° **790,** 17 avril : « Chronique musicale. » (p. 251)

A p. 252

Fantaisie inspirée à M. Al. Verhueil, d'Amsterdam, par les variations humoristiques du violoniste Henri Wieniawski, sur le *Carnaval de Venise*.
——[64]
22,5 × 15,6 cm

☐ ———— « Henri Litolff. » (p. 255)

B p. 256

Henri Litolff.
Jean-Auguste Marc
19,7 × 15,7 cm

☐ Nº **793,** 8 mai : « Chronique musicale. » (p. 293)

A p. 293

Théâtre de l'Opéra-Comique. — *Les chaises à porteurs.* — Décoration de MM. Nolau et Rubé.
Godefroy Durand
16,2 × 22,7 cm

☐ Nº **798,** 12 juin : « Massimino. » (p. 372)

A p. 372

Massimino, décédé à Paris, le 15 mai 1858. — D'après une photographie de MM. Bertsch et Arnaud.
Jean-Auguste Marc
15,6 × 13,1 cm

☐ Nº **800,** 26 juin : « La veille de la Saint-Jean à Valréas. » (p. 404)

A p. 405

La veille de la Saint-Jean à Valréas (Vaucluse). — D'après un croquis de M. Muston.
20,1 × 16,1 cm

☐ Nº **800,** 26 juin (suite) : « Un intérieur persan. » (p. 407)

B p. 408

Danse d'almées dans un palais persan. — D'après un tableau peint par M. Schœft.
Godefroy Durand
22,7 × 32,8 cm

☐ ———— « Chronique musicale. » (p. 411)

C p. 412

Grand festival donné au Palais de l'Industrie par les musiques de la garde impériale, au profit de la caisse de pension des artistes.
Gustave-Adolphe Jundt
17 × 22,7 cm

□ N° **802,** 10 juillet : « Incendie du Théâtre de Palma (Îles Baléares). » (p. 29)

A p. 29

Incendie du Théâtre de Palma. — D'après un dessin de M. Viringue.
Jules Gaildreau
14,7 × 11 cm

B p. 29

La salle du Théâtre de Palma après l'incendie. D'après une photographie de M. Martin.
15,7 × 22,6 cm

□ N° **803,** 17 juillet : « Courrier de Paris. » (p. 35)

A p. 36

Concerts militaires dans le jardin du Palais des Tuileries.
Eugène Provost
14,1 × 16,5 cm

Nº **803,** 17 juillet (suite)

B p. 36

Concerts militaires dans le jardin du Palais-Royal.
Eugène Provost
15,1 × 22,6 cm

C p. 37

Académie impériale de musique. *Sacountala*, ballet; 2e acte. Décoration de MM. Nolau et Rubé.
Godefroy Durand
17 × 22,7 cm

□ ———— « Cérémonie funéraire chez les nègres de Surinam. » (p. 41)

D p. 41

Cartes d'invitation et *Dron* (tambour) nègres.
14,5 × 32,4 cm

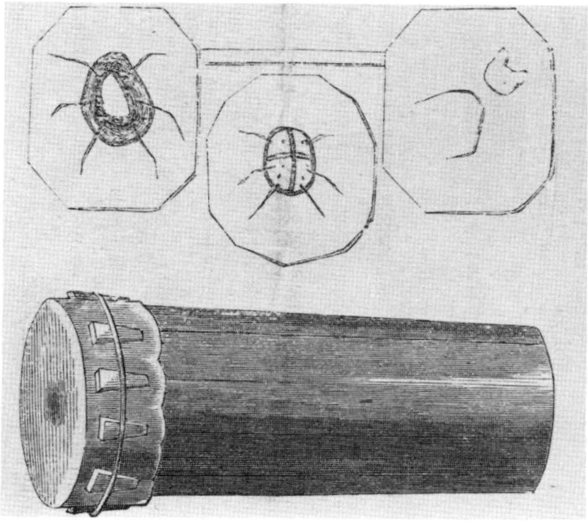

□ N° **805,** 31 juillet : « La fête fédérale de chant à Zurich, 18 et 19 juillet 1858. » (p. 76)

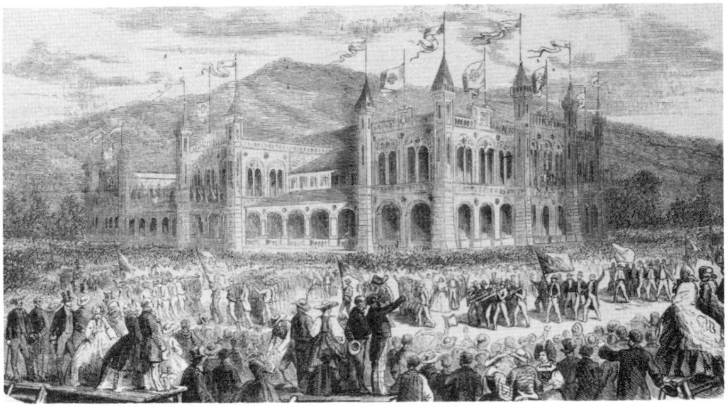

A p. 76

[La fête fédérale de chant à Zurich.]
12,4 × 22,2 cm

□ N° **806,** 7 août : « Élection à la présidence du Conseil fédéral en Suisse. » (p. 94)

A p. 93

Sérénade donnée à M. Staempfli, à Berne, le 26 juillet 1858. — D'après un croquis de M. Fichot.
15,9 × 22,6 cm

□ N° **807,** 14 août : « Le théâtre de la gare à Cherbourg. » (p. 109)

A p. 109

Spectacle à la gare du chemin de fer. — D'après un croquis de J. Gaildrau.
16,5 × 22,3 cm

☐ N° **809,** 28 août : « Courrier de Paris. » (p. 131)

A p. 132

Théâtre Deburau aux Champs-Élysées. Scène de *la Nuit rose*.
Charles Vernier[66]
14,8 × 20,4 cm

B p. 132

Restauration de la salle de la Comédie-Française, par M. Chabrol, architecte. L'avant-scène pendant la représentation du *Bourgeois gentilhomme*.
A. Guesdon
16,3 × 15 cm

☐ N° **815,** 9 octobre : « Exposition des prix de concours et des envois de Rome. » (p. 229)

A p. 229

La leçon de flûte, peinture de M. Delaunay.
Jean-Auguste Marc
12 × 8,5 cm

□ N° **815,** 9 octobre (suite) : « Le traité chinois. » (p. 232)

B p. 233

Préliminaires de la séance du 27 juin 1858, pour la rédaction du traité entre la France et la Chine.
Jules Worms
13,1 × 22,3 cm

□ N° **817,** 23 octobre : « Baptême de la Ligne, à bord du transport à hélice *la Saône*, se rendant en Chine avec 550 soldats passagers. » (p. 267)

A p. 269

Bal de nuit donné à l'occasion du passage de la ligne (tribord). — D'après un croquis de M. A. Theil.
Jules Worms
12,8 × 22,8 cm

□ N° **822,** 27 novembre : « Chronique musicale. » (p. 339)

A p. 340

M. Montaubry, nouveau ténor engagé pour le théâtre de l'Opéra-Comique.
Jean-Auguste Marc
17,3 × 14,4 cm

□ Nº **835,** 26 février : « Courrier de Paris. » (p. 131)

A p. 132

Le passage de l'Opéra un jour de bal masqué à l'Académie impériale de musique.
J. Pelcoq
13,2 × 22,7 cm

□ Nº **836,** 5 mars : « Courrier de Paris. » (p. 147)

A p. 149

Concerts de Paris. « Hoop de doodem doo », scène comique populaire par M. E. H. Pierce, de la société des *Christy's minstrels*.
Jean-Auguste Marc
14,7 × 10,4 cm

□ ———— « Inauguration du carnaval à Saint-Pétersbourg. » (p. 151)

B pp. 152-153

Inauguration du carnaval à Saint-Pétersbourg. — Soirée intime chez S. A. I. Madame la grande-duchesse Hélène Pavlovna. — Dessin de M. Zichy.
____62
31,4 × 40,2 cm

☐ Nº **837,** 12 mars : « Chronique musicale. » (p. 166)

A p. 165

Théâtre de l'Académie impériale de musique. — Première représentation d'*Herculanum*, opéra. — 4e acte. — Décor de MM. Cambon et Thierry, machiné par M. Sacré
22,5 × 32 cm

☐ ———— « Courrier de Paris. » (p. 163)

B pp. 168-169

L'entrée du bal masqué de l'Opéra, dans la nuit du Mardi-Gras.
Jules-Descartes Ferat
32,5 × 48,1 cm

☐ Nº **839,** 26 mars : « Chronique musicale. » (p. 195)

A p. 196

Première réunion, dans le palais de l'Industrie, à Paris, des Orphéonistes de France, au nombre de six mille.
Jules Gaildrau
22,9 × 32,4 cm

□ Nº **839,** 26 mars (suite) : « Le carnaval de Turin. » (p. 198)

B p. 197

Souvenirs du carnaval de Turin en 1859. — D'après les croquis envoyés par les organisateurs de la mascarade.
Jules Worms
22,6 × 32,8 cm

□ Nº **840,** 2 avril : « Chronique musicale. » (p. 214)

A p. 213

Théâtre-Lyrique. — Première représentation de *Faust*. — Acte 5e, deuxième tableau. — Décoration de MM. Cambon et Thierry.
F. Lefman
22,9 × 31,8 cm

□ ———— « Mademoiselle Ingeborg Starck, pianiste. » (p. 224)

B p. 224

[Mlle Ingeborg Starck, pianiste.]
Jean-Auguste Marc
12,1 × 11 cm

□ N° **841,** 9 avril : « Courrier de Paris. » (p. 227)

A p. 228

Soirée musicale au cercle des artistes de la rue Drouot.
Jules Worms
16 × 22,5 cm

□ ———— « Chronique musicale. » (p. 230)

B p. 229

Théâtre de l'Opéra-Comique. — 1re représentation du *Pardon de Ploërmel*, opéra de M. Meyerbeer, 2e acte. Décoration de M. Despléchins.
Godefroy Durand
14,7 × 22,1 cm

C p. 229

Le Pardon de Ploërmel. 3e acte. Décoration de M. Chevet.
Godefroy Durand
16,2 × 22,6 cm

□ Nº **843,** 23 avril : « Courrier de Paris. » (p. 259)

A p. 260

Mme Bosio, décédée à Saint-Pétersbourg.
Jean-Auguste Marc
13,7 × 9,7 cm

B p. 260

Théâtre-Français. — Reprise d'*Athalie*, avec chœurs. — 2e acte.
Godefroy Durand
22,9 × 14,2 cm

□ Nº **844,** 30 avril : « Salon de 1859. Deuxième article. » (p. 275)

A p. 276

Tsiganes valaques de la Transylvanie, tableau par M. Valerio (nº 2916).
Jules Worms
14,8 × 10,7 cm

□ Nº **845,** 7 mai : « M. Georges Mathias. » (p. 304)

A p. 304

M. Georges Mathias.
17,2 × 13,4 cm

□ Nº **847,** 21 mai : « Correspondance de l'armée d'Italie. » (p. 326)

A p. 332

La 2e division du 4e corps de l'armée d'Italie quittant Lans-le-Bourg, le 4 mai 1859. — D'après un dessin envoyé par M. Beaucé.
Jules Worms
22,6 × 32,7 cm

□ Nº **851,** 18 juin : « Le *Te Deum* à Milan. » (p. 418)

A p. 417

Te Deum chanté dans la cathédrale de Milan. — D'après un croquis de M. J. Gaildrau.
_____67
20 × 22,3 cm

□ N° **852,** 25 juin : « Le Théâtre impérial du palais de Dolma-Bagchté à Constantinople. » (p. 445)

A p. 445

Vue intérieure de la salle du Théâtre impérial de Dolma-Bagchté. — D'après un dessin de M. Hammont.

62

27,4 × 21,3 cm

□ Nº **854,** 9 juillet : « Histoire de la semaine. » (p. 26)

A p. 25

Te Deum chanté à Turin le 29 juin 1859, à l'occasion de la victoire de Solferino. — D'après un dessin de M. Tétar Van Elven.
20,3 × 22,5 cm

□ Nº **857,** 30 juillet : « Salon de 1859. Douzième article. » (p. 92)

A p. 93

La veuve du maître de chapelle, tableau par M. A. Cabanel (nº 465).
Jean-Auguste Marc
12 × 16,7 cm

□ Nº **860,** 20 août : « Entrée triomphale de l'armée d'Italie. » (p. 142)

A p. 152

La musique des Turcos.
Jules-Descartes Ferat
14,2 × 10,7 cm

☐ Nº **862,** 3 septembre : « Une excursion dans les Pyrénées. » (p. 187)

A p. 188

Musicien. [Types de la vallée d'Ossau.]
68
14,5 × 8,1 cm

☐ Nº **864,** 17 septembre : « Chronique musicale. » (p. 213)

A p. 213

Mme Gueymard-Lauters, de l'Académie impériale de musique.
11,5 × 10,8 cm

B p. 213

Roméo et Juliette, 2e acte. Mmes Vestvali et Gueymard-Lauters.
Jules Worms
18,8 × 17,3 cm

□ Nº **866,** 1er octobre : « Fêtes nationales à Bruxelles. » (p. 244)

A p. 245

Concert sur la place de l'Hôtel de Ville de Bruxelles.
15,2 × 22,5 cm

□ ———— « Victor-Emmanuel à Crémone. » (p. 250)

B p. 249

Décoration de la place Cavour, à Crémone, pour la réception du roi Victor-Emmanuel. — D'après un dessin de M. H. de Bouchemann, capitaine au 18e chasseurs à pied.
Godefroy Durand
22,3 × 32,7 cm

□ Nº **868,** 15 octobre : « Réception, à Bordeaux, de l'Empereur et de l'Impératrice. » (p. 278)

A pp. 280-281

Bal offert à LL. MM. par la ville de Bordeaux dans la salle du Grand Théâtre, le 11 octobre. — D'après un dessin de M. Philippe.
Godefroy Durand, Jules-Descartes Ferat
32,4 × 48,6 cm

□ N° **868,** 15 octobre (suite) : « Concours musical à Saint-Denis. » (p. 286)

B p. 285

Distribution des prix décernés aux orphéonistes devant l'église de Saint-Denis.
14,3 × 10,8 cm

□ N° **873,** 19 novembre : « Chronique musicale. » (p. 358)

A p. 357

Grand festival donné le 10 novembre, dans le Cirque de l'Impératrice, à l'occasion de l'anniversaire séculaire de la naissance de Schiller.
Jules Gaildrau
19,4 × 22,7 cm

□ N° **874,** 26 novembre : « Chronique musicale. » (p. 379)

A p. 380

Théâtre-Lyrique. — *Orphée*, Mme Pauline Viardot. 2e acte. — Décoration de MM. Cambon et Thierry.
Janet Lange
16,1 × 22,3 cm

□ N° **876,** 10 décembre : « Nouveau théâtre de la Nouvelle-Orléans. » (p. 412)

A p. 412

Le nouveau théâtre de la Nouvelle-Orléans. — D'après une photographie.
Michel-Charles Fichot, Jules Gaildrau
13,2 × 22,8 cm

□ N° **877,** 17 décembre : « Courrier de Paris. » (p. 419)

A p. 420

Bal donné à l'Opéra, au bénéfice de la caisse des pensions de retraite des artistes et employés de ce théâtre. Exécution du *Quadrille impérial* par les artistes de l'Opéra.
Godefroy Durand
20,1 × 22,4 cm

B p. 420

Tirage de la tombola au bal de l'Opéra.
Justin L'hernault
10,6 × 10,6 cm

☐ Nº **877,** 17 décembre (suite) : « Concert donné à Florence au bénéfice de la souscription pour l'achat d'un million de fusils, proposée par Garibaldi. » (p. 429)

C p. 429

Concert donné au Théâtre de Pagliano, à Florence, au bénéfice de la souscription nationale pour l'achat d'un million de fusils, proposée par Garibaldi. — Mlle Piccolomini chantant l'*Hymne à la Croix de Savoie*. — D'après un dessin de M. Foucques de Vagnonville.
[illisible]
13,7 × 22,7 cm

☐ Nº **878,** 24 décembre : « *Histoire des Peintres de toutes les écoles, depuis la renaissance jusqu'à nos jours,* par Charles Blanc, ancien directeur des Beaux-Arts. (Paris, veuve J. Renouard) 1 fr. la livraison gr. in-4º (texte et gravures). » (p. 445)

A p. 445

Concert. — (J.-F. de Troy.)
A. Paquier[69]
7,9 × 5,7 cm

□ Nº **880,** 7 janvier : « Courrier de Paris. » (p. 3)

A p. 4

Théâtre des Variétés. — La Descente de la Courtille aux enfers, 18e tableau de *Sans Queue ni Tête*, revue de MM. Coignard et Clairville. — Décor de M. Georges.
Jules Worms
15,6 × 22,2 cm

□ Nº **881,** 14 janvier : « Voyage de la Mission française en Perse. » (p. 23)

A p. 25

Timbalier du shah de Perse. [D'après les dessins envoyés par le commandant Émile Duhousset.]
13 × 10,7 cm

□ Nº **883,** 28 janvier : « Narcisse Girard. » (p. 63)

A p. 64

Girard, chef d'orchestre de l'Académie impériale de musique, décédé le 16 janvier 1860, d'après une photographie faite en 1846 et communiquée par la famille.
Henri Hofer
12,6 × 10,5 cm

□ N° **884,** 4 février : « Les concerts, par Carlo Gripp. » [caricatures] (p. 76)

A p. 76

Quelques affiches de concerts.
Carlo Gripp
12 × 7,5 cm

B p. 76

— Je donne un concert, viendrez-vous avec vos amis ? — Sans doute...; j'amènerai aussi les vôtres, Madame. — Bravo ! j'aurai salle comble.
Carlo Gripp
6 × 7 cm

C p. 76

Mon mari adore la musique; il va chaque soir aux concerts du Casino.
Carlo Gripp
6 × 6,9 cm

N° **884,** 4 février (suite)

D p. 76

Une voix dans le désert.
Carlo Gripp
4,9 × 14,3 cm

E p. 76

Donnant l'ut dièze comme Tamberlik, mais employant des ficelles; passe pour un chanteur usé jusqu'à la corde.
Carlo Gripp
9,3 × 7,2 cm

F p. 76

Cet artiste joue sur un *Pleyel* avec un nez rare. — Un *Pleyel* et un *Érard* ? permettez-moi cependant de vous faire observer qu'on ne voit qu'un seul piano.
Carlo Gripp
8,9 × 7,3 cm

N° **884,** 4 février (suite)

G p. 76

Une cantatrice plus forte que l'Alboni.
Carlo Gripp
9,5 × 8,5 cm

H p. 76

[Un monsieur au piano forcé.] Premier quart d'heure.
Carlo Gripp
7,3 × 8,3 cm

I p. 76

Un monsieur au piano forcé. Deuxième quart d'heure.
Carlo Gripp
7,2 × 7,2 cm

Nº **884,** 4 février (suite)

J p. 76

[Un monsieur au piano forcé.] Troisième quart d'heure.
Carlo Gripp
7,2 × 8,3 cm

K p. 77

Violonistes.
Carlo Gripp
7,6 × 8,2 cm

L p. 77

Pianistes.
Carlo Gripp
7,5 × 7,8 cm

Nº **884,** 4 février (suite)

M p. 77

La femme, faible créature...
Carlo Gripp
7,8 × 6,5 cm

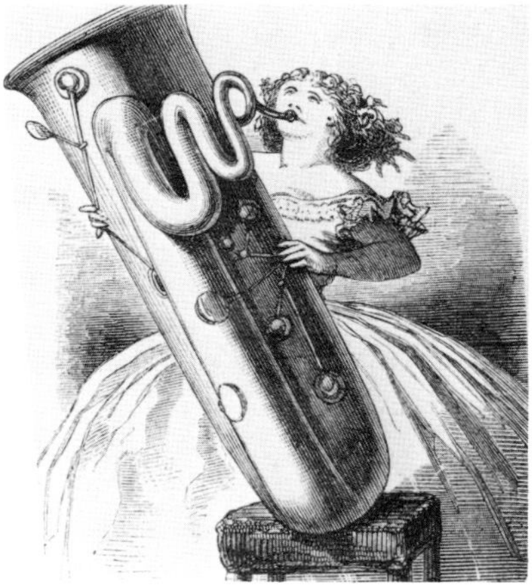

N p. 77

Chanteurs.
Carlo Gripp
12,3 × 10,8 cm

O p. 77

L'accompagnateur.
Carlo Gripp
4,1 × 2,9 cm

Nº **884**, 4 février (suite)

P p. 77

Trio laid.
Carlo Gripp
12,2 × 11,7 cm

Q p. 77

[Un vieux mélomane.] Quand on lui parle de Grétry.
Carlo Gripp
7,4 × 4,6 cm

R p. 77

[Un vieux mélomane.] Quand on lui parle de Verdi.
Carlo Gripp
7,4 × 4,6 cm

Nº **884,** 4 février (suite)

S p. 77

Espèce rare.
Carlo Gripp
7,6 × 3,7 cm

T p. 77

Décidément M. Théophile Gautier a raison : la musique est le plus désagréable et le plus cher de tous les bruits.
Carlo Gripp
7,7 × 8 cm

□ Nº **885,** 11 février : « Théâtre de Carrera à Guatemala. » (p. 96)

A p. 96

Le nouveau théâtre de Carrera à Guatemala. — D'après une photographie de M. Fitz Gibbon.
Jules Gaildrau
10,4 × 15,1 cm

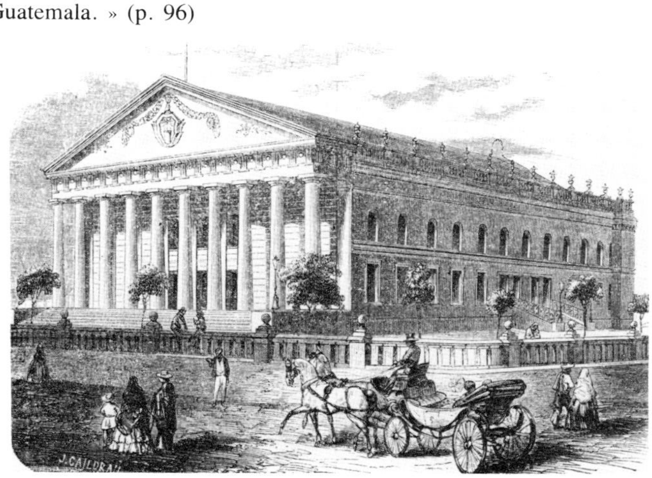

□ Nº **887,** 25 février : « Chronique musicale. » (p. 118)

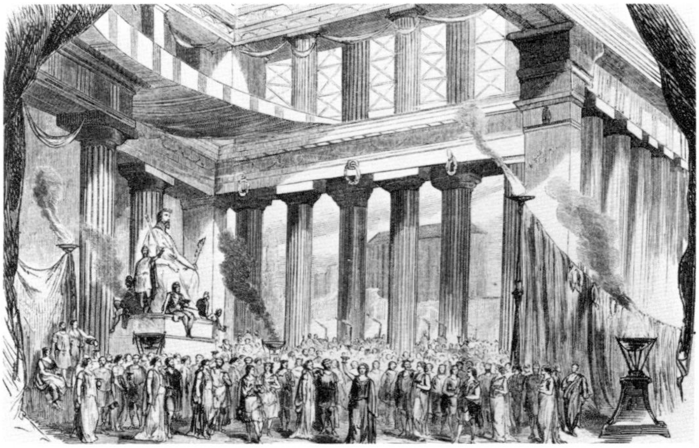

A p. 117

Théâtre-Lyrique. — *Philémon et Baucis*, opéra de M. Gounod; acte 2e; décor de MM. Cambon et Thierry.
F. Lefman
15,1 × 22,3 cm

□ Nº **888,** 3 mars : « Revue des théâtres, par Bertall. » [caricatures] (p. 140)

A p. 140

Opéra-Comique. — M. Nestor Roqueplan à la recherche d'un succès. Il n'en rencontre pas. — Pardon, il conserve la chèvre et les cascades de Ploërmel.
Bertall
6,4 × 8,3 cm

B p. 141

Théâtre-Lyrique. *Orphée aux Enfers*, imitation de l'*Orphée* des Bouffes-Parisiens. — Tous les deux jours Orphée perd son Eurydice; heureusement il retrouve son talent et sa voix, le tout aux applaudissements du public.
Bertall
7,3 × 5 cm

N° **888,** 3 mars (suite)

C p. 141

Bouffes-Parisiens. — Le général Offenbach passe la revue du carnaval, ou le carnaval des revues.
Bertall
7,5 × 4,7 cm

☐ ———— « Nécrologie. Raffet. » (p. 144)

D p. 144

Batterie de tambours de l'armée d'Italie, peinture par Raffet. — D'après une photographie de M. Martinet.
8,1 × 15 cm

☐ N° **889,** 10 mars : « Découvertes dans l'Amérique centrale. » (p. 151)

A p. 153

Danse allégorique au retour de la guerre.
Godefroy Durand
12 × 18,8 cm

☐ Nº **889,** 10 mars (suite) : « Correspondance de l'*Illustration.* » (p. 146)

B p. 157

Le carnaval de 1860 à Turin. — [D'après les dessins envoyés par M. C. Teja.]
20,1 × 22,3 cm

C p. 157

Le carnaval de 1860 à Milan. — D'après les dessins envoyés par M. C. Teja.
10 × 22,5 cm

☐ Nº **890,** 17 mars : « Chronique musicale. » (p. 165)

A p. 165

Théâtre de l'Académie impériale de musique. — *Pierre de Médicis*, opéra. 1er Tableau, le palais Ducal à Pise, par MM. Nolau et Rubé.
Godefroy Durand
7 × 10,9 cm

N° **890,** 17 mars (suite)

B p. 165

[*Pierre de Médicis.*] 2e Tableau, Appartement de Laura, par MM. Nolau et Rubé.
Godefroy Durand
6,3 × 7,3 cm

C p. 165

[*Pierre de Médicis.*] 3e Tableau, le Jardin du palais Ducal, par M. H. Martin.
Godefroy Durand
6,3 × 7,8 cm

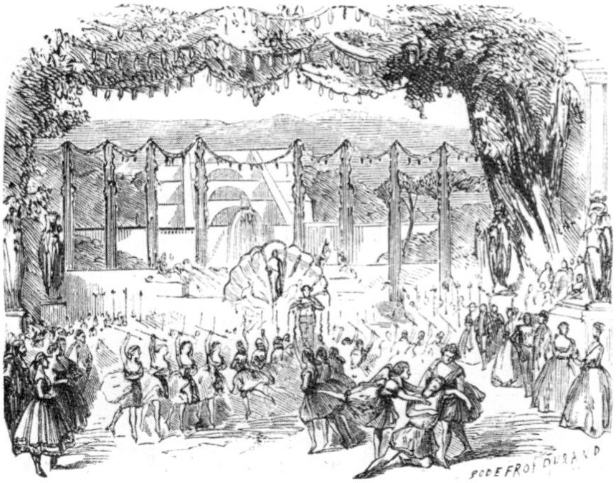

D p. 165

[*Pierre de Médicis.*] 4e Tableau, Cabane de pêcheur, par M. Despléchin.
Godefroy Durand
6,2 × 7,3 cm

N° **890,** 17 mars (suite)

E p. 165

[*Pierre de Médicis.*] 5e Tableau, le Campo Santo de Pise, par M. Despléchin.
Godefroy Durand
6,3 × 11,2 cm

F p. 165

[*Pierre de Médicis.*] 6e Tableau, le Cabaret, par MM. Cambon et Thierry.
Godefroy Durand
9,2 × 11,2 cm

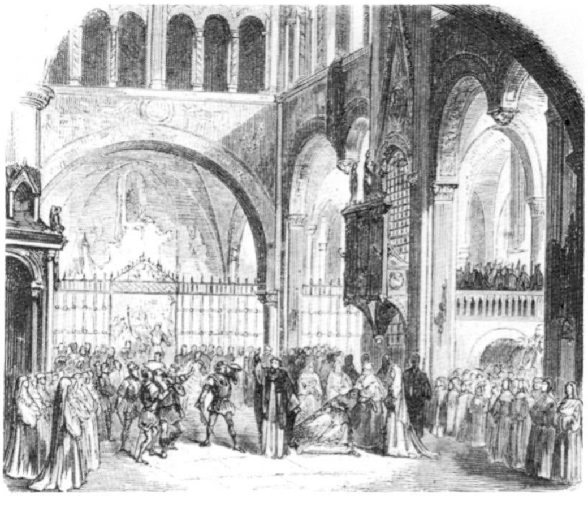

G p. 165

[*Pierre de Médicis.*] 7e et dernier Tableau, la Prise de voile, par MM. Cambon et Thierry.
Godefroy Durand
9,2 × 10,4 cm

□ N° **891,** 24 mars : « Fête populaire à Milan. Anniversaire de l'indépendance lombarde. » (p. 181)

A p. 181

Fête populaire à Milan pour l'anniversaire du Triomphe de l'indépendance lombarde en 1848. — D'après un dessin de M. Pietro Ronchetti.
Jules Gaildrau
11,8 × 22,2 cm

□ ———— « Correspondance de l'*Illustration*. » (p. 178)

B p. 184

Paysans toscans arrivant à Florence pour la votation. — D'après un dessin de M. Niccola Sanesi.
Godefroy Durand
22,2 × 32,9 cm

C p. 185

Le ministre des grâces et de la justice proclamant le résultat du suffrage universel en Toscane sur le balcon du palazzo Vecchio, à Florence, dans la nuit du 15 mars. — D'après un dessin de M. Niccola Sanesi.
Godefroy Durand, Jules-Descartes Ferat
22,5 × 32,8 cm

□ N° **891,** 24 mars (suite) : « Théâtre de Marseille. Première représentation du *Jugement de Dieu*, opéra en quatre actes. » (p. 192)

D p. 192

Première représentation, à Marseille, du *Jugement de Dieu*, opéra de MM. A. Morel et Carcassonne; 4e acte, *le Défi*. — D'après un dessin de M. A. Crapelet.
12,5 × 17,5 cm

□ N° **892,** 31 mars : « Le dimanche des Rameaux. » (p. 201)

A p. 201

Un mariage dans le Kirchzarter-Thal.
Martin-Jacques-Charles Lallemand
14,5 × 16,6 cm

□ ———— « Chronique musicale. » (p. 206)

B p. 208

Théâtre-Lyrique. *Gil Blas*, en 5 actes; décor du 1er acte.
Jules Worms
12,6 × 17 cm

☐ Nº **893,** 7 avril : « Les chanteurs de Pâques dans le Vorarlberg. » (p. 222)

A p. 221

Les chanteurs de Pâques dans le Vorarlberg (Tyrol).
Gustave-Adolphe Jundt
32 × 22,8 cm

☐ Nº **894,** 14 avril : « Bras artificiel de M. Roger, par Béchard. » (p. 247)

A p. 247

Bras artificiel de M. Roger.
______70,71
12,8 × 8 cm

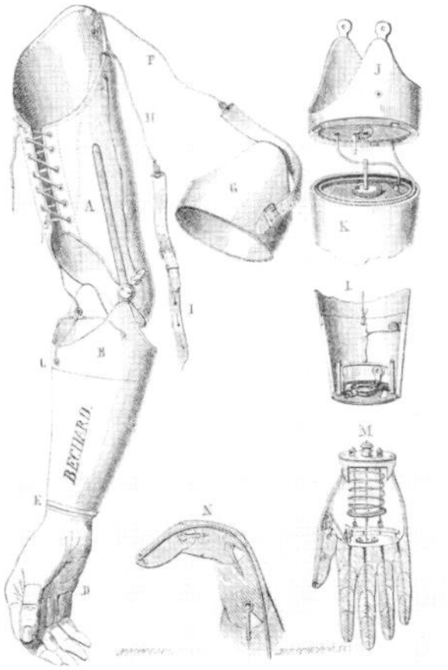

Bras artificiel de M. Roger.

PAR BECHARD.

Le déplorable accident qui a frappé si cruellement M. Roger, de l'Opéra, en reportant l'intérêt de ses nombreux admirateurs sur cet excellent artiste, avait fait craindre que l'art ne perdît un de ses plus dignes interprètes. La science est venue heureusement remédier à ce malheur universellement ressenti, et a restitué à l'éminent artiste le bras dont il était privé.

Cette pièce mécanique, sortant des ateliers de M. Bechard, 20, rue Richelieu, se fait remarquer par son habile exécution. Le fabricant a bien voulu nous permettre de la reproduire ; en le faisant, nous croyons être agréables et utiles à nos lecteurs. Ce chef-d'œuvre de prothèse, digne de Vaucanson, imite d'une manière aussi parfaite que possible l'inimitable nature. Il suffit, pour s'en convaincre, d'avoir vu à quelle aisance de mouvements est arrivé celui qui le porte.

DESCRIPTION DE LA PLANCHE.

A — Manchon se fixant au moignon.
B — Avant-bras.
C — Mouvement de rotation de ce dernier.
D — La main.
E — Dégrafement de cette main.
F — Corde pour la flexion du bras.
G — Manchon se fixant sur l'épaule, à la partie supérieure de l'humerus opposé. — Point de tirage.
H — Corde agissant sur le point C, dont la rotation détermine l'extension des doigts.
I — Boucle venant se fixer à la hanche opposée.
J. — Partie supérieure de l'avant-bras.
K — Partie inférieure du même.
L. — Mécanisme du poignet.
M — Détails de l'intérieur de la main.
N — Flexion d'un des doigts par l'effet du mécanisme.

F.

☐ Nº **895,** 21 avril : « Réception, à Madrid, de troupes revenant du Maroc. » (p. 251)

A p. 252

Réception à Madrid du 5e régiment d'artillerie à pied revenant du Maroc. — D'après un croquis de M. A. Prévost.
17,3 × 22,4 cm

☐ N° **895,** 21 avril (suite) : « Procession du vendredi saint à Tolède. » (p. 255)

B p. 256

Procession du vendredi saint à Tolède. — D'après un dessin de M. A. Prévost.
Janet Lange
22 × 31,9 cm

☐ ________ « Le carnaval à Rome. » (p. 259)

C p. 260

[Scènes du carnaval à Rome. D'après les tableaux de MM. Wider et R. Lehmann.]
Godefroy Durand
20,6 × 16,5 cm

☐ ________ « Le théâtre perfectionné, par Cham. » [caricatures] (p. 261)

D p. 261

On fera queue assis. Défense aux marchands d'entr'actes de s'asseoir sur les genoux du monde, sous aucun prétexte que ce soit.
Cham
6 × 7 cm

Nº **895,** 21 avril (suite)

E p. 261

Les employés du contrôle des nouvelles salles de spectacle perfectionnées passeront le public à la carteronine, avant de le laisser passer dans la salle également carteroninée.
Cham
6,5 × 9,7 cm

F p. 261

On pourra gagner sa stalle sans incommoder ses voisins, ainsi que cela se pratique actuellement.
Cham
6,1 × 5,7 cm

G p. 261

On coupera les manches des contrebasses, afin de ne pas gêner la vue des personnes placées à l'orchestre.
6,7 × 7,8 cm

Nº **895,** 21 avril (suite)

H p. 261

Les claqueurs porteront tous des gants de peau de lapin, afin de ne pas assourdir le public.
Cham
6,1 × 7,1 cm

I p. 261

Les lorgnettes seront interdites à l'orchestre pendant les ballets, et les danseuses porteront des pantalons à sous-pied.
Cham
6,8 × 8,2 cm

J p. 261

Le directeur ne recrutera sa troupe que parmi des individus vigoureusement constitués, afin d'éviter les relâches par indisposition.
Cham
6,1 × 9,6 cm

Nº **895,** 21 avril (suite)

K p. 261

Pour éviter que les acteurs soient toujours à regarder à leurs pieds, on placera le trou du souffleur dans les frises.
Cham
6,6 × 6,8 cm

L p. 261

Les actrices joueront avec des lunettes vertes, pour ne pas incendier les cœurs de l'orchestre.
Cham
6,3 × 6,5 cm

M p. 261

En cas d'incendie, la salle se trouvera immédiatement sous l'eau, grâce à un système ingénieux.
Cham
6,5 × 8,5 cm

Nº **895,** 21 avril (suite)

N p. 261

On mettra des piéges pour prendre le nez des curieux qui se permettent de regarder à la lucarne des loges.
Cham
6,5 × 7,3 cm

O p. 261

Les voitures pourront monter jusqu'aux loges, où elles iront prendre et déposer les spectateurs.
Cham
6,6 × 6,3 cm

□ Nº **897,** 5 mai : « Fêtes de charité à Toulouse (21, 22 et 23 avril). » (p. 285)

A p. 285

Fêtes de Toulouse. — Charles VI quittant le château narbonnais pour se rendre à Toulouse.
Jules Worms
15 × 17 cm

☐ N° **898,** 12 mai : « Chronique musicale. » (p. 302)

A p. 301

Théâtre-Lyrique. — Première représentation de *Fidelio*, opéra de Beethoven. — 3ᵉ acte, 3ᵉ tableau.
Janet Lange
18,4 × 21,9 cm

☐ ———— « Promenades artistiques dans Rome. » (p. 307)

B p. 308

Moines à Vêpres. — Tableau par M. Max Michael.
10,6 × 14,3 cm

☐ N° **899,** 19 mai : « Concours régional de Montpellier. » (p. 325)

A p. 324

Festival des orphéonistes et des musiques militaires sur la promenade du Peyrou, à Montpellier. D'après les croquis envoyés par M. Laurens.
15 × 22,5 cm

□ Nº **900,** 26 mai : « Courrier de Paris. » (p. 330)

A p. 332

Pavillon des Concerts Musard, aux Champs-Élysées.
A. Provost
17,8 × 22,3 cm

□ ________ « La Sicile. » (p. 331)

B p. 332

Uniformes de l'armée napolitaine.
Jules Worms
12,3 × 22,6 cm

□ Nº **904,** 23 juin : « Courrier de Paris. » (p. 394)

A p. 408

Théâtre de la Porte-Saint-Martin. — Inauguration de la nouvelle décoration d'été.
____ 72
17,1 × 22,5 cm

☐ Nº **906,** 7 juillet : « Courrier de Paris. » (p. 2)

A p. 4

Théâtre des Variétés. — *La Fille du Diable*, vaudeville fantastique en huit tableaux, par MM. Clairville, Lambert Thiboust et Siraudin; 4e acte, décor de M. Georges.
Godefroy Durand
16 × 22,4 cm

☐ ________ « La France chorale à Londres. » (p. 6)

B p. 5

Concert donné par les orphéonistes de France dans le palais de Sydenham, en Angleterre.
Jules Gaildrau
15,1 × 22,5 cm

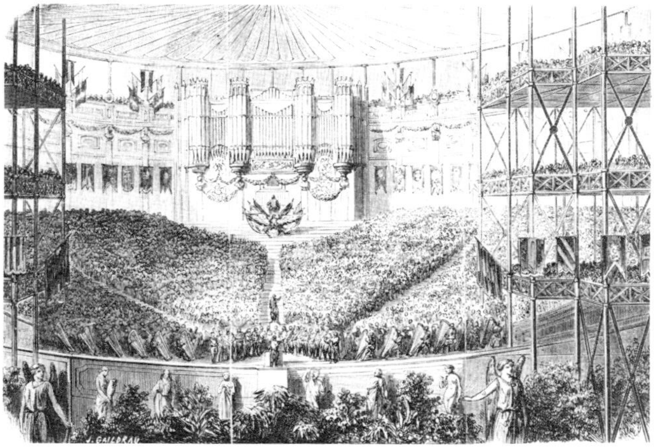

☐ Nº **907,** 14 juillet : « Exposition universelle bisontine. » (p. 28)

A p. 28

Exposition universelle de Besançon. — Cérémonie d'inauguration.
18,7 × 14,8 cm

□ Nº **908,** 21 juillet : « Chronique musicale. » (p. 45)

A p. 36

Théâtre de l'Académie impériale de musique. *Sémiramis*, 2e acte. — Décoration de MM. Cambon et Thierry.
Godefroy Durand
22,2 × 32,7 cm

□ Nº **909,** 28 juillet : « La fête de San-Isidro, à Madrid. » (p. 53)

A p. 53

La fête de San-Isidro, à Madrid. — D'après un dessin de M. A. Prévost.
Jules Worms[73]
14,8 × 31,8 cm

□ ________ « Fiançailles de la fille du shah de Perse. » (p. 61)

B p. 60

Fiançailles de la fille du shah de Perse avec le fils du Seph-Sabar (ministre de la guerre). — D'après un dessin de M. le commandant Duhousset.
Laurens
14,3 × 22,5 cm

□ Nº **911,** 11 août : « Le public d'une première représentation. — Dessins de Marcelin. » [caricatures] (p. 92)

A p. 92

[Le public des loges.]
Marcelin[74]
10,6 × 11,5 cm

B p. 92

[Le public des loges.]
Marcelin[74]
10,4 × 11,3 cm

C p. 92

[Un spectateur.]
Marcelin
6,5 × 5,6 cm

Nº **911,** 11 août (suite)

D p. 92

[Un spectateur.]
Marcelin
6,4 × 5,4 cm

E p. 92

[Un spectateur.]
Marcelin
6,2 × 4,8 cm

F p. 92

[Un spectateur.]
Marcelin
6,2 × 6 cm

Nº **911,** 11 août (suite)

G p. 92

[Public.]
Marcelin
8,2 × 11,3 cm

H p. 92

[Public.]
Marcelin
8,3 × 11 cm

I p. 93

[Jules Janin.] *Les Débats.*
Marcelin[74]
9 × 7,3 cm

Nº **911,** 11 août (suite)

J p. 93

[Paul de Saint-Victor.] *La Presse.*
Marcelin[73]
8,3 × 7,7 cm

K p. 93

[Théophile Gautier.] *Le Moniteur.*
Marcelin[74]
7,5 × 7 cm

L p. 93

[Le critique.] *Constitutionnel.*
Marcelin
9,1 × 5,7 cm

1860 Volume XXXVI

Nº **911,** 11 août (suite)

M p. 93

[Le critique.] *Figaro.*
Marcelin[74]
9 × 4,8 cm

N p. 93

[Le critique.] *Figaro.*
Marcelin
8,1 × 3,2 cm

O p. 93

[Le critique.] *Le Nord.*
Marcelin
9 × 6,4 cm

N° **911,** 11 août (suite)

P p. 93

[Le critique.] *Le Siècle.*
Marcelin[74]
8,5 × 3,8 cm

Q p. 93

[Un spectateur.]
Marcelin
6,1 × 4,5 cm

R p. 93

[Un spectateur.]
Marcelin
6,4 × 4,3 cm

N° **911,** 11 août (suite)

S p. 93

[Un spectateur.]
Marcelin[74]
6,8 × 6,7 cm

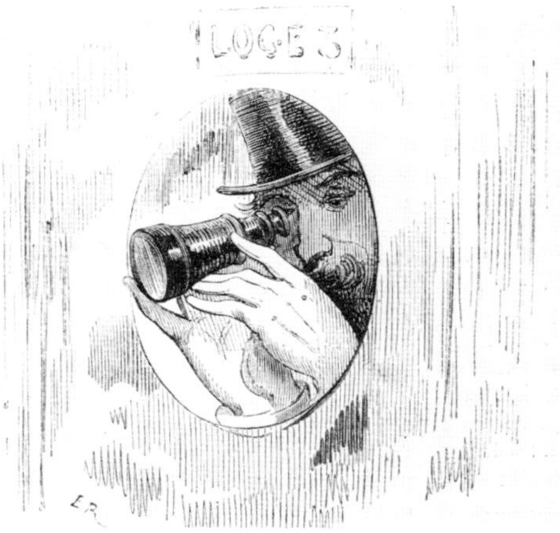

T p. 93

[Un spectateur.]
Marcelin
6,4 × 5,5 cm

□ N° **915,** 8 septembre : « Voyage de LL. MM. l'Empereur et l'Impératrice. » (p. 146)

A pp. 152-153

Défilé des députations des communes de la Savoie devant Leurs Majestés, à Chambéry. — D'après un dessin envoyé par M. A. Marc.
Godefroy Durand[41]
32,3 × 47 cm

□ N° **917,** 22 septembre : « Voyage de LL. MM. l'Empereur et l'Impératrice. (Suite.) » (p. 194)

A p. 209

Bal offert à Leurs Majestés par la ville de Toulon. — D'après un dessin de M. A. Marc et Letuaire.

[41, 75]

22,5 × 32 cm

□ N° **923,** 3 novembre : « Album du voyage de Leurs Majestés Impériales. » (p. 311)

A pp. 304-305

Danse de Mauresques dans une des cours du lycée d'Alger. — Gravure extraite de l'Album du voyage de Leurs Majestés Impériales.

Jules Worms[41]

32,5 × 48,2 cm

□ N° **924,** 10 novembre : « Revue politique de la semaine. » (N° 923, p. 297)

A p. 324

Habitants de Naples se rendant aux comices pour le vote de l'annexion, le 21 octobre 1860.

Jules Gaildrau

11,7 × 17,1 cm

□ Nº **928,** 8 décembre : « Chronique musicale. » (p. 379)

A p. 380

Théâtre de l'Académie impériale de musique. — *Le Papillon*, 1er acte, 2e tableau; décor de M. Despléchins.
Auguste-Paul-Charles Anastasi, Godefroy[41]
22,3 × 31,7 cm

□ Nº **929,** 15 décembre : [sans titre] (p. 403)

A p. 404

La Musique. [Peintures exécutées par M. Hédouin pour la décoration du grand salon au Palais-Royal.]
4,7 cm diam.

□ ________ « Le cabaret du Lapin-Blanc. » (p. 403)

B p. 404

Le cabaret du *Lapin-Blanc*, rue aux Fèves, à Paris.
Jules Worms[76]
18,1 × 22,6 cm

□ Nº **931,** 29 décembre : « Statue de Weber. » (p. 440)

A p. 440

Statue de Weber à Dresde.
11,5 × 7,4 cm

☐ Nº **932,** 5 janvier : « Michel Salvoni, maestro napolitain. » (p. 3)

A p. 5

Salvoni.
Émile Bayard
12,7 × 10,1 cm

☐ Nº **934,** 19 janvier : [gravure non reliée à un article]

A p. 36

Oh ! là ! là ! qu'c'est bête tout ça ! revue en trois actes et vingt et un tableaux, de MM. Théodore Cogniard et Clairville; décoration de M. Georges.
Godefroy Durand
16 × 22,6 cm

☐ Nº **938,** 16 février : « Le Grand-Théâtre de Moscou. » (p. 99)

A p. 100

Grand escalier du théâtre de Moscou.
Ph. Blanchard
22,6 × 32,2 cm

Nº **938,** 16 février (suite)

B p. 101

Salle du théâtre de Moscou.
Jules Gaildrau
22,6 × 32,1 cm

□ Nº **939,** 23 février : « Voyage de la Commission européenne de Beyrouth à Damas. » (p. 119)

A p. 120

Entrée et réception des commissaires européens à Damas. — D'après les croquis de M. Rogier, à Beyrouth.
16,1 × 22,9 cm

□———— « M. Auber. » (p. 121)

B p. 121

M. Auber.
Godefroy
11,7 × 10,8 cm

□ N° **939,** 23 février (suite) : « Chronique musicale. » (N° 938, p. 108)

C p. 121

[*La Circassienne.*] 1er acte, scène XIV.
Jules Worms
9 × 10,8 cm

D p. 121

[*La Circassienne.*] 2e acte, scène VII.
Jules Worms
9,2 × 11 cm

E p. 121

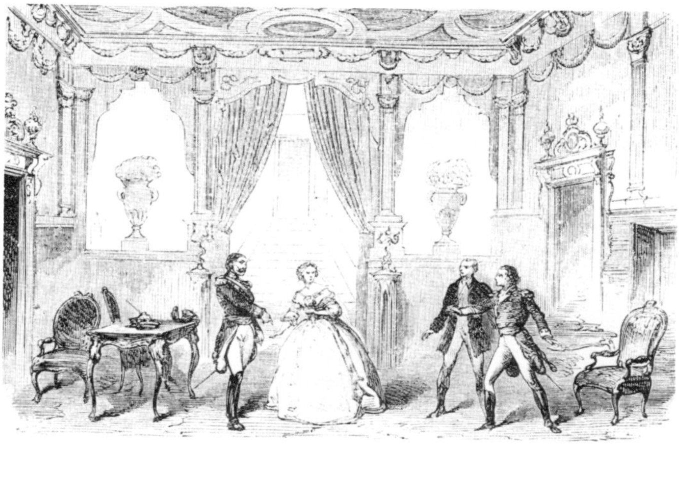

Théâtre de l'Opéra-Comique : *la Circassienne*, opéra de MM. Scribe et Auber. 3e acte, scène XI.
8,7 × 13 cm

□ Nº **940,** 2 mars : « Courrier de Paris. » (p. 130)

A p. 129

Eugène Scribe. — D'après une photographie de M. Nadar.
Godefroy Durand
19 × 15 cm

□ ________ « Jean-Henri Simon. » (p. 144)

B p. 144

Jean-Henri Simon.
10,2 × 9 cm

□ Nº **941,** 9 mars : « Fabrication des orgues expressives et des annexe-pianos. » (p. 151)

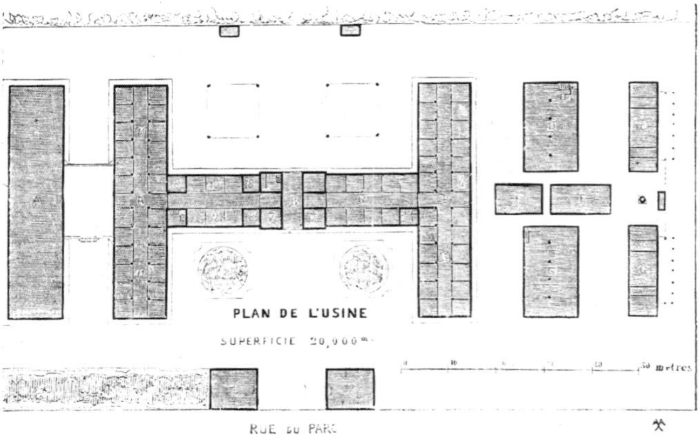

A p. 152

[Fabrique d'orgues de MM. Alexandre père et fils, à Ivry.] Plan du rez-de-chaussée de l'usine.
Auguste-Paul-Charles Anastasi
8,8 × 14,4 cm

Nº **941,** 9 mars (suite)

B pp. 152-153

[Fabrique d'orgues de MM. Alexandre père et fils, à Ivry.] Salle d'exposition.
Auguste-Paul-Charles Anastasi
9,5 × 17,2 cm

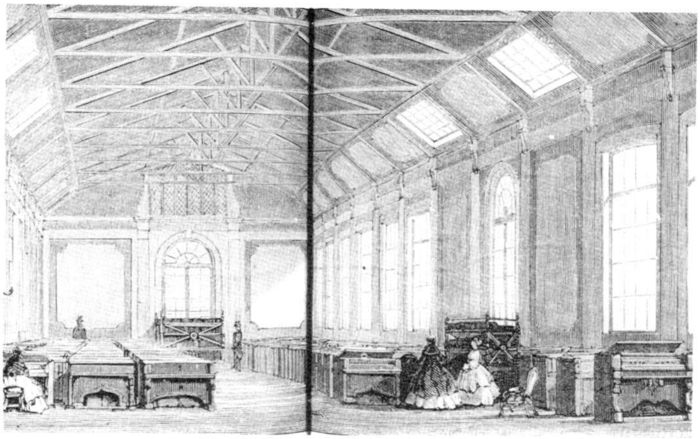

C p. 153

[Fabrique d'orgues de MM. Alexandre père et fils, à Ivry.] Plan de la colonie.
Auguste-Paul-Charles Anastasi
8,2 × 14 cm

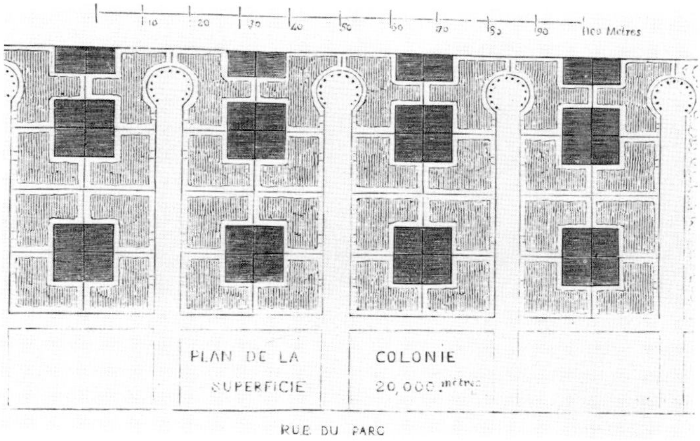

D pp. 152-153

[Fabrique d'orgues de MM. Alexandre père et fils, à Ivry.] Vue générale de la fabrique. Salle d'exposition. Emballage. Ateliers des vernisseurs. Ateliers des soufflets et des sommiers. Pavillon du directeur. Machine. Scierie. Hangar. Chantiers. Colonie.
Auguste-Paul-Charles Anastasi
11,4 × 48,2 cm

Nº **941,** 9 mars (suite)

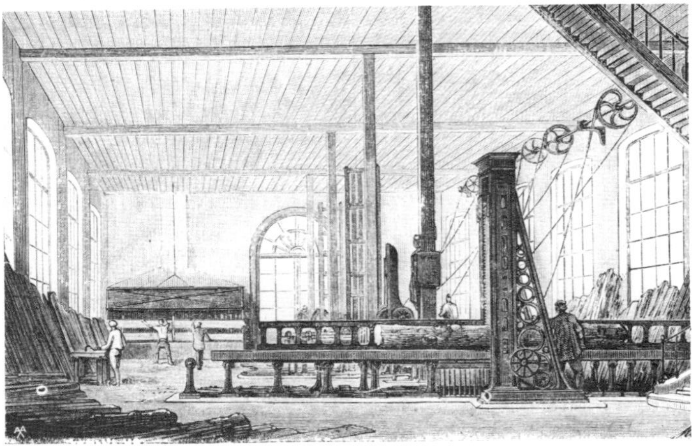

E p. 152

[Fabrique d'orgues de MM. Alexandre père et fils, à Ivry.] Scierie.
Auguste-Paul-Charles Anastasi
9,5 × 15,5 cm

F pp. 152-153

[Fabrique d'orgues de MM. Alexandre père et fils, à Ivry.] Atelier d'ébénisterie.
Auguste-Paul-Charles Anastasi
9,2 × 15 cm

G p. 153

[Fabrique d'orgues de MM. Alexandre père et fils, à Ivry.] Atelier de ferrure.
Auguste-Paul-Charles Anastasi[77]
9,3 × 15,3 cm

☐ Nº **942,** 16 mars : « Chronique musicale. » (p. 164)

A p. 165

M. Richard Wagner. — D'après une photographie de MM. Pierre Petit et Trinquart.
Maria Chenu
14,5 × 13,2

B p. 165

Théâtre de l'Académie impériale de musique : *Tannhæuser*, 1er acte, scène II; décor de M. Despléchin.
Auguste-Paul-Charles Anastasi, Jules Worms[41]
15,8 × 22,6 cm

☐ Nº **947,** 20 avril : « Chronique musicale. » (p. 246)

A p. 256

Théâtre impérial de l'Opéra-Comique : *Royal-Cravate*, acte 1er.
Jules Worms
11,4 × 17,7 cm

□ Nº **948,** 27 avril : « Chronique musicale. » (Nº 947, p. 246)

A p. 261

Théâtre-Lyrique : *la Statue*, 2e acte.
Jules Worms
15,8 × 22,7 cm

□ Nº **950,** 11 mai : « Incendie du théâtre du Lycée à Barcelone. » (p. 291)

A p. 293

Ruines du théâtre du Lycée, à Barcelone. — D'après un croquis de M. Cousseau.
Auguste-Paul-Charles Anastasi[61]
14,2 × 11,8 cm

□ Nº **951,** 18 mai : « Salon de 1861. Reproductions d'ouvrages exposés. » (p. 315)

A p. 316

Un musicien. — Tableau de M. Meissonnier.
15 × 10,9 cm

☐ Nº **953,** 1er juin : « Salon de 1861. Reproductions d'ouvrages exposés. » (p. 343)

A p. 345

Musique de chambre, par M. Ph. Rousseau.
15,5 × 10,8 cm

☐ ———— « Réception du comte Kalnoky. » (p. 347)

B p. 348

Paysans transylvaniens saluant le comte Kalnoky à son passage. — D'après un croquis de Kanitz.
Pauquet frères
10,8 × 15,7 cm

☐ Nº **954,** 8 juin : « Les curiosités à la mode, par Marcelin. » [caricatures] (p. 360)

A p. 361

Flûte et tambour, émaux de Limoges. Que voilà bien les hommes de ce temps-là ! Pas assez de tête et trop de jambes.
Marcelin
6,6 × 8,5 cm

□ N° **957,** 29 juin : « Courrier de Paris. » (p. 402)

A p. 405

Les ambassadeurs siamois à l'Opéra.
Janet Lange
15 × 22,5 cm

1861 Volume XXXVIII

☐ N° **958,** 6 juillet : [gravure non reliée à un article]

A p. 13

Banquet donné par la colonie italienne de Constantinople, à l'occasion de la proclamation du royaume d'Italie. — Croquis de M. Montani.
Jules Gaildrau
16,2 × 22,7 cm

☐ N° **960,** 20 juillet : [gravure non reliée à un article]

A p. 37

Présents envoyés par les Rois de Siam à S. M. Napoléon III. — D'après un croquis de M. Moullin
Michel-Charles Fichot[61]
32,2 × 22,5 cm

☐ N° **961,** 27 juillet : « Un Concert à Louis-le-Grand. » (p. 63)

A p. 53

Concert donné au lycée Louis-le-Grand, le 25 juillet.
——[61]
14 × 22,2 cm

☐ Nº **963,** 10 août : « Concours musical de Mâcon. » (p. 96)

A p. 96

Concours musical de Mâcon. — D'après un croquis de M. Perrot.
11,2 × 22,7 cm

☐ Nº **964,** : « Les étrangers à Paris, caricatures par Cham. » (p. 109)

A p. 109

« Tu as vendu ta contremarque à cet Allemand ? — Oui; je lui ai dit qu'on jouait *Guillaume Tell*, musique de M. Wagner : il l'a prise tout de suite. »
Cham
6,5 × 6,8 cm

☐ Nº **966,** 31 août : « Fêtes de la Rochelle. » (p. 139)

A p. 140

Fêtes de la Rochelle; concert donné dans la salle de spectacle. — D'après un croquis de M. Proust.
Godefroy Durand
14,7 × 22,3 cm

□ N° **970,** 28 septembre : « Voyage de sir Edmund Broomley à la recherche d'une tasse de thé. » (p. 199)

A p. 200

Théâtre à bord.
Jules Worms
17,5 × 14,9 cm

□ N° **972,** 12 octobre : « Exposition industrielle du Grand-Duché de Bade à Carlsruhe. » (p. 227)

A p. 229

[Salle des instruments à l'exposition.]
Martin - Jacques - Charles Lallemand Carlsruhe[80]
11,3 × 10 cm

B p. 229

[Instrument mécanique à l'exposition.]
Martin - Jacques - Charles Lallemand Carlsruhe[80]
11,4 × 6,5 cm

□ N° **972,** 12 octobre (suite) : « Une Ferrade arlésienne en Camargue. » (p. 237)

C p. 237

Farandole pendant la Ferrade. — D'après les croquis de M. J. Salles.
Jules Worms[61]
8,8 × 12,4 cm

□ ________ « Fête militaire donnée à Chambéry par le 54e de ligne. » (p. 240)

D p. 240

La Pulchinella, dansée par les enfants de troupe du 54e de ligne. — Croquis de M. Hackopill.
Jules Gaildrau[61]
10,6 × 15,6 cm

□ N° **977,** 16 novembre : « Courrier de Paris. » (p. 306)

A p. 312

Soirée dramatique et musicale donnée par la gendarmerie de la garde à la caserne du Louvre.
Janet Lange[61]
11,9 × 17,1 cm

□ Nº **978,** 23 novembre : « Sainte Cécile. » (p. 327)

A p. 328

Sainte Cécile, fac-simile d'un dessin inédit de Mignard. — Communiqué par M. Sauvageot.

62

28,2 × 22,3 cm

□ Nº **979,** 30 novembre : « Chronique musicale. » (p. 344)

A p. 340

Théâtre de l'Académie impériale de musique : *l'Étoile de Messine*, 2e acte, 1er tableau.
15,9 × 22,2 cm

B p. 341

M. Delle Sedie, nouveau baryton du Théâtre-Italien.
Maria Chenu
12,9 × 10,2 cm

☐ Nº **980,** 7 décembre : « Mme Alboni et Mlle Battu dans *Anna Bolena.* » (p. 357)

A p. 356

Théâtre impérial Italien : *Anna Bolena*, acte IIe, scène 3. — D'après un croquis de M. A. Marc.
Pauquet frères
20,8 × 16,1 cm

☐ Nº **981,** 14 décembre : « Émile Prudent. » (p. 384)

A p. 384

Émile Prudent. — D'après une photographie de M. P. Petit.
Janet Lange
12 × 12 cm

☐ Nº **982,** 21 décembre : « Voyage de sir Edmund Broomley à la recherche d'une tasse à thé. (Sixième article.) » (p. 395)

A p. 396

Femme chinoise jouant de la guitare.
Jules Gaildrau
12,9 × 12,3 cm

Nº **982,** 21 décembre (suite)

B p. 396

Concert chinois.
Jules Worms
12 × 14,7 cm

☐ Nº **983,** 28 décembre : « Chronique musicale. » (p. 411)

A p. 412

Théâtre des Bouffes-Parisiens : *le Roman comique*, acte 3ᵉ, scène V.
Bertall
14,7 × 21,8 cm

□ N° **984,** 4 janvier : « Les gondoliers de la Seine, caricatures par Cham. » (p. 13)

A p. 13

« As-tu dit au gondolier de nous arrêter à Bercy ? — Ma chère, j'ai pas osé ! faut de la poésie à bord d'une gondole. Je lui ai dit que nous descendions au palais du Doge. — Bon ! il va nous arrêter au palais des Singes ! »
Cham
6,8 × 7,6 cm

B p. 13

Le porte-voix du bord : « Voulez-vous la cor-res-pon-dan-ce ? »
Cham
6,5 × 7 cm

C p. 13

« Mon ami, je ne puis vous prendre à bord; on pourrait soupçonner la Compagnie de se livrer à la traite. »
Cham
6,8 × 7,5 cm

Nº **984,** 4 janvier (suite)

D p. 13

« Ah ! mon Dieu ! j'ai oublié ma bourse ! — J'en suis fâché, Madame, il faut descendre. — Où donc ça ? — Mais dans la rivière, parbleu ! »
Cham
6,8 × 7,5 cm

□ Nº **986,** 18 janvier : [gravure non reliée à un article]

A p. 36

Le Paradis à Paris.
G. Fath[46]
31,9 × 23 cm

□ Nº **987,** 25 janvier : « Courrier de Paris. » (p. 50)

A p. 64

Coupe offerte à M. Pasdeloup par les musiciens de son orchestre.
11 × 7,8 cm

☐ Nº **989,** 8 février : « Esquisses d'un voyage en Espagne. (Deuxième article.) » (p. 91)

A p. 93

Fête paroissiale à Valence.
67

18 × 16,5 cm

☐ ________ « Monument funèbre érigé à la mémoire de madame Bosio. » (p. 96)

B p. 96

Monument funèbre érigé à la mémoire de madame Bosio à Saint-Pétersbourg.
19,3 × 13,2 cm

☐ Nº **991,** 22 décembre : « La fête de l'escalade à Genève. » (p. 116)

A p. 116

Anniversaire de l'escalade à Genève. — D'après un croquis de M. Champod.
Jules Worms
15 × 22,4 cm

☐ N° **991,** 22 février (suite) : « Fête littéraire et musicale. » (p. 117)

B p. 117

Fête littéraire et musicale donnée en l'honneur du poète Vondel, à Ruremonde (Pays-Bas). — D'après un croquis de M. G.
15,8 × 22,2 cm

☐ ________ « Mexico. » (p. 119)

C p. 120

Types mexicains.
9,3 × 16,3 cm

☐ N° **992,** 1er mars : « Courrier de Paris. » (p. 130)

A p. 132

Bal donné au Ministère de la marine, le 22 février.
Janet Lange
22,2 × 31,5 cm

□ N° **993,** 8 mars : « Courrier de Paris. » (N° 992, p. 130)

A p. 148

Concert au Ministère de la justice.
Pauquet frères
17 × 22 cm

□ ________ « Chronique musicale. » (p. 147)

B p. 149

Théâtre de l'Opéra-Comique. — *Le Joaillier de St-James.* Acte II, scène 19.
A. Provost
13,7 × 22,8 cm

C pp. 152-153

Théâtre de l'Académie impériale de Musique. — *La Reine de Saba.* Acte 1er, scène 2. — Décor de M. Despléchin.
Godefroy Durand
23,8 × 37 cm

☐ Nº **994,** 15 mars : « Chronique de l'Allemagne. » (p. 162)

A p. 161

S. M. le roi de Prusse ouvrant le bal de l'Opéra à Berlin. — D'après un croquis de M. Bietsch.
_____61
19,4 × 22,2 cm

☐ ________ « Les jeunes sœurs Delepierre. » (p. 176)

B p. 176

Les jeunes sœurs Delepierre. — D'après une photographie de M. Trinquart.
Maria Chenu
8 × 10,8 cm

☐ Nº **995,** 22 mars : [gravure non reliée à un article]

A p. 192

Bal donné au Grand Théâtre de Lyon, au profit des ouvriers sans travail. — D'après un croquis de M. Steyert.
Pauquet frères
22,2 × 18 cm

□ Nº **996,** 29 mars : « Mort de M. Fromental Halévy. » (p. 195)

A p. 196

Fromental Halévy. — D'après une photographie de MM. L. Cremière et Comp.
Janet Lange
15 × 12,2 cm

□ ________ « Auguste Dupont. » (p. 197)

B p. 197

M. Auguste Dupont, compositeur.
11,2 × 9,2 cm

□ ________ « Le Trimestre, revue passée par Cham (29 mars 1862). » [caricatures] (p. 204)

C p. 204

La Statue faisant monter M. Reyer sur un piédestal.
Cham
6,3 × 4,2 cm

Nº **996,** 29 mars (suite)

D p. 205

La Reine de Saba endormant le *Tannhæuser*.
Cham[61]
6,2 × 6,8 cm

☐ Nº **997,** 5 avril : « Armée mexicaine. » (p. 214)

A p. 212

Musicien.
Janet Lange
10 × 4,5 cm

☐ ________ « Mademoiselle Virginie Pozzi, Prima donna du Théâtre de Nice. » (p. 214)

B p. 213

Mademoiselle Virginie Pozzi, cantatrice du Théâtre de Nice.
Pauquet frères
15,7 × 15,5 cm

☐ Nº **998,** 12 avril : « Scènes de mœurs javanaises. » (p. 238)

A p. 237

Une danse de Ronggings dans l'intérieur de l'Île de Java. — D'après les croquis de M. Van Pers.
Jules Worms
14,8 × 22,2 cm

☐ ________ « Henri Dombrowski, pianiste et compositeur polonais. » (p. 240)

B p. 240

Henri Dombrowski, pianiste et compositeur polonais.
[illisible]
8 × 8 cm

☐ __________ « Les théâtres du boulevard du Temple. » (p. 240)

C p. 240

Les théâtres du boulevard du Temple.
A. Provost
14,2 × 22,6 cm

□ N° **999,** 19 avril : « Banquet italien au théâtre Naoum à Constantinople. » (p. 242)

A p. 241

Banquet italien donné au théâtre Naoum, à Constantinople, pour la fête de Garibaldi. — D'après un croquis de M. Pawillée.
16,8 × 22 cm

□ N° **1002,** 10 mai : « M. Jules Beer, compositeur. » (p. 304)

A p. 304

M. Jules Beer. — D'après une photographie de M. P. Petit.
8,7 × 9 cm

□ N° **1003,** 17 mai : « Vase en argent, offert à madame Rosina Stoltz par la Société royale d'harmonie d'Anvers. » (p. 320)

A p. 320

Vase en argent ciselé, offert à madame Rosina Stoltz.
12 × 7,6 cm

☐ Nº **1006,** 7 juin : « Courrier de Berlin. » (p. 354)

A p. 357

Grand Opéra de Berlin. — Représentation d'*Actéa*, ou *la Jeune Fille de Corinthe*. — D'après un croquis de M. Ludwig Lœffler.
14,3 × 17,2 cm

☐ Nº **1009,** 28 juin : « Revue politique de la semaine. » (p. 401)

A p. 401

Passage à Toulon des cendres du roi Joseph Bonaparte, le 13 juin. — D'après un croquis de M. Letuaire.
Godefroy Durand
14,7 × 22 cm

□ Nº **1010,** 5 juillet : « À travers l'exposition de Londres. Les orgues. » (p. 9)

A p. 9

Exposition universelle de Londres. — Pianos-orgues de MM. Alexandre père et fils.
Jules Gaildrau
22,4 × 32,2 cm

□ Nº **1011,** 12 juillet : « À travers l'exposition de Londres. Les pianos. » (p. 21)

A p. 21

Exposition universelle de Londres. — Piano-mécanique de M. Debain.
______[61, 78]
12,7 × 17,4 cm

□ ________ « Lettre du Mexique. » (Nº 1010, p. 2)

B p. 25

Le clairon Roblet sur les murs de Guadalupe.
Jules Worms[79]
9,9 × 14,9 cm

□ N° **1011,** 12 juillet (suite) : « Revue trimestrielle, passée par Cham. » [caricatures] (p. 28)

C p. 28

Steeple-chase à la *Marche* entre M. Auber et M. Meyerbeer.
Cham
7 × 8,6 cm

D p. 28

Faut-il qu'il soit ingrat ce M. Félicien David ! Devoir sa fortune au *Désert* et occasionner maintenant la foule !
Cham
7 × 8,5 cm

E p. 29

Le répertoire du Théâtre-Lyrique devenant plus riche que celui de l'Opéra-Comique qui ne compte qu'un *Maçon*, tandis que lui va en avoir plusieurs.
Cham
7 × 10,2 cm

☐ Nº **1014,** 2 août : « Courrier de Londres. » (p. 67)

A p. 68

La salle de bal. — D'après les croquis de M. Gaildrau.
Godefroy Durand[79]
16,7 × 21,8 cm

☐ ________ « Fête de Saint-Étienne. Concours musical du 20 juillet. » (p. 75)

B p. 76

Fête de Saint-Étienne. — Défilé des orphéonistes sur la place de l'Hôtel-de-Ville. — D'après une photographie de M. Cheri Rousseau.
A. Provost[61]
13 × 22 cm

☐ Nº **1016,** 16 août : « Extraits du voyage de M. Camille Weinschenk. » (p. 107)

A p. 108

Officier yakunine condamné.
Alfred-Henri Darjou
9,7 × 4,8 cm

☐ Nº **1017,** 23 août : « Le Théâtre de Bade. » (p. 122)

A p. 120

Théâtre nouvellement construit à Bade.
G. Lallement[80]
22,2 × 32,5 cm

☐ Nº **1022,** 27 septembre : « Revue politique de la semaine. » (p. 209)

A p. 212

Événements d'Amérique. — Le recrutement à Philadelphie. — D'après un croquis de M. Stanley.
Godefroy Durand[79]
18,2 × 22,7 cm

☐ ________ « Une scène de *Zémire et Azor.* » (p. 216)

B p. 216

Théâtre de l'Opéra-Comique. — Une scène de *Zémire et Azor*, représenté en 1771. — D'après une estampe du dernier siècle.
16,9 × 14,4 cm

☐ Nº **1022,** 27 septembre (suite) : « Courrier de Paris. » (p. 210)

C p. 217

État actuel des travaux de l'Opéra.
A. Provost[79]
22,2 × 31,6 cm

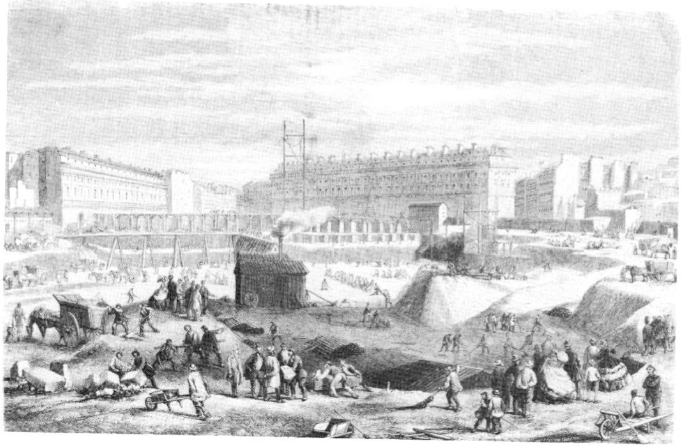

☐ Nº **1024,** 11 octobre : « Exposition des Envois et des Grands Prix de Rome à l'École des Beaux-Arts. » (p. 251)

A p. 253

Le Joueur de flûte. Envoi de Rome, 5ᵉ année; figure en marbre de M. Maniglier.
[79, 81]
6,5 × 4,7 cm

☐ Nº **1026,** 25 octobre : « Inondation à Barcelone. » (p. 279)

A p. 281

Concert donné dans les Champs Élysées de Barcelone. — D'après une photographie de M. E. Robert.
[79]
8 × 10,2 cm

☐ Nº **1027,** 1er novembre : « Modes et costumes de 1862 au bord de la mer, par Bertall. » [caricatures] (p. 301)

A p. 301

Étretat. — Mer artistique, décors pour opéra et opéra-comique; on travaille pour l'exportation; costumes de princes russes, commerçants, avocats, littérateurs et artistes. — On a toujours le nez du côté de la mer : tant pis pour la toilette et pour le teint !
Bertall
14,9 × 22,1 cm

☐ Nº **1028,** 8 novembre : « Revue trimestrielle, par Cham. » [caricatures] (p. 316)

A p. 316

Le théâtre de Bade. *Le souffleur aux acteurs :* Messieurs, faites votre jeu.
Cham[61]
6,8 × 9,4 cm

B p. 316

L'orchestre à la source. « Quel cauchemar ! venir vous jouer des valses, comme si les eaux de la source ne vous tournaient déjà pas assez le cœur. »
Cham[61]
7 × 6,4 cm

N° **1028,** 8 novembre (suite)

C p. 317

Les avantages du ventilateur dans les nouveaux théâtres de la place du Châtelet.
Cham
7 × 7,8 cm

D p. 317

Les canards de la rivière venant fraterniser avec leurs nouveaux voisins les canards du Théâtre-Lyrique.
Cham
7 × 7,2 cm

□ ________ « À travers l'Exposition de Londres. Les instruments saxomnitoniques de M. Alphonse Sax junior. Les Pianos. » (p. 318)

E p. 320

Instruments de M. Alphonse Sax. — Nouveau trombone chromatique.
2,2 × 15 cm

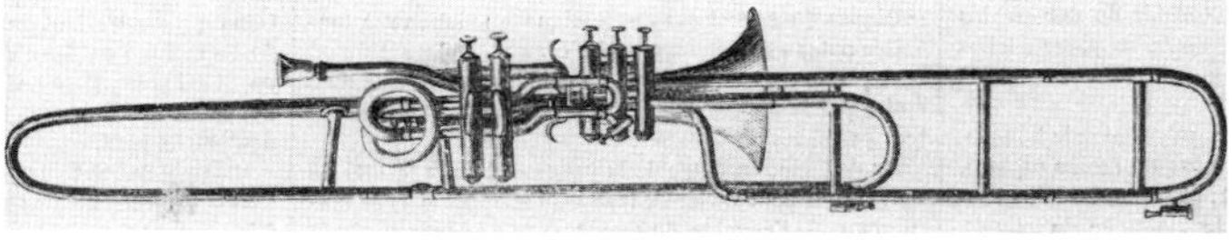

Nº **1028,** 8 novembre (suite)

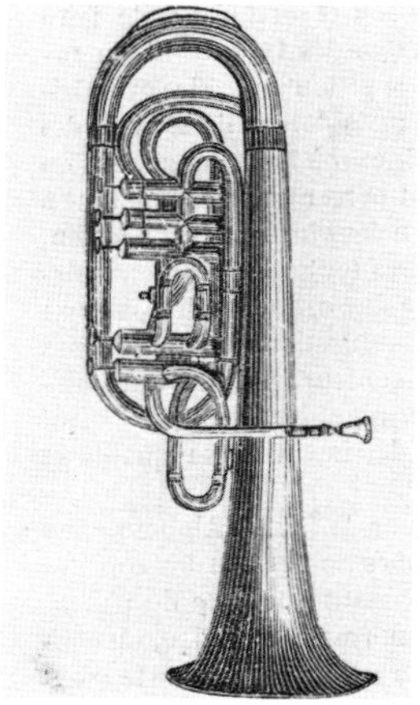

F p. 320

Nouvelle basse chromatique en *si bémol*.
7,3 × 2,8 cm

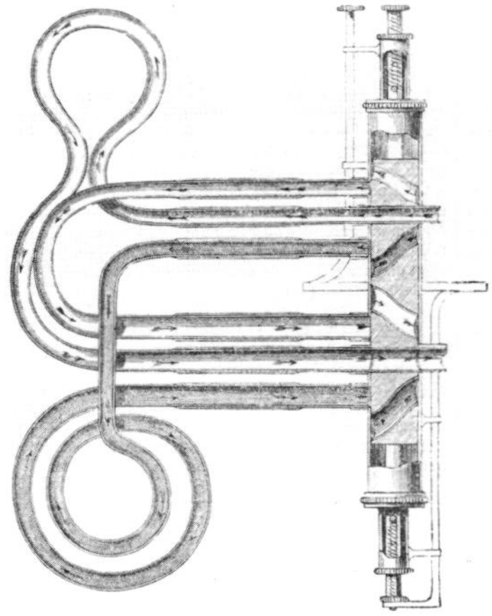

G p. 320

Nouveaux principes de pistons à effets triples.
11,8 × 8 cm

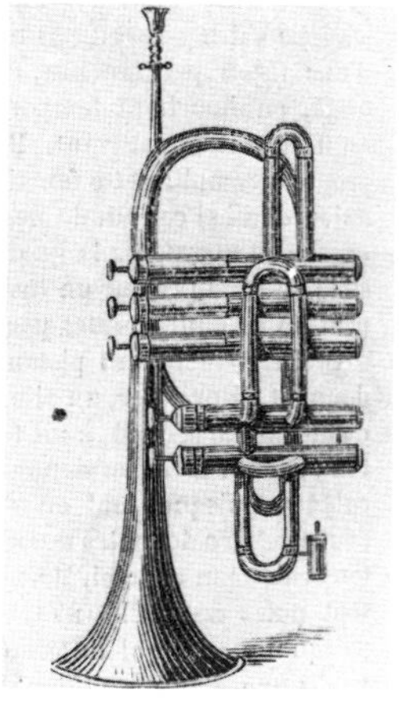

H p. 320

Nouveau cornet chromatique.
7,2 × 3,8 cm

Nº **1028,** 8 novembre (suite)

I p. 320

Nouveau principe de pistons à colonne d'air progressivement conique.
6,2 × 3,2 cm

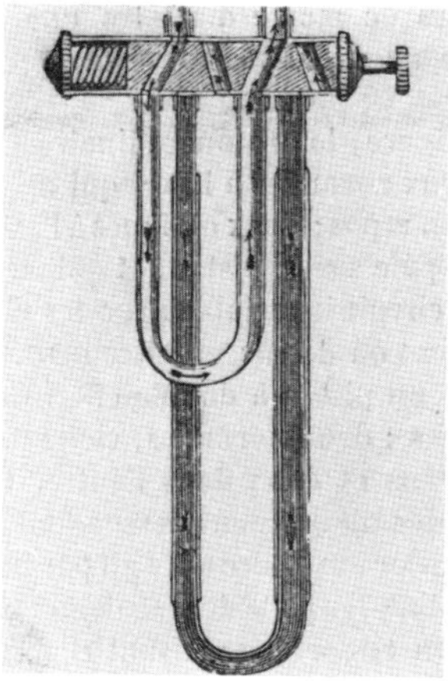

J p. 320

Nouveau cornet, principe saxomnitonique complet.
6 × 5 cm

K p. 320

Nouvelle trompe de chasse.
6 × 4 cm

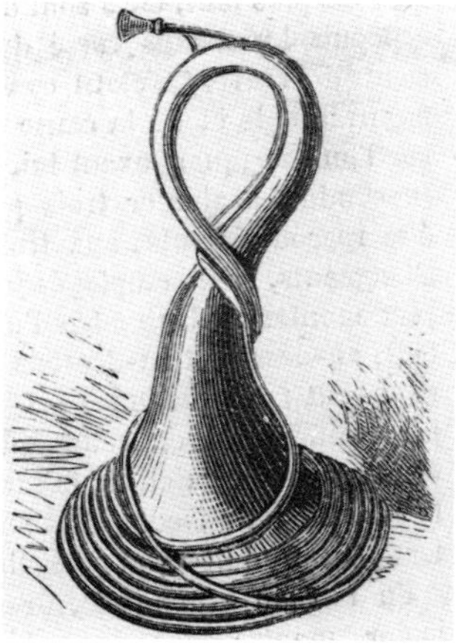

Nº **1028,** 8 novembre (suite)

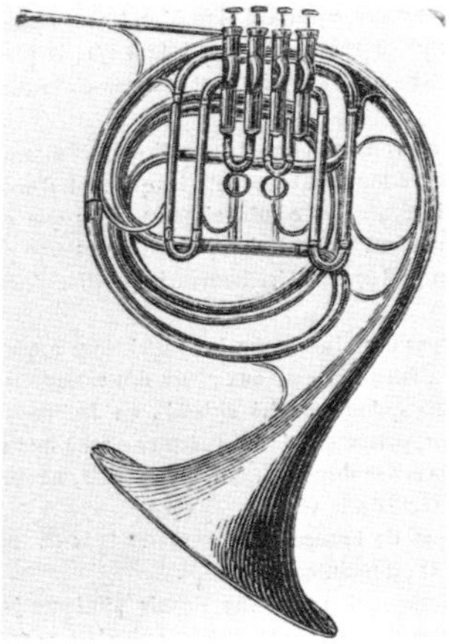

L p. 320

Nouveau cor chromatique.
7,8 × 4,5 cm

□ Nº **1030,** 22 novembre : « Inauguration du boulevard du Prince-Eugène. Reconstruction des théâtres. » (p. 350)

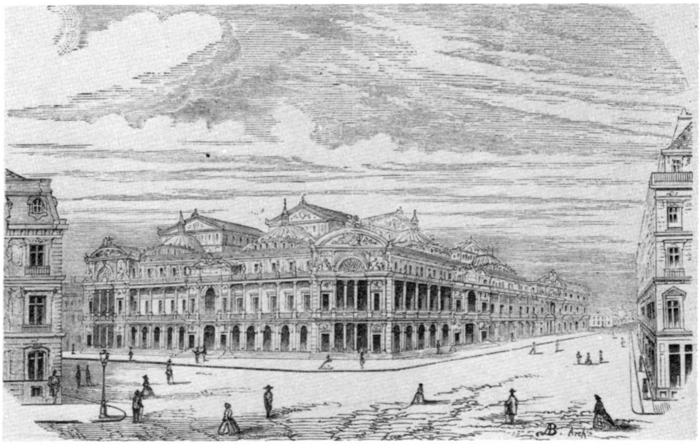

A p. 351

Nouveaux théâtres du boulevard du Temple.
5, 82
12,9 × 19,1 cm

□ Nº **1031,** 29 novembre : « Fête de la Toussaint à Castellon de la Plana (Espagne). » (p. 358)

A p. 357

Fête de la Toussaint à Castellon de la Plana (Espagne). — D'après un dessin de M. A. Lefebvre.
79
13 × 22 cm

□ N° **1031,** 29 novembre (suite) : « Alfred Jaell, pianiste du roi de Hanovre. » (p. 368)

B p. 368

Alfred Jaell, pianiste.
Maria Chenu
9 × 9 cm

□ N° **1034,** 20 décembre : « Le rideau de manœuvres du Théâtre de la Gaîté, par M. Louis Duveau. » (p. 406)

A p. 405

Nouveau rideau de manœuvres du Théâtre de la Gaîté, peint par M. Louis Duveau.
Louis Duveau inv. et pinx^{t} 1862[83]
22,4 × 31,7 cm

□ ________ « Extrait d'une lettre de M. le commandant Duhousset. » (p. 408)

B p. 408

Soirée dans l'Endéroum.
Stop[79]
10 × 14,8 cm

☐ Nº **1035,** 27 décembre : « Fête des mécaniciens de la marine Impériale. » (p. 432)

A p. 432

Fête de saint Éloi à Toulon, célébrée par les chauffeurs et mécaniciens de la marine Impériale. — D'après un croquis de M. Letuaire.
Jules Gaildrau[61]
12,7 × 17,5 cm

1863 Volume XLI

☐ N° **1037,** 10 janvier : « Revue trimestrielle, par Cham. » [caricatures] (p. 28)

A p. 28

« Quelle horreur ! le fumiste qui tapote sur mon piano d'Érard ! — Madame, c'est pour faire chanter le ramoneur dans la cheminée. »
Cham
6,5 × 8,4 cm

B p. 29

Application de l'électricité aux pianos. — M. Wagner endort, avec son piano, toutes les lignes télégraphiques appartenant aux nations qui ne veulent pas monter ses opéras.
Cham
6,8 × 6,6 cm

☐ N° **1038,** 17 janvier : « Revue politique de la semaine. » (p. 33)

A p. 33

Célébration de la fête de la reine d'Espagne à Saigon. — D'après un croquis de M. A. S.
15,7 × 22 cm

□ N° **1038,** 17 janvier (suite) : « Fête donnée à Vin-Long au vice-amiral Bonard. » (p. 38)

B p. 36

Fête donnée à Vin-Long en Cochinchine au vice-amiral Bonard par le ministre Tan-Tan-Giants, d'après les ordres de l'empereur Tuduc. — Croquis communiqué par M. Rigault, correspondant du vice-amiral Bonard.
Godefroy Durand[61]
22,4 × 30,7 cm

□ N° **1040,** 31 janvier : « *La Muette de Portici.* » (p. 74)

A p. 72

Académie impériale de musique. — Reprise de *la Muette*, Acte 5, scène dernière. — Décor de MM. Cambon et Thierry.
Godefroy Durand[79]
22,3 × 31,3 cm

□ N° **1041,** 7 février : « Mademoiselle Adelina Patti. » (p. 92)

A p. 92

Mlle Patti, cantatrice du Théâtre-Italien. — D'après une photographie de MM. Mayer et Pierson.
Pauquet frères[84]
15 × 10,8 cm

□ N° **1041,** 7 février (suite) : « Au bal de l'Opéra, caricatures par Cham. » (p. 93)

B p. 93

« Dis donc, baron ! j'ai pas de berceau, couche-moi dans ton testament. »
Cham
6,2 × 8 cm

C p. 93

« Vous soignerez le 7 et le 8. — Dans lequel soupe Madame ? — Imbécile ! dans les deux ! »
Cham
6,2 × 7,2 cm

D p. 93

« Monsieur, je ne vous connais pas ! Avant de vous écouter, permettez-moi d'aller aux renseignements ! »
Cham
6,2 × 6,2 cm

Nº **1041,** 7 février (suite)

E p. 93

« Tu sais, notre boursier, il est ici en Espagnol. — En Espagnol ? en général *Prime*, alors. »
Cham
6,3 × 5,4 cm

F p. 93

(L'ermite.) « Fais-moi ta confession, ma petite chérie ! — Avec plaisir. J'ai besoin de 10 francs ! »
Cham
6,5 × 6,5 cm

G p. 93

« Tu danses avec ton coiffeur ? — Par prudence, oui, ma chère ! Ma danse a une tendance à s'écheveler ! »
Cham[61]
6,6 × 9,8 cm

N° **1041,** 7 février (suite)

H p. 93

« T'es en amour, toi ! mais t'as pas d'ailes ! — Allons donc ! j'ai mieux que cela ! j'ai le sac ! — Il n'y a pas d'amour par ici sans cet accessoire-là ! »
Cham
6,2 × 6,7 cm

I p. 93

« Je suis ici avec mon mari, vous seriez bien gentil si vous pouviez me le mettre au violon ! — Impossible ! je l'ai déjà refusé à votre mari pour vous. »
Cham
6,8 × 6 cm

J p. 93

« Ursule, qui est avec son petit banquier ! elle s'est habillée en tambour. — Pas bête, dans l'espoir qu'il lui prêtera sa caisse. »
Cham[61]
6,2 × 8,5 cm

N° **1041,** 7 février (suite)

K p. 93

« Madame, ayez pitié de ma flamme ! — Dis donc, est-ce que tu prends mon cœur pour un pompier ? »
Cham[61]
6,4 × 8,8 cm

L p. 93

« C'est une horreur d'avoir dansé comme ça pour nous faire mettre tous les deux au violon ! — Madame, je désirais vous parler en particulier. »
Cham
6,6 × 6,7 cm

M p. 93

« Tu pars avec *Salammbô* ! — Oui, ma chère ! j'ai envie de dormir ! »
Cham
6,5 × 6,2 cm

□ N° **1043,** 21 février : « Correspondance de Berlin. » (p. 126)

A p. 125

50e anniversaire de la guerre de l'indépendance allemande, célébré sur le Kreuzberg à Berlin : retour des étudiants. — D'après un croquis de M. Lœffler.
_____61
17,6 × 21,8 cm

□ N° **1045,** 7 mars : « Chronique musicale. » (p. 154)

A p. 160

Théâtre impérial de l'Opéra-Comique : *La Déesse et le Berger*, scène du 1er acte.
_____79
12,8 × 17,4 cm

□ _________ « Inauguration de la nouvelle salle de l'Union des Arts à Marseille. » (p. 160)

B p. 160

Inauguration de la nouvelle salle de l'Union des Arts à Marseille, le 21 février. — D'après un croquis de M. R. Landais.
Godefroy[61]
15,9 × 21,7 cm

□ Nº **1047,** 21 mars : « Courrier de Paris. » (p. 179)

A p. 180

Mariage de S. A. R. le prince de Galles. — Cérémonie du mariage dans la chapelle de Windsor. — D'après un croquis de M. Blanchard.
Godefroy Durand[79]
22,1 × 31, 4 cm

□ Nº **1048,** 28 mars : « Madame Cinti-Damoreau. » (p. 206)

A p. 208

Madame Cinti-Damoreau.
____[79]
13 × 10,2 cm

□ ________ « Madame Madeleine Græver. » (p. 208)

B p. 208

Madame Madeleine Græver.
____[79]
12,8 × 10,4 cm

1863 Volume XLI

□ N° **1048,** 28 mars (suite) : « M. Féry-Kletzer. » (p. 208)

C p. 208

M. Féry-Kletzer. — D'après un portrait de la photographie de Ponthieu.
Maria Chenu
8 × 8 cm

□ N° **1049,** 4 avril : « Les troupes égyptiennes. » (p. 219)

A p. 220

Uniformes de l'armée égyptienne... Musicien...
Henry de Montaut
21,6 × 32 cm

□ N° **1051,** 18 avril : « Revue trimestrielle, par Cham. » [caricatures] (p. 252)

A p. 252

Le bal des blanchisseuses. « Tiens ! un bouton de chemise au fond de mon verre d'eau sucrée ! — C'est bien possible ! nous avons fait nos rafraîchissements avec l'eau de la lessive. »
Cham
6,6 × 8,8 cm

□ N° **1051,** 18 avril (suite) : « Henri Vieuxtemps. » (p. 256)

B p. 256

Henri Vieuxtemps, violoniste.
Maria Chenu[79]
8,8 × 9 cm

□ N° **1052,** 25 avril : « Jean Becker, violoniste. » (p. 272)

A p. 272

Jean Becker, violoniste.
Maria Chenu
8,7 × 8, 2 cm

□ N° **1053,** 2 mai : « Revue politique de la semaine. » (p. 274)

A p. 273

Soldats de l'armée mexicaine. — D'après un croquis de M. Girardin, officier au 1er chasseurs d'Afrique... Trompette de cavalerie...
Janet Lange[85]
15,9 × 22,2 cm

☐ Nº **1054,** 9 mai : « Revue des Arts. » (p. 295)

A pp. 296-297

Le nouvel Opéra, d'après le modèle en relief exposé au salon de 1863, exécuté par M. Villeminot, sur les plans et sous la direction de M. Garnier, architecte.
Ph. Blanchard[79]
23,5 × 17,5 cm

☐ Nº **1056,** 23 mai : « Mademoiselle Mourawief. » (p. 336)

A p. 336

Mademoiselle Mourawief. — Photographie de Richebourg.
Maria Chenu[79]
9 × 8,8 cm

☐ Nº **1057,** 30 mai : « Salon de 1863. » (p. 347)

A p. 349

Le Romancero Burgales, tableau de M. Jules Worms.
——[86]
16,5 × 21,8 cm

☐ Nº **1058,** 6 juin : « Salon de 1863. » (p. 363)

A p. 364

Salon de 1863. — *« Le Berceau », scène de l'Amérique espagnole*. Tableau de M. J.-L. Pallière.
Godefroy
14,5 × 12 cm

☐ Nº **1060,** 20 juin : « Physiologie du coup. — Seconde partie. » [caricatures] (p. 397)

A p. 397

Le coup d'archet.
Alfred-Henri Darjou
10,8 × 10 cm

☐ Nº **1061,** 27 juin : « Madame Volpini de Villar. » (p. 416)

A p. 416

Madame Volpini de Villar, cantatrice. — Photographie de Tourtin.
Maria Chenu[79]
10 × 10 cm

☐ N° **1065,** 25 juillet : « Les faucheurs sauvages. » (p. 76)

A p. 77

Le tambour de 1800.
[79]
8 × 6 cm

☐ N° **1066,** 1er août : « Encyclopédie militaire et maritime. Dictionnaire des armées de terre et de mer. » (p. 93)

A p. 93

Cornicen *(d'après la colonne Trajane).*
5,5 × 5,3 cm

☐ ________ « Chronique musicale. » (N° 1065, p. 69)

B p. 96

E.-J. Delécluze. — D'après un portrait de M. L. Benouville.
Maria Chenu[84]
14,2 × 14,5 cm

□ Nº **1070,** 29 août : « Les sources du Nil. » (p. 155)

A p. 156

Danse des Bayadères.
Godefroy
8 × 10,5 cm

□ Nº **1071,** 5 septembre : « M. Adolphe Sax. » (p. 175)

A p. 176

Adolphe Sax. — D'après une photographie de MM. Mayer et Pierson.
Jules Worms[79]
15 × 12 cm

□ Nº **1072,** 12 septembre : « Revue politique de la semaine. » (p. 177)

A p. 180

Camp de Châlons : musique des Turcos.
8,7 × 14,7 cm

□ Nº **1078,** 24 octobre : « Revue trimestrielle, par Cham. » [caricatures] (p. 284)

A p. 284

Mourawieff se faisant applaudir pour sa manière de lever la jambe.
Cham[61]
6,8 × 7,7 cm

□ ________ « À travers l'exposition des arts industriels. » (p. 286)

B p. 287

Piano Dardelle.
7,5 × 10 cm

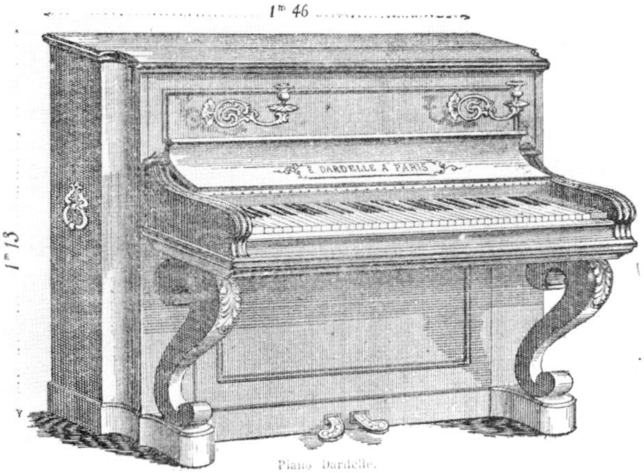

Piano Dardelle.

□ Nº **1082,** 21 novembre : « Exposition des Beaux-Arts appliqués à l'industrie, par Cham. » [caricatures] (p. 348)

A p. 348

Instrument de Sax perfectionné par M. Armstrong, pouvant briser un tympan à 1,500 mètres.
Cham
6,1 × 6,6 cm

Nº **1082,** 21 novembre (suite)

B p. 348

« Monsieur, c'est un lit à musique : rien que du *Tannhauser*, on dort parfaitement là-dedans. »
Cham
6,6 × 7,7 cm

□ Nº **1085,** 12 décembre : « Fraschini. » (p. 390)

A p. 389

G. Fraschini, premier ténor du Théâtre-Italien.
Maria Chenu[84]
11,7 × 9,5 cm

□ ———— « Nouvel Athénée musical. » (p. 390)

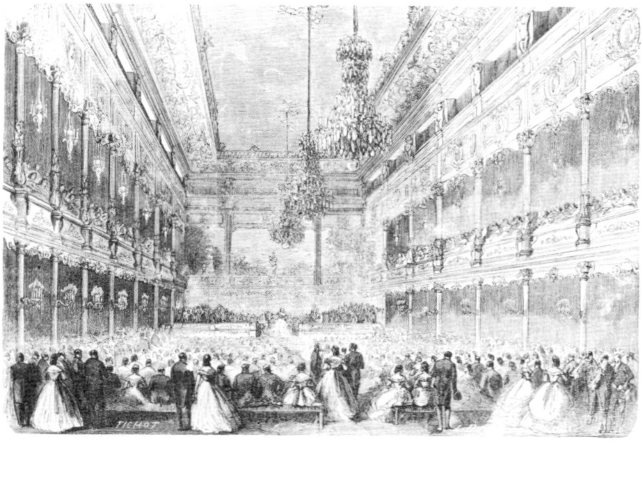

B p. 389

Nouvelle salle de l'Athénée musical, boulevard Saint-Germain.
Michel-Charles Fichot[61]
15,6 × 21,9 cm

□ Nº **1086,** 19 décembre : « Paul Julien. » (p. 416)

A p. 416

Paul Julien, violoniste.
Jules Gaildrau
8,9 × 8,9 cm

ACHEVÉ D'IMPRIMER EN AVRIL 1983
SUR LES PRESSES DE LA COMPAGNIE DE
L'ÉCLAIREUR LTÉE, BEAUCEVILLE, CET
OUVRAGE A ÉTÉ COMPOSÉ PAR LA MAISON
MARIKA INC., LÉVIS, ET RELIÉ À L'ATELIER
SAG-LAC, ALMA, POUR LES PRESSES DE
L'UNIVERSITÉ LAVAL, SAINTE-FOY,
QUÉBEC, CANADA.